Mario Montano
(Prembodhi)

Intuitiver Tarot

Mario Montano
(Prembodhi)

Intuitiver Tarot

Urania Verlags AG

1. Auflage: 1. - 3. Tausend, 1997

ISBN 3-908645-25-5

Die Texte «Tod», «Der Teufel» (S. 19-24) sowie «Der Mythos des Counseling» (S. 403-409) mit freundlicher Genehmigung aus der Zeitschrift «Connection», D-84494 Niedertaufkirchen.

Die Originalausgabe erschien unter dem Titel «Poker mit dem Unbewußten, Praxis des Intuitiven Tarot» beim Verlag Hermann Bauer KG, Freiburg im Breisgau 1990.

Übersetzt aus dem Englischen von Christine Bendner
Umschlaggestaltung: Kreativ Design, Wiesbaden
Satz: GBS, CH-3250 Lyss
Printed in Germany

Danksagung

Ich danke all den Menschen, die diesem Buch Liebe und Energie gegeben haben, ganz besonders Rupda I. Bürgel, meiner ehemaligen Lebensgefährtin und Mitarbeiterin, die mich bei der Entstehung dieses Buches ebenso begleitet hat wie im Leben; sie hat das Manuskript illustriert und ins Reine geschrieben – mit all der Freude, die man in einer tiefen Verbundenheit miteinander teilt; Keshav Alaimo, meinem ältesten und besten Freund, der mir aus den fieberheißen Einsichten einer einzigen Sommernacht heraus geholfen hat, die Meditationen zu den großen Arkana auszuwählen; Dina Rees, deren Gebete ihr Ziel immer erreichen; Swami Dhyan Ratnakar für seine Liebe und ständige Unterstützung und Hans-Dieter Leuenberger, meinem Bruder aus einem früheren Leben in Atlantis, dafür, daß er in all den Jahren unserer Freundschaft an meine Arbeit geglaubt hat.

Inhalt

Vorwort

Was empfindet man, wenn man den Intuitiven Tarot spielt? Was ist so faszinierend an diesem Spiel?

Befreiung vom Bekannten

Vor allem Freiheit: das Gefühl, vom Bekannten und Offensichtlichen befreit zu sein. Dieses Gefühl stellt sich unvermittelt ein, wenn man bereit ist, mehr zu sehen und eine andere Wahrheit zu entdecken als die, an die man glaubt. «Was halte ich wirklich von meiner Arbeit, meiner Frau, meinem Mann, meinem Körper?» fragen wir – und machen uns auf eine Überraschung gefaßt.

«Wie wäre es, wenn ich dies oder das tun würde?» fragen wir – und wir ziehen drei Karten. In diesem Augenblick ist alles möglich. Unser derzeitiger Zustand, unsere üblichen Theorien werden plötzlich in Frage gestellt. Unsere Realität verliert jede Unabwendbarkeit, alle inaktive Objektivität und Unbeweglichkeit. Jetzt – und sei es nur für einen Moment – ist unser Geist nicht mehr an monoton wiederholte Erinnerungen gefesselt, nicht mehr an die Einstellung «So sind die Dinge eben». Nun fangen wir an, nach dem zu suchen, was sein könnte. Wichtiger noch: Wir verzichten wenigstens einen Augenblick lang darauf, uns mit dem Geist zu identifizieren, und öffnen uns dem, was mehr ist als der Geist, was tiefer und unendlich größer ist: der Bewußtheit, der Intuition, der Offenbarung, der Einsicht. Aus diesem Blickwinkel können wir den Geist betrachten – und wenn wir ihn sehen, sind wir der Falle entronnen.

Der Intuitive Tarot kann uns, richtig angewandt, vom Geist befreien, uns in einen Bereich jenseits des Geistes führen. Und die «Freiheit von uns selbst», wie die Zenmeister sie nennen, ist wahrhaftig eine große Freiheit.

Eine unerträgliche Leichtigkeit des Seins

Freiheit bringt Freude, Spiel, Humor. Wir schauen erst die Karten, dann uns selbst an und lachen – und wenn wir über uns selbst lachen, werden wir jedesmal größer. Wie leicht und fröhlich kann der Intuitive Tarot sein, wie humorvoll sein Suchen nach Wahrheit – eine unerträgliche Leichtigkeit des Seins.

Verglichen mit der akademischen Steifheit der Psychoanalyse und den starren Prozeduren der verschiedenen modernen Psychotherapien ist der Intuitive Tarot ein unbeschwerter und respektloser, aber trotzdem tiefer und schöpferischer Zugang zum Unbewußten.

Wir bewegen uns spielerisch und daher ohne Furcht. Wir nähern uns dem Unbewußten nicht mehr mit Hilfe gespenstischer Metaphern wie dem christlichen «Teufel», dem Freudschen «Es» oder dem Jungschen «Schatten», die stets darauf lauern, uns in der Dunkelheit zu verschlingen. Statt dessen sehen wir im Unbewußten ein magisches Kind, einen Partner im Spiel, einen humorvollen Verbündeten, dessen Vorschläge und Andeutungen wir schätzen und suchen.

Die wahre Magie des Lebens

Was für ein Wunder, daß die linke Hand auf «rätselhafte» Weise immer die richtige Karte wählt! Was für eine Magie liegt in der Luft, wenn die gezogene Karte «zufällig» auf die Situation paßt, um die es geht, und sie erhellt.

Der Intuitive Tarot führt uns in eine magische Welt – nein, er enthüllt die verborgene innere Magie dieser Welt. Durch kleine Wunder – winzige Stücke bedruckten Kartons, die uns zeigen, wer wir sind – deutet der Intuitive Tarot auf das größere, das wahre Wunder: das Wunder der Bewußtheit, der Existenz, der wahren Magie, der Magie des Lebens. Ja, der Intuitive Tarot kann die Tore der Erkenntnis öffnen.

Freiheit, Verspieltheit, Magie – so lautet die Dreiheit des Intuitiven Tarots. Das sind seine drei Türen, das ist seine dreieinige Erfahrung. Diese Erfahrung möchte ich von ganzem Herzen mit Ihnen teilen, damit wir zusammen Freiheit spüren, Spaß haben und Magie leben.

Dieses Buch wurde zum erstenmal 1990 unter dem Titel «Poker mit dem Unbewußten – Praxis des Intuitiven Tarot» veröffentlicht. In dieser Neuauflage habe ich den Text verbessert und einige Geschichten zu den großen Arkanen sowie ein Interview über Lebensberatung mit dem Intuitiven Tarot hinzugefügt. «Der Mythos des Counseling» (= Lebensberatung) wurde zuerst in der Zeitschrift «Connection» veröffentlicht. Ich bedanke mich bei Sugata Schneider für die freundliche Erlaubnis, den Text nachzudrucken.

Monte Antico, November 1996
Der Autor

Vier Geschichten am Anfang

Der MAGIER

Der MAGIER

Und ich sah einen einzelnen Mann, der mit der einen Hand eine brennende Fackel hochhielt, während die andere in einer Geste großer Entspannung auf den Erdboden deutete.

Vor ihm stand ein alter hölzerner Tisch, glatt poliert und geschnitzt, auf dem ein großes, altertümliches Schwert lag neben einem kräftigen, frisch geschnittenen Stab, einem silbernen Kelch, der mit einer sprudelnden Flüssigkeit gefüllt war, und einem handtellergroßen, goldenen Pentakel, in dem sich die Flammen der Fackel widerspiegelten.

Und ich sah weiße Lilien und rote Rosen zu seinen Füßen wachsen, als ob sie sich ihm nähern wollten, bereit, seinem stillen Befehl zu lauschen und in seinem Licht zu baden. Strahlende Wärme strömte aus seinen Augen, als er sich umsah, langsam den Kopf drehte, als warte er auf etwas, wobei tiefe Atemzüge Brust und Bauch hoben und senkten.

Als mein Blick dem seinen begegnete, sah ich, wie die Fackel verschwand und der Mann seine Hände in Ruhe faltete. Dann sah ich, daß er die Lippen bewegte; und ich richtete meine ganze Aufmerksamkeit darauf, weil ich ihn wirklich hören wollte.

Und er begann zu sprechen, so langsam und so intensiv, daß ich die Harmonien jedes Lauts, den er äußerte, ebenso wie das Schweigen hören konnte, das mächtig zwischen den Worten auftauchte.

«HIER…»

begann er; und plötzlich spürte ich die Gegenwart des Raums um uns herum, als ob alles hier geschehen könnte…

«BIN…»

und er *war* es sicherlich. Und zum ersten Mal konnte ich das Sein *sehen*, ein nacktes, mächtiges, allumfassendes Sein, das hier und jetzt, im Zentrum von Raum und Zeit geschah. *Dieser* Augenblick ist die Kraft, das spürte ich, die einzige Kraft.

«ICH…»

fuhr er fort mit seiner tiefen, vollen Stimme, und ich sah ihn und sah, daß für ihn alles möglich war, daß dieser Mann ein unendliches Potential hatte.

Dann berührte der Mann das *Schwert* auf dem Tisch. Und ich sah, wie sich ein Sturm über uns zusammenbraute, ein Wolkengetümmel. Da waren Ritter, die mit Drachen kämpften und dann in Wirbeln verschwanden, und es wurde sehr dunkel; und ich hörte den Donner genau über meinem Kopf, hörte Pferde wiehern und überall Schwerter aufeinanderklirren. Und es fiel ein Regen, dick wie Öl, der überall eindrang und langsam alle Konturen wegwusch. – Auch die Geräusche schwanden, als ein einziger Sonnenstrahl wie eine Klinge durch die Wolken schnitt und einen tiefblauen Himmel im Osten freilegte.

Da nahm der Magier langsam den *Stab* in seine rechte Hand und deutete auf den klaren Himmel über uns. Und ich spürte, wie in meinen Adern Feuer erwachte; ich spürte jenen unstillbaren Durst, der alle Wasser austrocknen könnte; und ich spürte die enorme

Kraft meines Körpers, die Kraft zur Bewegung und zur Tat. Und tiefe Energien erwachten in meinen Eingeweiden und schickten warme Schauer meine Beine hinunter. Und dann sah ich die Sonne, und ich konnte sehen, daß sie *brannte*, aber ich konnte sie nicht mehr lange ansehen. So wandte ich die Augen ab und bemerkte die dunklen Beine meines Schattens.

Und die Sonne begann, schnell über den Himmel zu laufen; und ich fing an, schneller zu gehen, um mit der Sonne Schritt zu halten. Der Schatten folgte mir immer schneller, bis wir beide auf dem Strand liefen, in den Sonnenuntergang hinein.

Als die Sonne am Horizont den Ozean berührte, hob der Magier seinen silbernen *Kelch* mit beiden Händen und trank einen langen Schluck daraus. Und plötzlich hielt ich an und sah den frühen Abend um mich herum. Das Meer war zu einem blumenreichen See geworden, an dessen Ufern hohes Gras wuchs; und eine sanfte Brise lag in der Luft.

Auf dem Gras stand eine wunderschöne Bank, auf der ich eine Weile ausruhte. Und ich fing an zu weinen und schloß die Augen und spürte die Tränen über meine Wange fließen. Ich weinte um die Schönheit, die ich sah, und um das Alleinsein in mir, und ich weinte aus Traurigkeit und Freude; und ich weinte um meine Gefühle und um meine Liebe. Und ich fühlte, wie meine Tränen mich erfüllten, wie sie mich liebten und nährten.

Der Magier lächelte jetzt, als er das goldene *Pentakel* vom Tisch nahm und mit beiden Händen auf seinen Bauch legte. Dann schloß er die Augen und ruhte in sich und strahlte große Gelassenheit und eine allmächtige Daseinsfülle aus. Meine Augen schlossen sich ebenfalls; und ich ließ meine Hände auf meinem Bauch ruhen und spürte das Leben in mir. Es war das Leben, es war Bewußtheit, es war Erfüllung, es war Glückseligkeit. Es war mehr, als ich jemals erfahren hatte.

Plötzlich fing der Magier an zu lachen, und als ich meine Augen öffnete, sah ich, wie er mich belustigt betrachtete, mich, den Idioten, der auf seine Tricks hereingefallen war.

«Schönen Dank für die netten Träume» – ich versuchte, wirklich sarkastisch zu klingen – «Wie wärs nun mit ein bißchen Realität?»

Er sah mir gerade in die Augen und sagte: «Realität ist nur ein Begriff, den du benutzt, um Träume zu unterscheiden. Sie ist nur ein Trick, der dich dein Gesicht wahren und dich glauben läßt, daß du wirklich bist. Nun, das bist du nicht. Du bist ein Traum, und zwar ein Traum, der einen anderen ‹nur ein Traum› nennt! Zwei Träume, die einander träumen, verstehst du? Aber damit dein Traum geschieht, bist du, der Träumer, vonnöten. Damit der Traum beginnen kann, muß der Träumer erst sich selbst träumen. So träume also weiter und sei dankbar, daß du träumst, mein Freund. Andernfalls würdest *du* nicht existieren.»

«Was ist deine Macht?» fragte ich ihn barsch, da mir nicht gefiel, was seine Worte in meinem Kopf anrichteten.

«Meine Macht», sagte er, «ist die Macht des Wortes. All die unendlichen Welten werden durch die Worte hervorgerufen, die ich äußere.»

«Aber du hast mir gerade vier Welten gezeigt, ohne daß du ein einziges Wort gesagt hast!»

«Das Wort muß nicht ausgesprochen werden», antwortete er.

«Das Wort ist die Absicht hinter dem Wort, das Wissen um Macht und die Bestätigung des Willens. Durch diese Stärkung schaffe ich meine Wirklichkeit; durch die bildliche Vorstellung lasse ich meinen Wunsch Gestalt annehmen, ebenso wie auch du – mit dem Unterschied, daß du nicht weißt, daß du es tust, weil du nicht weißt, was du tust. Auch du schaffst deine Welt durch die Macht der Worte, die du formulierst, auch du – ob du es nun weißt oder nicht – materialisierst deine eigenen Gedanken.

Bitte sei dir dessen bewußt, verstehe es und beginne, Verantwortung für diese, deine Welt zu übernehmen, wie du sie geschaffen hast. Verstehst du? Dieses ganze Universum ist nichts als deine eigene mächtige Projektion. Das Leben ist magisch, magischer als die Magie selbst. Und *du* bist der Magier, mein Freund. Du kannst jeden gewünschten Film projizieren. Deine Freiheit ist total, und daher ist deine Verantwortung riesengroß.»

Er hielt inne, um zu sehen, wie ich reagierte.

«Tausend Dank», sagte ich ärgerlich, «aber das alles ist ein bißchen zu viel für mich. Ich bin schließlich nur einssiebzig groß, weißt du; und ich schere mich keinen Deut um dein verdammtes Universum!»...

Doch plötzlich war der Magier nicht mehr da. Verschwunden mit seinem Tisch, seinen Blumen, seinen Zauberkünsten; und ich stand da, verwirrt, und fühlte mich bis in meine Grundfesten erschüttert. «Bin ich nun wirklich, oder bin ich ein Traum?»

Und ich merkte, daß da niemand war, um mir zu antworten.

TOD

Dann sah ich ein weißes Skelett, das einen Schimmel ritt und auf dem verlassenen Ufer eines sehr großen Flusses daherkam. Jeder Schritt des Pferdes hatte einen weiteren Toten zur Folge. Der mächtige Eroberer, der die Welt erobern wollte – sein Körper lag auf der Erde, und der Hierophant war ihm zunächst und fiel mit gefalteten Händen, das *De Profundis* formulierend, zu Boden. Eine schöne Mutter kniete daneben, die Augen geschlossen, kaum atmend, und wartete in Ekstase auf das Ende, während ihr kleines Mädchen im Sonntagskleid belustigt die Szene betrachtete.

Wie ich erwartet hatte, verharrten alle Personen in tiefer Ruhe, als ob sie von jedem Schritt des Pferdes betäubt würden. Ein Gefühl von Trauer und Verzweiflung überkam mich, als ich sah, wie alles starb – stark und mächtig und gleichzeitig schön und sanft. Aber warum, warum, so fragte ich, sollte das kleine Kind auch sterben. «Nur, weil es geboren wurde», sagte die Stimme. «Es ist natürlich und unschuldig, und auch der unschuldige Tod ist nur ein Spiel. Und in Wirklichkeit bist du gar nicht über den Tod des Kindes bestürzt – sondern über dich… weil du stirbst, und du bist es, der wiedergeboren wird, und du bist es, der die ganze Zeit das Leben verpaßt. So wird es Zeit, sicherzustellen, daß du deinen Tod nicht verpaßt.» Ich erschauderte. «Es wurde dir beigebracht, daß du eines Tages sterben wirst, aber irgendwie und irgendwo wolltest du es nicht glauben. Nun ist der Tod gekommen – er existiert, um erfahren zu werden, um durch ihn hindurchzugehen. Der Tod ist da, um erlebt zu werden. Im Augenblick des Todes fällt alles, was du warst, was du erlebt hast, von dir ab. Alles. Auch, was du erlernt hast, all das Schöne und die Liebe. Es sind nicht nur die alten Freunde, die sterben, die alten Beziehungen, die enden, jeder Moment stirbt. Jeden Moment stirbst du, und diese Erfahrung ist die reale Todeserfahrung. Denn das Leben stirbt nicht auf einmal am Ende, das Leben stirbt in jedem Augenblick, und es gibt kein Ende. Dein Schatten zeichnet sich auf der Wasseroberfläche ab und verschwindet doch in dem Moment, da du ihn wirfst. Nichts dauert länger als einen Atemzug. Leben heißt zu sterben. In jedem Moment stirbt das Universum und wird doch in jedem Moment wiedergeboren. Es ist ein einziger Vorgang und nicht zwei. Es ist nur ein Tanz, überhaupt der einzige Tanz. Leben ist Tod. Tod ist Leben. Wenn du das verstehst, lebst du von Augenblick zu Augenblick. Jene, die in der Gegenwart leben, kennen nur das Leben, ewiges Leben. Tod gibt es nur für die, welche die Vergangenheit nicht fallen lassen können.»

Für eine Weile schwieg die Stimme, dann fuhr sie fort: «Laß bei jedem Ausatmen dieses Mysterium des Todes zu und bei jedem Einatmen das Wunder der Geburt, neuen Lebens und ewiger Wiederkehr der Sonne.» Traurigkeit und Freude überkamen mich, als ich der Welt gestattete, bei jedem Ausatmen zu verschwinden.

Der TEUFEL

Ich erwachte in einem schwarzen Loch und spürte einen enormen Druck auf jeder meiner Zellen lasten.

Zuerst war da nur Dunkelheit und noch mehr Dunkelheit, und diese Dunkelheit war dicht und hüllte mich ein und kam von allen Seiten auf mich zu und wollte in mich eindringen.

Dann drang eine Welle von Gerüchen auf mich ein – der Geruch von verbrannten Federn und Fleisch, von Rosen und Weihrauch, der Gestank wilder Ziegen, der Duft von Opium, das Bouquet von Armagnac…

Langsam schwand die Dunkelheit, und ich konnte die Szenerie sehen und erkennen, wo ich war. Ich war in der Hölle.

«Die Hölle ist das Kind der Dunkelheit», flüsterte die Stimme mir ins Ohr.

Und da sah ich wieder die ewig Liebenden, Adam und Eva, doch alle Spontaneität war aus ihren Bewegungen gewichen und alle Unschuld aus ihren Augen verschwunden, denn sie waren nun in Ketten, vom Teufel zusammengekettet als Intimfeinde, die einander streichelten und schlugen, die sich ankeiften, miteinander kopulierten, hysterisch schrien und irrsinnig lachten. Verglichen mit den Menschenwesen darunter, sah der alte Bock auf dem Podest geradezu gleichmütig aus.

Seine Züge und sein Geruch waren zugleich abstoßend und anziehend; ich zitterte bis ins Mark, und mein Herz klopfte jedesmal wild, wenn er mit seinen Fledermausflügeln schlug, doch in seinen Augen lagen Humor und Intelligenz.

«Sieh, wie die Hölle dem Himmel ähnlich ist», sagte die Stimme, «und wie Hassende den Liebenden ähnlich sehen. Da sind die gleichen Leute, das gleiche Drama, nur, daß der Himmel ein Bild des Lichtes ist und die Hölle ein Bild der Dunkelheit.»

«Schau genau hin», sagte sie weiter, «die Ketten um den Hals der Hassenden sind locker, sie können sie jederzeit abnehmen, wenn sie wollen. Sie sind nicht wirklich Sklaven, verstehst du, ihre Hörigkeit ist freiwillig, sie sind hörig, aber frei.»

«Vielleicht…», sagte ich leise zu mir selbst, denn ich erinnerte mich an die Tage, an denen ich mich haßte, die Tage, die ich in traumwandlerischer Wiederholung von Glück- und Sicherheitsritualen verbrachte, um meine Langeweile und den Selbst-Ekel zu verbergen. Rituale, die nicht greifen, Magie, die scheitern muß – weil sie keine Möglichkeit gab, die Sinnlosigkeit und die Vergeblichkeit von allem, Magie inbegriffen, zu verbergen. Das waren wirklich Tage der Dunkelheit. Aber vor allem, weil ich mich ihnen nicht stellen wollte.

«Ja», unterbrach die Stimme meine Gedanken und brachte mich zurück zu meiner augenblicklichen Realität der Hölle.

«Was du aus der Dunkelheit lernen sollst, ist, daß du sie anschauen und dich ihr stellen sollst. Dieses einfache Anschauen, diese Begegnung löst sie auf. Bring Licht in die Dunkelheit, und du wirst den Himmel wiederhaben.»

«Nun, das ist schwer zu glauben», sagte ich laut. Die Stimme lachte und sagte dann: «Es muß nicht geglaubt, sondern erfahren werden. Versuch es.»

Dann spürte ich mit einem Schaudern, daß die Stimme mich gerade verlassen hatte, damit ich dem Teufel allein begegnete.

Ich wußte nicht, was ich erwarten sollte. Ich wußte nur, daß ich stark und wach bleiben und ihm Widerstand leisten mußte, wie schwer es auch würde, und ganz gleich um welchen Preis. Ich mußte mich selbst als unabhängig beweisen, mein Wille mußte stark genug sein, daß ich ich selbst bleiben konnte.

Voller Angst war ich, aber bereit. Ich versuchte, dem alten Bock gerade in die Augen zu sehen, als ich die letzte Lüge hervorbrachte. «Ich habe keine Angst vor dir», sagte ich, als ich wie Espenlaub zitterte.

«Das freut mich», erwiderte der Bock. «Du sollst nicht so dumm sein und vor mir Angst haben. Ich bin ja kein anderer als du selbst, und vor dir selbst hättest du doch sicher auch keine Angst... Du bist ebenso wie ich nur ein Bündel von Wünschen, von Anhängseln, von Bedürfnissen. Ich versuche nicht, dich zu überzeugen» – der alte Bock sah mich sehr ernst an – «ich stelle nur eine Tatsache fest: Je nach deiner Prägung wirst du manche Wünsche akzeptieren und andere unterdrücken, also werden dir manche schön und heilig vorkommen und andere sündig und häßlich. Aber alle Wünsche werden dich unvermeidlich zu mir bringen. Es macht keinen Unterschied, mit welch schönen Namen du sie belegst.

Die Liebenden wollen nur ‹Liebe› und ‹Schönheit›, doch ihr Begehren legte sie hier zu meinen Füßen in Ketten. Als ich Luzifer war, einer der schönsten Engel, führte mein Verlangen nach ‹Gott› mich in diese sieben Höllen, die ich gegenwärtig bewohne. Verstehst du? Eure Junkies und eure Meditierer sind beide auf dem Weg zu mir.»

Ich war wie versteinert. Es war nicht nur der magnetische Blick seiner Augen, der mich anzog, ich war auch von der eigenartigen Wahrheit seiner Worte gebannt.

Es stimmte: Nimm meine Wünsche und meine Bedürfnisse weg, und in meinem Gehirn ist nichts mehr übrig! Nimm alte Frustrationen und neue Hoffnungen weg – und es bleibt nichts mehr von mir übrig! Einfach nichts – von mir! Unabsichtlich, dachte ich, hatte mir der Teufel den Schlüssel gegeben, den Meisterschlüssel, um ihn selbst zu transzendieren.

Gerade in der tiefsten Dunkelheit der Hölle schien es für einen Augenblick möglich: Ich stellte mir vor, wie es wäre, nicht als Ich, sondern als reines Licht zu leben – ohne Wünsche, Erwartungen und Sorgen, ohne Selbstliebe und ohne Selbsthaß… und sofort begann ich, es mir zu wünschen!

Wieder war ich in der Falle. Mehr noch: *Ich* war die Falle!

Der alte Bock sah mich an, glücklich und amüsiert. «Übrigens», fragte er plötzlich, «wieviel möchtest du für deine Seele?»

«Für deine würde ich keinen Penny riskieren», sagte ich ärgerlich. Und ich hatte meine Gründe, ärgerlich zu sein. Denn genau hier, vor dem höchsten Trickster, hatte ich sein Argument in mir selbst bewiesen. Er brauchte meine Seele nicht zu fordern: Er hatte sie schon! Diese verkaufte Seele mußte ich nun aufgeben, um frei zu sein. Denn der einzige Weg zur Aufgabe dieser Sklaverei war, dieses Selbst aufzugeben.

Der NARR

Und ich sah eine endlose Weite von Bergen und Gletschern, strahlenden Gipfeln und tiefen grünen Tälern und sah den unermeßlichen Himmel überall.

Und vor mir war ein unauslotbarer Abgrund.

Und ein Mann tanzte dort, am Rande des Abgrunds, zwischen den Felsen und Hochgebirgsblumen. Seine Bewegungen waren leicht und graziös, als er in fröhlicher Selbstvergessenheit von einem Felsen zum anderen hüpfte, sein Körper war elastisch wie ein Bambus, sein Rücken gebogen wie der eines Panthers.

Ganz offensichtlich führte sein Bauch den Tanz an, trug ihn fort; Beine und Oberkörper folgten und fügten sich harmonisch.

Für einen Augenblick – oder war es eine Ewigkeit? – stutzte er am Rande des Abgrunds, hängend zwischen Leben und Tod – seinen Kopf zurückgeworfen voller Hingabe; und die Augen, die ich aus der Entfernung erkennen konnte, waren völlig leer, vielleicht in einen unsichtbaren Stern versunken.

Dann würde er wieder springen, mit einer Pirouette oder einem Salto auf eine neue Höhe, einen neuen Felsen, eine neue Blume. Es war das Bild extremer Gefahr und höchsten Friedens zugleich. Ein tiefes weißes Licht wurde von überallher reflektiert, ohne irgendeinen Schatten zu hinterlassen; und die Berge barsten vor

Leben. Die Felsen erzählten unbekannte Geschichten der Schöpfung.

Und ich gewahrte eine gewaltige Unendlichkeit, die von allen Seiten her in mich eindrang, eine Kraft und einen Segen voll immenser Würde.

Und jede Farbe, jede Form war schwanger mit Bedeutung, mit Energie. Und jede Blume war ein Ausdruck aller Zeit, allen Raumes und allen Entzückens. Und ich konnte die Vergangenheit und die Zukunft in der Gegenwart sehen, und die Gegenwart explodierte in alle Richtungen – von Augenblick zu Augenblick tiefer in den Schoß der Ewigkeit.

Gedanken und Gefühle waren verschwunden, das Gehirn war völlig still; ich war verdutzt. Dann aus tiefer Stille hörte ich die Stimme des Windes:

«Das ist der Mensch, das ist Gott»,

flüsterte es sanft in meine Ohren,

«er steht immer am Rande des Abgrundes.
Nur ein Schritt weiter und es ist vorbei, ein für alle Male.
Wir sind nur einen Schritt weit entfernt vom Abgrund geboren; und dieser Schritt ist alles, was wir tun können.
Und dieser Schritt muß genossen werden als ein großer Segen.

Siehst du?
Er tanzt, wo du vor Furcht zittern würdest.
Es ist ein Tanz zum Tod hin,
ein Feiern dieser Existenz von Augenblick zu Augenblick.
Und wenn es hier so schön ist, so nahe am Abgrund,
wie viel schöner wird es sein,
hineinzufallen
und einfach nur zu fallen, fallen, fallen…
Das ist Ekstase: außerhalb des Körpers zu sein.
Im Körper und doch draußen, außerhalb und doch drinnen,

denn wir sind überall, in allen Körpern,
in allem Leben.
Wenn du nicht bist, dann bist du überall,
wenn du eine Null bist, dann bist du das Ganze geworden.
Er ist nicht», fuhr die Stimme fort,
«in dem Sinne, in dem du bist.
Du jedoch bist wie er in jeder Hinsicht.
Sein Glück ist deines, denn die Suche
nach Glück braucht kein Motiv, kein Warum;
sie ist der Urzustand der Dinge,
die Quelle.

Sein ist Glück, Sein ist Energie;
und Energie, wie schon die Dichter sagten,
ist ewiges Entzücken.
Jetzt kannst du mich hören; ich bin die Stimme des Windes.
Der Wind bläst durch das Tal,
liebkost die Bäume und läßt eine tiefe Musik ertönen.
Kein Musiker spielt, nur die Musik
im Wind.
Sie ist wie das Schreiten in den Schritten des Narren.
Und doch gibt es keinen Wind und keinen Narren...»

Und nun wurde das Schweigen sehr tief, und meine Augen fielen zu, und ich fühlte mich unendlich allein.

«Ja», sagte die Stimme,
«du verstehst.
Und nun ist es gut zu vergessen.»

Und ich konnte nicht verstehen, aber ich weiß:
Nie werde ich vergessen.

Einleitung

Im Jahre 1975 begann ich in den USA Tarot zu spielen – in einer Atmosphäre, die von den Einsichten Fritz Perls, Alan Watts, Aldous Huxleys, von der Poesie Allen Ginzburgs und Ferlinghettis und der Musik von Miles Davis, John Coltrane, Bob Dylan und The Greatful Dead durchdrungen war. Meine natürliche Abneigung gegen jede Art von Okkultismus verhinderte, daß ich die gängigen Tarotbücher allzu ernst nahm. Die esoterische Tradition, wie sie sich in den Büchern A.E. Waites und Aleister Crowleys und denen ihrer amerikanischen Kollegen Paul Foster Case, Israel Regardie und anderen spiegelte, beeindruckte mich nicht. Ich hatte das Gefühl, daß diese Bücher mich eher belasteten und den Durst meines Herzens nach Wahrheit, nach echter Erkenntnis nicht stillten. Ich suchte damals nach neuen Wegen, um meine «Pforten der Wahrnehmung» zu erweitern und zu der «fruchtbaren inneren Leere» vorzudringen; und ich spürte, daß der Tarot dieser Weg für mich sein könnte – doch keinesfalls der Tarot der esoterischen Tradition.

Anfangs arbeitete ich mit den üblichen traditionellen Legesystemen, aber schon bald begann ich, sie meinen eigenen Bedürfnissen anzupassen und ihre Auslegung zu ändern. Ich tat das mit dem keltischen Kreuz, dem Lebensbaum und anderen Legesystemen. Aber erst als ich im Jahre 1976 auf einer Indienreise mit den Meditationstechniken von Osho Rajneesh in Berührung kam, wurde mir bewußt, daß ich auf eine ganz andere, neue Art und Weise Tarot spielen konnte – einen Tarot, der ausschließlich auf Intuition und Erkenntnis beruhte und völlig frei von festgelegten und vorgegebenen Bedeutungen war.

Später, als man mich bat, diese neue Art des Tarotspielens zu lehren, begann ich, Methoden und Spiele zu entwickeln, die meinen Schülern und Freunden helfen sollten, ihre eigene Intuition wiederzuentdecken und ihr zu vertrauen. So kam im Jahre 1978 die erste «Intuitive Tarot-Gruppe» zustande. Gemeinsam mit Rajendra schrieb ich ein Buch über diese neue Art des Tarotspielens. *Il Tarocco Intuitivo*, das im Jahre 1979 in Italien veröffentlicht wurde. Dieses Buch befaßt sich jedoch nicht mit der Anwendung des Tarots in Therapiegruppen.

Von diesem Zeitpunkt an gewann der Intuitive Tarot immer mehr Freunde.

Im Jahre 1981 gründete einer meiner Tarotschüler, Hartmut Müller, ein Psychotherapeut, in Berlin eine Schule für Intuitiven Tarot und brachte ein eigenes Büchlein heraus, *Spiel Tarot – Spiel Leben*, das die deutschen Leser mit dieser neuen Art, Tarot zu spielen, vertraut machte.

Etwa um die.gleiche Zeit begann Beppe Testa, ein italienischer Künstler, der mir schon oft bei meinen Gruppen assistiert hatte, selbst Tarotgruppen zu leiten. Er entwarf ein neues, sehr originelles Tarotkartenspiel, das inzwischen unter dem Titel *Flying Hearts Tarot* im Verlag Hermann Bauer erschienen ist.

Im Jahre 1984 wurde *Tarot – Spiegel des Lebens*, das ich gemeinsam mit Rupda I. Bürgel und Andrea Zeugner geschrieben hatte, im Urania-Verlag als Begleitband zum Rider-Waite-Spiel veröffentlicht. In *Tarot – Spiegel des Lebens* wurden viele der im vorliegenden Buch dargestellten Ideen zum ersten Mal in der schönen Form eines Kartenbegleitbandes veröffentlicht. Das Buch, das Sie nun in Händen halten, ist also das erste umfassende und vollständige Werk über Intuitiven Tarot (wobei Müllers Buch weiterhin einen guten Einstieg bietet). Es ist das erste, das Spiele und Auslegungen enthält, die in Einzelsitzungen und Gruppen tatsächlich vorkamen. Während der vergangenen 15 Jahre habe ich, größtenteils zusammen mit Rupda I. Bürgel, in ganz Europa Workshops und Ausbildungsgruppen geleitet. Letztere wurden hauptsächlich von Menschen besucht, die in den verschiedensten Helferberufen tätig sind. Ein großer Teil dieser Arbeit wurde auf Tonband aufgenommen; die Abschriften dieser Bänder bilden ein wichtiges Element dieses Buches.

Darüber hinaus enthält dieses Buch eine Reihe von Beispielen, die dem Leser helfen, Zugang zu dieser Art des Tarotspielens zu finden. Ich hoffe, daß die Lebendigkeit und Vielfalt des gesammelten Materials Ihnen, liebe Leserin und lieber Leser, ein klares Gefühl dafür vermitteln können, was mit Tarot möglich ist, wenn er spontan, intuitiv und mit Liebe gespielt wird, und Sie ermutigt, selbst mit diesem Spiel zu experimentieren. Sie werden sehen: Wenn Sie vertrauen, geht es ganz leicht!

Beim Intuitiven Tarot haben die Karten keine festgelegten Bedeutungen. Meine hier dargestellten Auslegungen ergaben sich aus den «Geschichten», die ich in bestimmten Anordnungen der Karten sah. Oft sind es wunderschöne Geschichten, die die Tiefen des Unbewußten berühren; aber sie sollen nicht als «einzig wahre» oder «objektive» Vorbilder betrachtet werden. Sie sollen demonstrieren, wie Sie Ihre eigenen Spiele spielen, Ihre eigenen Imaginationskräfte anregen und Ihre eigenen Geschichten kreieren können.

Vorgegebene Legetechniken werden in diesem Buch nur soweit verwendet, als sie dem Leser als Hilfsmittel zur Schulung seiner eigenen Intuition dienen und ihn dabei unterstützen können, Vertrauen in diesen Prozeß zu gewinnen. Ich möchte Sie ermutigen, sobald dieses Selbstvertrauen gewachsen ist, ohne jegliche vorgegebene Muster zu spielen, frei Ihrer Spontaneität und Ihren Gefühlen zu folgen, wie es insbesondere im letzten Abschnitt des Buches, bei den «offenen Spielen», gezeigt wird. Weshalb? Weil ich deutlich machen möchte, daß die durch den Tarot hergestellte Kommunikation nur dann wirklich bedeutungsvoll sein kann, wenn sie die *Mauern des Verstandes durchbricht* und so die Zensur- und Kontrollmechanismen des Egos umgeht. Die festgelegte Interpretation anhand von vorgegebenen Bedeutungen stellt ja gerade einen solchen Mechanismus dar. Es ist etwa so, als ob man eine neue Sprache lernt, indem man sie auf eine Sprache, die man bereits kennt, reduziert. Auf diese Weise lernt man nicht mehr als das, was man sowieso schon weiß.

Ein Vergleich mit Träumen verdeutlicht das noch etwas besser. Ein Traum kann gerade deshalb als transformierende Kraft wirken; weil seine Botschaft aus Räumen jenseits der bekannten Realität kommt und er uns dadurch ermöglicht, neue Einsichten, intuitive Erkenntnisse und Wahrheiten zu empfangen. Gerade weil Träume nicht logisch und vernünftig sind, können sie uns helfen, uns selbst auf einer tieferen Ebene zu verstehen: Ein Traum kann uns nur soweit Einblicke ins Unbekannte gewähren, wie er der Kontrolle des Verstandes entwischen kann. Um von einer Traumbotschaft wirklich zu profitieren, müssen wir sie der «Gewänder» entledigen, die sie tragen mußte, um die Grenzen unseres Verstandes überhaupt passieren zu dürfen, ohne in Schwierigkeiten zu kommen... Ich meine, daß sowohl die esoterische Tradition als auch die Wahrsagetradition durch das Aufstellen von Listen vorgegebener Bedeutungen die wahre Natur des Tarots als *Tür zum Unbekannten* letztendlich verraten haben, so wie die Tradition der Psychoanalyse die «Trauminterpretation» auf eine Technik reduziert hat, mit der man bei den Patienten die «Libido», einen «Minderwertigkeitskomplex» oder die «Anima» aufspüren kann. Als Sokrates in einem Traum die Botschaft erhielt, er solle singen und spielen, tat er das einfach. Wäre er bei einem Freudschen Analytiker in Behandlung gewesen, hätte er in seinem Traum wahrscheinlich die sexuelle Bedeutung von Musik «entdeckt». Wir wollen die festgelegten Interpretationen des traditionellen Esoterischen Tarots hinter uns lassen, weil wir uns von der Intuition, nicht von Wissen leiten lassen möchten.

Intuitiver und Esoterischer Tarot

Der Esoterische Tarot arbeitet mit einem bestimmten Modell des Universums – dem kabbalistischen Lebensbaum – und bestimmten vorgegebenen Bedeutungen für die einzelnen Karten.

Die Zahl Neun steht beispielsweise für «Lebendigkeit», die Kelche für «Wasser und Fließen». Die Neun der Kelche bedeutet dann beispielsweise «Lebendigkeit durch Wasser und Fließen». Eine solche allgemeine Bedeutung muß dann noch für die besondere Situation oder Frage spezifiziert werden, denn im Esoterischen Tarot existiert die metaphysische Wahrheit bereits vor einer bestimmten Situation, in der wir uns befinden. Das ist keine Übertreibung oder übermäßige Vereinfachung. Fast alle Tarot-Esoteriker arbeiten mit dieser einfachen Technik, bei der jede Zahl und jeder Satz (Stäbe, Kelche, Schwerter, Münzen) bestimmten festgelegten Eigenschaften entspricht.

Die Ursprünge dieser Methode sind allerdings in der Tat interessant. Die Wissenschaft der Zahlen geht auf keinen Geringeren als den großen Meister Pythagoras zurück, und die Einteilung in die vier Elemente – Feuer, Wasser, Luft und Erde – ist ein Archetypus, der in den Philosophien und Mythologien aller Kulturen der Erde zu finden ist. Sowohl die «Zahlen» als auch die «Elemente» werden weltweit in Verbindung mit der Manifestation der Mysterien der Existenz gebracht, und zwar so, daß diese Zusammenhänge vom Intellekt verstanden werden können. Doch trotz der sicher guten Absichten der Pythagoräer, der Kabbalisten und anderer wurde diese Methode, mit festgelegten Bedeutungen zu arbeiten, zu einem Weg, das Mysterium der Existenz zu meiden, denn man reduziert das Unbekannte auf das Bekannte, man «weiß» etwas, nur weil man die Bedeutung der 78 Tarotkarten, der 22 großen Arkana und der vier Sätze kennt und sie nach Belieben manipulieren kann.

Ein so einfaches System hat natürlich stets seine Vorteile: Man wird immer eine Zahl und ein Element finden, mit der/dem man allem eine bestimmte Bedeutung geben und «es» also «wissen» kann. Es ist in der Tat ein recht billiger Weg, zu Wissen und Macht zu kommen, denn der Esoteriker kann mit Hilfe so einfacher Manipulationen für sich beanspruchen, die kosmische Wahrheit zu verkünden, in die Zukunft blicken zu können und fähig zu sein, weltlichen und spirituellen Rat zu erteilen – mit einem Wort, er kann für den Gott des Orakels sprechen.

Man mag einwenden, daß die Esoterik an diesem Punkt bereits zur «Wahrsagerei» degeneriert sei. Vielleicht stimmt das sogar, aber es ist und bleibt doch eine Tatsache, daß sowohl Esoterizismus als auch Wahrsagerei dem gleichen, ego-orientierten Ansatz entspringen, der für Gefühle gern Ersatzworte gebraucht, der Wahrnehmung durch Gedächtnis, intuitive Einsicht durch Wissen und unmittelbare Erfahrung durch Glaubenssysteme ersetzen will. Kein Zweifel – «Gott» ist das am weitesten verbreitete *Glaubenssystem* der Erde. Aber wie steht es damit, Gott zu *erfahren*? Wer unter den vielen Gottgläubigen *erfährt* Ihn?

Der Intuitive Tarot beruht auf unmittelbarer Wahrnehmung, auf Erfahrung, auf Einsicht. Es geht hier nicht darum, eine vorgegebene Bedeutung aus dem Gedächtnis abzurufen, sondern darum, sehen zu lernen. Dabei ist vorgegebenes «Wissen» auf jeden Fall im Weg. Man kommt nicht umhin, seine eigenen Augen zu gebrauchen. Jegliches Wissen, ganz gleich, ob esoterisch oder nicht, «entspringt dem Kopf», dem Intellekt, und der Intellekt ist ein männliches, aggressives Phänomen. Er muß analysieren und sezieren wie ein Chirurg, denn er versucht, das gesamte Universum im Verstand unterzubringen und einzufügen. Intuition kommt aus unserem Herzen. Sie analysiert und seziert nicht. Sie *liebt* das Wesen oder Objekt, um das es geht. Sie ist weiblich, passiv, gewaltlos. Sie kommt von selbst. Man kann sie einladen, aber nicht zwingen. Und sie kommt tatsächlich nur dann, wenn wir den Verstand beiseite lassen und vergessen. Esoterisches Wissen muß sich an einer Technik, einer Methode orientieren. Intuition ist spontan, sie kennt keine Technik; es ist ein Sprung. Man weiß, aber man weiß nicht, *wieso* man weiß. Etwas, das zuvor unbewußt war, tritt plötzlich ins Bewußtsein, es ist eine Offenbarung, eine Erleuchtung.

Esoterisches Wissen kommt aus der Vergangenheit, und alles, was wir als «Vergangenheit» bezeichnen, ist tatsächlich eine Konstruktion des Verstandes. Es ist nicht existentiell, sondern intellektuell.

Wissen heißt, eine Sache durch Erinnerung, Vergleich und Abstraktion zu kennen. Intuition heißt, nichts über eine Sache zu wissen; man möchte vielmehr etwas erfahren.

Beim Esoterischen Tarot konzentriert man sich also auf Inhalte, die man in der Vergangenheit im Verstand gespeichert hat. Beim Intuitiven Tarot läßt man im Gegensatz dazu den Verstand völlig beiseite und betrachtet jeden Augenblick mit neuen Augen.

Der Esoterische Tarot ruft im Gedächtnis ein bestimmtes Konzept ab, eine «Bedeutung», in die er die Erfahrung hineinzwängen kann; er versucht, das Einzigartige zu verallgemeinern. Der Intuitive Tarot konzentriert sich auf das Einzigartige, auf den gegenwärtigen Augenblick, auf das «Hier und Jetzt». Wahrheit liegt in der Gegenwart, und die Gegenwart ist ein derart flüchtiges Phänomen, daß man sehr wach sein muß, um sie zu erhaschen und zu *sehen*, bevor sie wieder entschwunden ist. In dieser unmittelbaren Wachheit bleibt keine Zeit zum Denken. Wissen beruht auf Denken und Erinnerung, Intuition auf Gegenwart und Erkennen. Wir können nicht gleichzeitig denken und sehen. Sicher – wir können etwas betrachten und dabei denken, aber wir werden in diesem Moment nicht fähig sein, es zu *sehen*. Du kannst das ausprobieren, wenn du einen Sonnenuntergang, fließendes Wasser, das Gesicht eines Menschen oder eine Tarotkarte betrachtest. In dem Moment, in dem du anfängst zu denken, hast du sie verloren. Nicht, daß sie verschwunden sind; aber *du* bist nicht mehr *da*. Wenn du anfängst, sie mit Erinnerungen, Ideen zu vergleichen, wenn du anfängst zu denken, hast du das Wesentliche, hast du ihr Wesen verpaßt. Das ist die übliche Art, im Verstand zu leben und das Leben zu verpassen.

Intuitiver Tarot heißt, total aus der Gegenwart zu «trinken». Er beruht nicht auf in der Vergangenheit angesammeltem Wissen, sondern auf dem Erkennen des Augenblicks; nicht auf Gedächtnis, sondern auf Wahrnehmung; nicht auf Erinnern, sondern auf Sehen. Deshalb sage ich jedem, der Tarot spielen möchte, immer als erstes: «Denke nicht – schau; analysiere nicht – beobachte; interpretiere nicht – visualisiere. Schließe nicht das Fenster der vor dir liegenden Tarotkarte, sondern öffne es weit, und sieh, wie das Bild von selbst lebendig wird; beobachte, wie die Figuren anfangen, sich zu bewegen und zu dir sprechen. Es ist ihre Aufgabe zu sprechen, und deine, zuzuhören und zu wiederholen, was sie sagen. Nur so kannst du ein Überbringer der Botschaft sein, die nach Ausdruck verlangt.» Intuition ist unmittelbare Wahrnehmung. Man sieht, weil man Licht in die Dunkelheit bringt. Aber wie soll man schauen, wie soll man das Licht hineinbringen? *Du* bist Licht; bringe dich selbst hierher, in diesem Moment, und du *bist* Intuition. Denn wir alle haben Intuition *in* uns. Sie ist ein Geschenk der Existenz, wie das Leben, wie die Liebe, wie der Atem. Intuition müssen wir nicht kreieren oder erfinden, wir müssen sie nur wiederentdecken und ihr vertrauen.

Wissen müssen wir dagegen erwerben, denn vor dem Wissen steht Unwissenheit. Also muß man eine Basis, irgendein Fundament suchen (so stabil wie möglich), auf dem man das Gebäude des Wissens errichten kann. Nach welchen Kriterien aber soll man dieses Fundament auswählen?

Ich erinnere mich noch daran, wie ich als Zwanzigjähriger ständig auf der Suche nach einer objektiven Basis, einem soliden Fundament war, auf das ich meine Burg bauen könnte; und ich erinnere mich, daß meine Suche in jenen Jahren von einer ständigen Frustration begleitet war. Es gab so viele Ansichten, so viele Philosophien, und jede beruhte auf anderen Prinzipien. Bei näherer Betrachtung erwiesen sich dann all diese Prinzipien als Dogmen, an die man glauben oder die man übernehmen mußte. Die Fundamente des Wissens schienen nie fest und verläßlich genug, als daß man wirklich darauf hätte bauen können. Mit den Jahren fand ich heraus, daß hinter allem Wissen in Wirklichkeit stets Unwissenheit verborgen ist. Eine kleine Erschütterung, eine kleine Welle – und schon wird die Burg, die man für ein ganzes Leben gebaut hat, hinweggewaschen, und nur der Sand bleibt übrig. Wissen ist zweifellos nützlich, denn es ermöglicht uns zu bekommen, was wir wollen, und jede Burg zu bauen, die wir uns nur vorstellen können. Wenn ich Benzin aus Öl gewinnen will, brauche ich die organische Chemie; wenn ich Nagasaki in die Luft jagen will, brauche ich die Atomphysik, und ich brauche den kabbalistischen Lebensbaum, wenn ich mystische und erleuchtende Erfahrungen machen will. Verschiedene Menschen wollen verschiedene Dinge, und auch die Wünsche und Bedürfnisse ein und desselben Menschen ändern sich im Laufe seines Lebens.

So geschieht es, daß alle Wissenssysteme mit der Zeit zerbröckeln: Ein neues Bedürfnis, eine neue Idee, eine neue Vision taucht auf, und schon hat ein früheres «objektives» Wissensgebäude ausgedient. Für die neue Idee wird man ebenfalls Beweise finden – wenn nötig experimentelle und wissenschaftliche –, und man wird sie eine Zeitlang als Wahrheit betrachten – bis wieder eine neue Idee auftaucht. Dieses Spiel wird sich *endlos* wiederholen. Der Intellekt wird stets das finden, wonach er sucht.

Die gesamte Geschichte des Wissens sollte uns in bezug auf unsere Sicherheiten ein wenig nachdenklich machen. Man hat bisher noch für jede neue Idee (wenn die Zeit dafür reif war) Beweise gefunden. Es ist ein einfaches Gesetz, daß der Verstand finden wird, was er finden will. Denn der Verstand sieht die Welt stets durch Ideen, Annahmen, Überzeugungen. Er projiziert sie in die Welt hinaus und behauptet später, sie dort entdeckt zu haben. Für einen Mann mit einer grünen Brille sieht die Welt zweifellos grün aus!

Der Verstand, der behauptet, alles zu verstehen, hat noch nicht einmal sich selbst verstanden. Es liegt in seiner Natur, zu projizieren und sich dessen nicht bewußt zu sein. Der Verstand *ist* die grüne Brille; und wie könnte sich eine Brille ihrer selbst bewußt sein? Wir müssen erkennen, daß wir sie aufhaben. Doch dazu müssen wir einen höheren Standpunkt einnehmen, einen Standpunkt jenseits der Ebene des Verstandes, von dem aus wir die Mechanismen des Verstandes sehen, beobachten und verstehen können. Die Brille *kann* abgenommen werden, aber nur von jenen, die sich bewußt sind, daß sie sie auf der Nase haben. Diesen höheren Standpunkt nennen wir Intuition, Einsicht, Meditation – die Ebene, auf der man über die Verstandesgrenzen hinaus ohne Brille *direkt* sehen kann.

Die Vorstellung von wissenschaftlichem Fortschritt ist wirklich angenehm und gibt uns Bestätigung (denn wir wissen es immer ein wenig besser als unsere Eltern), aber sie dient uns nur dazu, zu beweisen, daß wir die besten sind, daß *unsere* Generation recht hat. Die ganze Fortschrittsidee ist nichts anderes als der Ego-Trip unseres Zeitalters. Unsere Rasse hat lange genug auf der Erde gelebt, um das ganze Spiel zu durchschauen. Tausende von Jahren intellektueller Forschung haben nicht eine einzige Sicherheit hervorgebracht; Generationen von Philosophen ist es nicht gelungen, zu einem einzigen universalen Schluß zu kommen, und Jahrhunderte wissenschaftlichen Fortschritts haben uns nicht das unerschütterliche, stabile Fundament beschert, nach dem wir gesucht haben. Tatsächlich wird das Geheimnis der Existenz mit jeder neuen wissenschaftlichen Entdeckung größer, und wir scheinen weiter denn je von der endgültigen Wahrheit entfernt.

Die Wahrheit ist, daß es unter unseren Füßen *keinen festen Boden gibt* und daß der Verstand uns keine Sicherheiten verschaffen kann. Sowohl in der Welt als auch im Verstand existieren nur Energiemuster, Lichtwellen. Zumindest mit dieser Erkenntnis bewegen sich die modernen Wissenschaftler wieder auf die alten Mystiker zu.

Mit dem Erwachen des Wassermannzeitalters hat der menschliche Geist einen vollen Zyklus durchlaufen. Das Spiel ist vorbei. Es gibt keinen festen Grund unter unseren Füßen; und es gibt nichts in der Außenwelt, woran wir uns festhalten können. Die einzige Basis, die wir haben, befindet sich in unserem Innern. Es ist unsere Liebe, unsere Bewußtheit, unsere Lebensenergie. Es gibt kein anderes Fundament. Das Schöne am Intuitiven Tarot ist, daß wir gar keinen festen Boden brauchen. Wenn wir Intuitiven Tarot spielen, müssen wir die Wahrheit nirgendwo anders als im Hier und Jetzt suchen. Wir suchen nach dem Sinn nicht in Büchern, sondern im Leben; und wir müssen keine Brille tragen, denn wir wollen direkt hinschauen und unser ursprüngliches Gesicht sehen.

Tarot – Spiel des Lebens

Im Vorwort zu seinem schönen Buch *Schule des Tarot – Das Spiel des Lebens* vergleicht Hans-Dieter Leuenberger den Intuitiven und den Esoterischen Tarot: Beim Esoterischen Tarot, so Leuenberger, steht die Karte Null – Der Narr – am Schluß, am Ende der Reise durch die großen Arkana, während sie beim Intuitiven Tarot als erste Karte am Anfang der Reise steht.

Beim Esoterischen Tarot ist das Spielerische, sind Vertrauen, Spontaneität, Glück, all die Qualitäten, die der Narr symbolisiert, erst am Ende der Reise möglich, nachdem das Training abgeschlossen ist. Sie sind ein fernes Ziel, das man erst nach einem langen Weg erreichen kann. Im Gegensatz dazu existieren diese Qualitäten beim Intuitiven Tarot schon von Anfang an: Sie schaffen das Klima, in dem die Reise beginnt.

«Es gilt zuerst eine Menge zu lernen und zu studieren», sagt Leuenberger über den Esoterischen Tarot, «bevor der Freude des reinen Spiels freier Lauf gelassen werden kann. Dann bringt es aber um so reichere Freude.»[1*] Beim Intuitiven Tarot steht die Freude am Spiel dagegen an erster Stelle. Das Spielerische wird nicht als spätere Belohnung für unsere Arbeit betrachtet, sondern als eine Qualität, die dem Tarot von Anfang an innewohnt.

Die Frage, welche Position der Narr denn nun innerhalb der zweiundzwanzig großen Arkana einnehmen sollte, hat die Gemüter von Tarot-Spielern schon von jeher erhitzt. Die Zahl Null gibt uns offensichtlich Rätsel auf. So kam es, daß der Narr bei manchen Spielen am Anfang, bei manchen am Ende stand und manchmal (unter anderem bei Eliphas Levi) zwischen Karte XX – Gericht – und Karte XXI – Die Welt – plaziert wurde. Mir gefällt die Gegen-

* Die hochstehenden Ziffern beziehen sich auf die Anmerkungen, die am Schluß des Buches zusammengefaßt sind.

überstellung von Intuitivem und Esoterischem Tarot als «Der-Narr-am-Anfang» und «Der-Narr-am-Ende». Ja, beim Intuitivem Tarot steht das Spielerische, stehen Freude und Lachen «am Anfang», genau wie Spontaneität, Kreativität und Intuition. Damit sollten wir beginnen. Dieser Anfang ist jedoch kein Anfang in der Zeit; er liegt nicht in der Vergangenheit; dieser Anfang ist *dieser* Augenblick. Jeder Moment, jedes Spiel, stellt einen neuen Anfang, ein frisches Beginnen dar.

Ja, für mich ist der Anfang der richtige Platz für den Narren, aber der Narr ist auch am Ende der Reise noch da. Wenn alle Lektionen gelernt wurden, kehrt er zu seiner ursprünglichen Unschuld, seiner reinen Leere, seiner grundlosen Freude zurück. Er ist also Anfang *und* Ende. Aber er steht auch während der ganzen Reihe *hinter* jeder Karte.

Die Null ist nämlich weder eine Zahl, noch stellt sie den Anfang der Zahlenreihe dar. Die Null ist die Leere, aus der die Zahlen aufsteigen. Sie ist der Behälter aller Zahlen, und so wie die Null das Gefäß der Zahlen ist, so ist der Narr das Gefäß des gesamten Tarots. Er steht hinter jeder Karte als derjenige, der die Karte erfährt, als der Beobachter, der Zuschauer vor der Bühne des Lebens. Er ist das reine Bewußtsein, vor dessen Augen der Film des Lebens auf die Leinwand projiziert wird. Er erfährt alles, beobachtet alles und bleibt doch unberührt, leer, auf den Gipfeln. Er ist der Träumer, der gewählt hat zu träumen. Er ist ins Tal hinabgestiegen und zum Magier geworden, zur Hohepriesterin, zur Herrscherin und so weiter. Er ist durch die Welt und wieder darüber hinaus gegangen, zurück zu sich selbst als der «Narr am Ende». Er ist in der Tat ein verspielter, spielerischer Charakter, dieser Narr, dieser Schelm. Er ist der Träumer und der Erfahrende gleichermaßen. Er ist der Anfang, die Mitte und das Ende.

Hans-Dieter Leuenberger hat recht, wenn er behauptet, daß wir beim Intuitiven Tarot von Anfang an spielen wollen, aber wir wollen auch *weiterhin* spielen. Wir wollen mit dem Narren beginnen und dabei *bleiben*. Wir wollen nicht zum Magier werden, wie der Esoterische Tarot empfiehlt. Warum nicht? In der Einleitung zu seinem Buch erzählt Hans-Dieter Leuenberger eine Geschichte, die uns helfen kann, diese Frage zu beantworten.

Vor langer Zeit lebte in der ungarischen Pußta ein Schafhirte, der blinde Schafe operierte, ohne darüber nachzudenken. Ohne jegliche medizinische Vorkenntnisse war er in der Lage, die Tiere zu operieren und ihnen das Augenlicht wiederzugeben. Eines Tages operierte der unwissende Schafhirte einen Mann, der auch prompt sein Augenlicht zurückgewann. Und so geschah es, daß der intuitive Chirurg allmählich berühmt wurde, während er dennoch ein einfacher Mann blieb. Als die Professoren in den großen Städten von ihm hörten, luden sie ihn ein, und er operierte ihre Patienten in den Universitätskliniken mit großem Erfolg. Alles ging gut, bis eines Tages einer der Professoren dem Schafhirten an einem Modell des menschlichen Auges erklärte, was er da eigentlich tat. Von diesem Tag an konnte der Schafhirte nicht mehr operieren. In dem Moment, in dem er mit Wissen konfrontiert wurde, wurden seine natürlichen, intuitiven Fähigkeiten vollständig blockiert. Er verließ die Universität, kehrte zu seinen Schafen zurück, und man hörte nie wieder etwas von ihm.

In seinem Kommentar zu dieser Geschichte behauptet Hans-Dieter Leuenberger, daß der Schafhirte, hätte er weiter studiert und gelernt (wäre der Narr zum Magier geworden), ein großer Chirurg geworden wäre. Aber er war doch schon einer! Und Leuenberger hat recht, wenn er meint, die Professoren hätten seine Schafe hüten und er ihre Patienten behandeln sollen. Warum aber sollten *wir* dann vom Narren zum Magier werden und uns vom Intuitiven zum Esoterischen Tarot bewegen?

Ich ziehe es vor, das Ende der Geschichte zu ändern: Der intuitive Chirurg blieb in der Klinik, um die Professoren zu lehren, wie man ohne zu denken arbeitet; und der Idiot, der ihm das anatomische Modell gezeigt hatte, wurde zu den Schafen geschickt; und man hörte nie wieder etwas von ihm. In meiner Geschichte bleibt der Narr der Narr, und der Magier wird wieder zum Narren!

Aus der Geschichte vom Schafhirten können wir, so Leuenberger, etwas über Menschen lernen, die intuitiv Tarot spielen. «Sie wollen nichts von den Geheimnissen und der Bedeutung der Symbole… wissen, sie wollen einfach spielen», sagt er. Ja, wir wollen nur spielen, für uns *ist* das Spiel genug, für uns ist das Spiel Geheimnis. Das Spiel genügt sich selbst. Für eine Arbeit brauchen wir eine Zukunft, einen Zweck, ein Ziel. Für ein Spiel genügt der gegenwärtige Augenblick. Spielen bedeutet, daß der gegenwärtige Moment schön ist, so wie er ist. Wir müssen nur fähig sein, ihn zu feiern. Ja, wir wollen nur Tarot *spielen*, so wie der Schafhirte nur operieren wollte. Weil wir gesehen haben, was mit ihm geschah, weigern wir uns, irgend etwas von den Professoren zu lernen.

Hans-Dieter Leuenberger zeigt sich erstaunt darüber, zu welchen Erkenntnissen mancher intuitive Tarotspieler gelangt, ohne ein ernsthaftes Studium des Tarots betrieben zu haben. Das ist genauso erstaunlich wie ein Schafhirt, der operieren kann. Intuition *ist* erstaunlich. Aber am erstaunlichsten ist, daß diese natürlichen intuitiven Fähigkeiten und Kräfte im Innern eines jeden Menschen schlummern oder sich manifestieren. Sie sind ein Teil seines Wesens, ein Teil seines Bewußtseins. Ich möchte ebenfalls eine Geschichte aus einem östlichen Land erzählen – aus Japan.

Vor einigen Jahren war eine bestimmte, auf den japanischen Inseln beheimatete Affenart vom Aussterben bedroht. Diese Affen fraßen nur die Früchte eines besonderen Busches; doch diese Nahrungsquelle wurde von einer Ungezieferplage zerstört. Um zu überleben, mußten die Affen ein neues Verhaltensmuster entwickeln.

Mehrere Wissenschaftler starteten ein Projekt mit dem Ziel, etwa fünfzig Affen zu trainieren, eine andere nahrhafte und reichhaltige Nahrung zu sich zu nehmen: eine Wurzelart, die ein paar Zentimeter unter der Erde wuchs. Die Affen sollten lernen, die Wurzeln auszugraben und von Erdklumpen zu säubern, bevor sie sie aßen. Von diesen fünfzig Affen waren fünfundvierzig nicht in der Lage zu lernen, sich von der Wurzel zu ernähren. Aber fünf Affen schafften es! Ihnen gelang es, ihr Verhaltensmuster aufgrund eines neuen Verständnisses zu ändern.

Sobald die fünf Affen in der Lage waren, sich von der Wurzel zu ernähren, begannen andere Affen der gleichen Spezies, die *auf anderen Inseln* lebten, ebenfalls diese Wurzel auszugraben, sie von Schmutz zu säubern und zu essen. Innerhalb weniger Monate hatte sich die ganze Spezies erfolgreich an die neue Art der Nahrungsaufnahme angepaßt. Die Affen hatten das neue Verhalten *innerlich* gelernt. Die Veränderung war sozusagen auf intuitivem Weg übertragen worden. Bei den Affen hatte eine Art Bewußtseinsübertragung stattgefunden. Es scheint, daß die gesamte Rasse durch eine Art magisches, intuitives Netz miteinander verbunden war.

Das gleiche findet bei Menschen statt, wenn auch auf einer höheren Ebene. Wir sind durch ein weltumspannendes «Bewußseinsnetz» miteinander und mit dem Planeten Erde verbunden, das die Samen eines neuen Erwachens über Ozeane und Kontinente hinweg überträgt. Die sprießenden Keime kann man schon überall in Form des weltweit jäh ansteigenden Interesses an Bewußtseinserweiterung, Meditation und mystischen Erfahrungen sehen. Menschen aus allen Bevölkerungsschichten und Berufsgruppen verhalfen auch den intuitiven Künsten wie Tarot oder Astrologie, *Channeling* und Heilen zu neuer Blüte.

Dahinter verbirgt sich nicht länger eine Suche nach Wissen und Ideologien. Die Menschen sind vielmehr durstig nach Erfahrungen, danach, ihr inneres Selbst zu erfahren und ihr höchstes Potential zu verwirklichen. Es ist nicht einfach so, daß esoterisches Wissen nun exoterisch wird, daß früher wohlgehütete Geheimnisse nun allen Menschen zugänglich gemacht werden. In der Tat wurde viel geheimes Wissen einem breiten Publikum offenbart, aber die neue Bewußtseinsströmung, die heute nach Ausdruck verlangt, hat meiner Meinung nach tiefere Hintergründe. Bei diesem neuen Bewußtsein geht es um die Transzendierung gerade jener psychischen Strukturen, die die Entwicklung der westlichen Zivilisation vorangetrieben haben, das heißt, es geht darum, daß wir die einseitige

Identifikation des getrennten Ego mit den analytischen und logischen Verstandesfunktionen (mit der linken Hirnhälfte) aufgeben und gleichzeitig die Fähigkeit zum ganzheitlichen, intuitiven «Sehen» (die rechte Seite) entwickeln.

Die Entwicklung eines eigenständigen Ego und seines egozentrischen Weltbildes war ein wichtiger Schritt in der Evolution des Lebens auf diesem Planeten, denn sie führte zur Kristallisation eines individuellen Bewußtseins. Der Mensch ließ die Identifikation mit dem undifferenzierten Bewußtsein der Herde, des Stammes oder der Nation hinter sich.

Die übermäßige Entwicklung der Ego-Funktion, die einseitige Entwicklung des wissenschaftlichen Verstandes auf Kosten der instinktiven Sinnesfunktionen hat unserem Planeten jedoch ungeheuren Schaden zugefügt. Die heutige ökologische Katastrophe, die Hungersnöte in verschiedenen Teilen der Erde und die Aufrüstung mit Atomwaffen führen uns die letzte Konsequenz des getrennten Egobewußtseins vor Augen: die Zerstörung allen Lebens auf diesem Planeten.

Die Ideologie des Kampfes gegen die Natur und der Ausbeutung der Mitmenschen hat uns an den Rand des globalen Selbstmordes geführt. Es scheint, daß – in der paradoxen Welt, in der wir leben, – die Teile das Leben des Ganzen bedrohen. Und wie die Menschen in der Außenwelt damit beschäftigt sind, ihren Planeten und sich selbst zu zerstören, um ihre Egobedürfnisse zu befriedigen, so ist das getrennte Ego, der rationale Verstand, in unserer Innenwelt damit beschäftigt, die instinktiven und intuitiven Kräfte zu unterdrücken, was der Unterdrückung unserer Lebensenergie gleichkommt und schließlich dazu führt, daß wir psychisch «einfrieren» und neurotische, sich zwanghaft wiederholende Verhaltensmuster entwickeln. Diese innere Struktur, der Verstand, der alles *wissen* will (über die «Vergangenheit»), weil er alles *kontrollieren* will (die «Zukunft»), dieses Ego, dessen Fundament auf Trennung, Erinnerungen, Wünschen, auf der Herrschaft der Vergangenheit über die Gegenwart und dem Wunsch, die Umwelt zu kontrollieren und auszubeuten, aufgebaut ist, ist heute mehr als überholt. Unser Planet kann die ständige Ausbeutung nicht länger dulden, und die Entwicklung des menschlichen Bewußtseins kann nicht auf der Stufe des kollektiven Narzismus stehenbleiben. Deshalb können wir die alten Denkmodelle nicht mehr gebrauchen, wie «spirituell» oder «wissenschaftlich» sie auch sein mögen (die esoterischen eingeschlossen). Die westliche esoterische Tradition, in der der Magier die Kräfte der Natur mit Hilfe seiner Willenskraft beherrschen will, ist nichts anderes als der «spirituelle» Ausdruck jenes Egobewußtseins, das uns in die heutige, globale Krise geführt hat. Aus diesem Grunde möchten wir diese Tradition hinter uns lassen.

Ich glaube, daß wir gegenwärtig auf diesem Planeten die Geburtswehen eines neuen Bewußtseins erleben – eines Bewußtseins, das im Begriff ist, sich von der gesamten psychischen Vergangenheit zu befreien, das Gefängnis des Ego mit all seinen Ideologien und Dogmen zu verlassen. Sowohl in der Arbeitswelt als auch im kulturellen Bereich haben die Menschen bereits begonnen, ein globales Verständnis zu entwickeln. Wir haben heute Zugang zu allen Traditionen, Philosophien und Kulturen der Welt, und unser weitumspannendes Kommunikationsnetz bereitet den Boden für eine globale Kultur, eine neue, globale Mythologie und ein globales Bewußtsein. Im Laufe der vergangenen Jahrzehnte und besonders seit der Eskalation der ökologischen Krise in den achtziger Jahren ist uns bewußt geworden, daß unser Überleben nicht von der Stärke unseres Ego und der Logik unseres Denkens abhängt, sondern davon, daß wir unsere wechselseitige Abhängigkeit erkennen und verstehen, daß wir nicht getrennt sind und nicht getrennt sein können, weil wir Teile eines lebendigen *Ganzen* sind, das uns nährt und am Leben erhält.

Wir müssen also ein globales Bewußtsein entwickeln, aus dem heraus wir nicht länger der Illusion des Getrenntseins anhängen, sondern die Natur, die Welt lieben und achten, weil wir verstehen, daß wir die Natur *sind*, daß wir die Welt *sind*. Gaya, die Mutter Erde, lebt und erwacht, und sie kann nur im Innern der Menschen erwachen, da wir ihr Bewußtsein verkörpern. Das Unbewußte sucht nach Ausdruck, es will gehört werden; und wir können es nur in unserem Inneren hören. Vielleicht muß das kollektive Unbewußte zu einem kollektiven Bewußtsein werden, damit unser Planet überleben kann. Vielleicht will die Natur «auf unserer Haut» erleuchtet werden – oder sogar darunter!

Die Samen dieses neuen Bewußtseins sind gerade dabei, aufzugehen – am einzigen Ort, an dem sie Früchte tragen können: in unserem Innern, durch unsere Intuition, unsere Bewußtheit, unsere Liebe. Die Zukunft unseres Planeten hängt zu diesem Zeitpunkt der Geschichte von unserer inneren Transformation ab.

Das innere Kind und die Magie der Liebe

Die meisten von uns haben fast völlig vergessen, auf welche Weise ihre Identität sich bildete und entwickelte, denn diese Erfahrungen zählen oft zu den schmerzhaftesten im Leben. Wir haben unsere Anfänge vergessen, das Kind, das nicht weiß, wer es ist, obwohl es seine Existenz recht klar wahrnimmt. Wir haben vergessen, wie wir unbeholfen versuchten, durch Nachahmung und Konditionierung eine Identität zu entwickeln, und wie wir, hin- und hergerissen zwischen dem, was unsere Eltern, Lehrer und Freunde von uns wollten, und unseren eigenen psychischen und körperlichen Bedürfnissen ständig zu Kompromissen gezwungen wurden. Ganz gleich, zu welchem Resultat dieser chaotische Prozeß führt, wir nehmen es ironischerweise stets als *eine* Identität wahr und sind sehr darauf bedacht, diese Identität zu stabilisieren. Dies geschieht im wesentlichen dadurch, daß wir eine Maske, eine «Persona», den sogenannten «bewußten Verstand» entwickeln. Alles, was nicht akzeptabel erscheint, lebt jedoch unter der Maske weiter. Wir verdrängen unser inneres Kind ins Unbewußte. Wir lernen, uns mit der Spitze des Eisberges zu identifizieren. Die Fähigkeit, selbst um den Preis der Selbstzerstörung an einer solchen Identität festzuhalten, wird nun als Formung des Charakters betrachtet und ermutigt. Irgendwann in der Pubertät haben die meisten von uns gezwungenermaßen die Vorstellung eines stabilen Selbst mit festgelegten

Eigenschaften entwickelt. Diejenigen, denen das nicht gelungen ist, sind sozial inakzeptabel.

Es ist wohl unnötig zu betonen, daß sich ein Teil von uns dieser Vorgänge undeutlich bewußt ist. Wir können unsere angeborene Fähigkeit, die Dinge zu sehen, wie sie sind, unsere Intuition, unsere Bewußtheit niemals vollständig verlieren. Daher dieses unterschwellige «Schuldgefühl», dieses Unbehagen, das viele von uns ihr Leben lang mit sich herumtragen. Je stärker wir die Brüchigkeit unseres Selbstbildes und unserer Glaubenssysteme spüren, desto stärker müssen wir sie verteidigen, um uns selbst und andere von ihrem Wert zu überzeugen. In diesem «schlechten Gefühl», diesem inneren Wissen um die Anfechtbarkeit unserer bestgehegten Glaubenssätze, liegt die Saat für jeglichen Dogmatismus.

Das Ego muß vorgeben, äußerst stabil zu sein. Würden wir diese festen Überzeugungen, diese Identität, verlieren, fänden wir uns – so fürchten wir – hinter der Startlinie wieder, nicht wissend, wer wir sind, in absoluter Unwissenheit über uns und die Welt. Wir hätten plötzlich das Gefühl, daß wir all die Jahre, die wir in den Aufbau unserer Identität investiert haben, mit dem Errichten eines Lügengebäudes vertan haben. Wir würden in eine Identitätskrise geraten. Und plötzlich wäre die ursprüngliche Frage wieder da: Wer bin ich wirklich? Wer bin ich? Das ist der Moment, in dem wir den Wunsch nach *Selbsterfahrung* verspüren – das Verlangen, unser ursprüngliches Gesicht wiederzuentdecken. Es ist der Moment, in dem die leidenschaftliche Suche nach unserem wahren Selbst beginnt. Sind wir jedoch noch nicht dafür bereit, wollen wir der Erkenntnis, daß wir im Grunde *nichts* wissen, und der Auflösung unserer alten Identität noch ausweichen, dann sind wir gezwungen, weiterhin mit unserem Ego zu leben, mit jenem «Ich», das wir zu kennen glauben. Alles andere (und unser Unbehagen) kehren wir unter den Teppich; wir verdrängen es ins Unbewußte. Wir werden gespalten, schizophren, und fürchten uns, unter den Teppich zu schauen.

Um für den Intuitiven Tarot reif zu sein, müssen wir neugierig werden, müssen wir unter den Teppich schauen und dem Kind begegnen wollen, das immer noch in unserem Innern, im Unbewußten existiert. Er oder sie ist unser(e) Drei- oder Vierjährige(r), wild und bedürftig, wütend oder glückselig, mit einer unvorstellbaren Intensität und unglaublichen Kraft. Wie die Experimente von Hypnotherapeuten und Huna-«Wundertätern»[2] zeigten, ist es dieses Kind, das unsere Nahrung verdaut, das uns krank macht oder uns heilt, das die Welt für uns interpretiert, das alle Eindrücke filtert, die unsere Augen und Ohren empfangen.

Dein Körper ist das Werk deines Kindes, und dieses Kind ist ein «Wundertäter». Doch trotz all seiner Kräfte ist es ein Kind, das seine eigenen Ideen, seine eigenen Bedürfnisse und seine eigenen Gefühle hat, von denen wir viele gar nicht kennen oder nicht akzeptieren. Dieses innere Kind spricht durch unseren Körper, unsere Gefühle, unsere Träume, aber allzuoft hören wir gar nicht zu.

Dieses Kind wählt auch die Tarotkarten für dich aus. Wenn du anfängst, Intuitiven Tarot zu spielen, wirst du erstaunt sein, daß deine Hände die Karten zu «kennen» scheinen und durch einen Vorgang, der dir völlig unbewußt ist, die richtige Karte für deine Frage wählen. Auch das ist das Werk deines inneren Kindes. Während sich deine linke Hand langsam über die ausgebreiteten Tarotkarten bewegt, wirst du feststellen, daß sie sich auf geheimnisvolle Weise zu einer bestimmten Karte hingezogen fühlt und daß diese Wahl – obwohl unbewußt – stets intelligent ist. Die gleiche unbewußte Intelligenz, die dich atmen läßt und das Blut in deine Venen pumpt, wählt die Tarotkarte für dich! Du kannst ihr vertrauen.

Man mag einwenden, daß diejenigen, die unter den Teppich schauten, nicht immer nur schöne Kinder vorfanden. Was ist mit den Monstern, die laut Freud im Keller des Unbewußten hausen? Was ist mit dem «Schatten», der die armen Menschen verfolgt, die Jungsche Träume träumen?

Daß dort unter dem Teppich tatsächlich jemand ist, wissen wir, aber wie sich dieses Wesen uns offenbart, hat sehr viel mit unseren Erwartungen, unseren Glaubenssystemen und ganz besonders mit *unserer Art der Kontaktaufnahme* zu tun. Gewiß mag dein inneres Kind wütend darüber sein, daß es die ganze Zeit dort eingesperrt war. Viele seiner oder ihrer Bedürfnisse sind mißachtet worden, und er oder sie hat vielleicht eine lange Liste von Anklagen gegen dich vorzubringen. Wenn du dieses Kind natürlich wie Freud betrachtest und glaubst, daß die Zivilisation in Gefahr ist, wenn es seine Libido auslebt, dann wird es dir wie ein gefährliches Monster erscheinen. Aber schon Jung und seine Anhänger entdeckten, daß der «Schatten» immer freundlicher wird, je besser wir ihn kennenlernen und je mehr wir ihn akzeptieren.

Ja, anfangs hat das Kind vielleicht Angst vor dir. Du hast ihm kaum einmal zugehört. Es wollte Liebe, und allzuoft hat es alles andere als das bekommen; du hast es verletzt und verwundet. Die Eltern, die Lehrer, die Priester haben es von oben herab behandelt, haben ihm ständig gesagt, wie es zu leben hat, haben es unterdrückt, und später hast du selbst ihre Rolle übernommen. Das innere Kind hat Angst vor dir und wahrscheinlich hast auch du Angst vor ihm. Also müßt ihr versuchen, euch anzufreunden. Wenn ihr erst einmal Freunde geworden seid und eine Vertrauensbasis zwischen euch geschaffen habt, beginnt ihr, euch gegenseitig zu beeinflussen. Wie in einer Partnerbeziehung könnt ihr Dinge miteinander besprechen und euch einigen. Wenn eine echte Begegnung zwischen dir und deinem inneren Kind stattfindet, wenn ihr in Harmonie miteinander seid, ist alles möglich. Und wenn aus der Harmonie Liebe wird, wie in der Karte der Liebenden ausgedrückt, dann kommt der Engel und segnet euch.

Die Karte *Die Liebenden* könnte man als wichtigstes Symbol des gesamten Tarots betrachten.

Hier sehen wir Adam, den männlichen, bewußten Verstand, den Intellekt; Eva, das Weibliche, die Intuition, das Kind, und den Engel, das Überbewußte, die Wahrheit.

Adam, der Intellekt, kann den Engel nicht direkt anschauen. Um einen Schimmer der Wahrheit zu erhaschen, muß er Eva ohne Kleider, ohne Verteidigungsstrategien gegenübertreten und sie lieben. Eva, das Kind, ist eine Brücke zum Engel. Sie sieht mit ihren unschuldigen Augen das Übernatürliche. Sie ist ein Medium, eine Vermittlerin zwischen dem Überbewußten und dem intellektuellen Verstand. Überbewußte oder wirklich bewußte Kommunikation kann nur über das Unbewußte stattfinden. Der Engel kann nur durch Eva zu Adam sprechen. Das ist der Weg der Liebe. Andere Wege sind wir bereits gegangen. Auch die esoterische Tradition der westlichen Magie betont die Notwendigkeit einer Zusammenarbeit zwischen dem Unbewußten und dem Bewußten; aber diese Zusammenarbeit wird durch die Kraft des Willens mit Gewalt erzwungen.

In der Schule Crowleys wählte man beispielsweise eine bestimmte Handlung, irgendeine beliebige Handlung, die der Magier sich selbst verbieten mußte. Er verbot sich vielleicht, das rechte Bein über das linke zu schlagen. Wenn es unwillkürlich doch geschah – und es geschah natürlich –, nahm er eine Rasierklinge und schnitt sich in den Arm. Geschah es noch einmal, machte er sich wieder einen Schnitt in den Arm und so weiter. Auf diese Weise wird das Kind natürlich irgendwann lernen. Es wird gezwungen zu gehorchen. Der Wille des Magiers wird stärker und seine Macht größer. Doch irgendwann hat das Kind genug von seinem neuen Tyrannen, von diesem Magier mit seinen gewalttätigen Methoden, und es rächt sich. Die Geschichte der westlichen Magie ist auch eine Geschichte der Schizophrenie und Psychose – Magie ohne Liebe, ohne das Spielerische, ohne Respekt vor dem inneren Kind.

Bei unserer Magie, der Magie des Intuitiven Tarots, nähern wir uns dem Kind nicht mit einem Messer, sondern mit einem Kartenspiel, mit Liebe und Lachen. Wir zeigen ihm, daß es alles machen darf, was ein Kind gern tut: Es darf rennen und spielen, lachen und ein kleiner Schelm sein. Wir zeigen ihm, daß wir kein weiterer Tyrann mit einem weiteren System von Konditionierungen sind, sondern ein Kind wie es selbst. Wir wollen miteinander spielen.

Wie jedes Kind weiß, hat jedes Spiel Regeln. Die Regeln des Intuitiven Tarots sind ziemlich klar und einfach. Wir wollen sie miteinander lernen.

Die Regeln

1. Traue deinen Augen und schau!

Schau dir die Karte an; betrachte sie intensiv und doch spielerisch, und versuche intuitiv, die Verbindung zwischen der jeweiligen Frage und der Karte aufzuspüren. Suche nach dem speziellen Verbindungspunkt zwischen der Frage und dem Symbol. Wenn du die Karten für eine andere Person legst, dann schau dir den anderen aufmerksam an. Dieses intensive Betrachten ist schon eine Erfahrung für sich. Es hat sowohl auf dich als auch auf den anderen eine reinigende Wirkung. Dieser tiefe Blick bringt dich in die Gegenwart, macht dich wach für das, was hier und jetzt geschieht. Vielleicht vergeßt ihr beide, was euch trennt, und fühlt auch, als wärt ihr eins. Eine liebevolle Atmosphäre entsteht. Nein, du mußt deine Ratsuchenden wirklich nicht auf den ersten Blick lieben. Es geht einfach darum, daß du deine Energien bewußt auf sie richtest, daß du ihnen völlige Aufmerksamkeit schenkst und ihnen mit Offenheit begegnest. So bist du von einem Klima der Liebe umgeben.

Traue deinen Augen – deinen physischen wie deinen psychischen – und benutze sie. Sie sind deine Werkzeuge. Und bitte vergiß alles über die «objektive» Wahrheit. Deine Augen betrachten die Sonne und sehen Licht. Woher weißt du «objektiv», daß die Sonne wirklich existiert, daß das Licht wirklich da ist? Das Licht existiert für die, die Augen haben, aber diese Augen sind subjektiv. Das Licht existiert tatsächlich nur für diejenigen, die Augen haben. Man könnte allenfalls sagen, daß das Licht eine Erfahrung ist, die jene miteinander teilen, die Augen haben. Die Wahrheit der Existenz des Lichts liegt einzig und allein darin, daß das Licht eine *gemeinsame Erfahrung* ist. Du kannst die Existenz des Lichts auf keine andere Art beweisen, als es zu sehen.

2. Traue deiner Intuition

Damit meine ich nicht, daß du blind vertrauen und alles glauben sollst, was dir in den Sinn kommt. Ich sage keineswegs, daß sich jede Information, die dich über deine Intuition erreicht, als «wahr» erweist. Ich will damit sagen, daß du deiner Intuition so trauen mußt, wie du deinen Augen vertrauen mußt, um sehen zu können. Wenn du deinen Augen nicht traust, wirst du die Sonne sehen, aber du wirst nicht glauben, daß du sie siehst!

Und die Sonne ist da: Öffne deine Augen und vertraue. Du mußt Vertrauen zu deinen Werkzeugen haben; nur dann kannst du sie wirklich benutzen. Dann wird dir deine Wahrnehmung, deine Achtsamkeit weiterhelfen, und du wirst ein Gefühl für die verschiedenen Ebenen der Wahrheit entwickeln, die dich über deine Intuition erreichen.

3. Atme

Das ist die nächste Regel, und sie gilt sowohl für den Kartenleger als auch für den Fragesteller. Tiefes Atmen bringt all die Dinge, die aus dem Unbewußten des Fragenden ans Licht drängen, an die Oberfläche. Das Atmen macht sowohl deine als auch seine Gefühle sichtbarer, transparenter. Es kann sein, daß der Kartenleger beginnt, die tiefsten Gefühle des Fragenden zu spüren, und das ist außerordentlich hilfreich. Das Atmen befreit euch von inneren Blockaden, es läßt das Eis zwischen euch schmelzen.

4. Spiele, weil es dir Freude macht

Tarot ist ein Spiel. Sein Wesen ist das Spielerische, Unernste. Genieße es also, spiele aus Spaß. Der Tarot wird dir oft ein tiefes Lachen aus dem Bauch locken. Manchmal wird er dich auch zum Weinen bringen, aber auch Weinen kann Spaß machen, man kann es feiern. Wenn es notwendig ist zu weinen, kann man sogar die Tränen genießen.

5. Sag die Wahrheit

Das gilt ebenfalls sowohl für den, der die Karten liest, als auch für den Fragesteller. Man sollte beim Tarot nicht lügen, und man sollte sehr genau aufpassen, daß man sich nicht selbst belügt. Du *bist* der Tarot. Die Art und Weise, wie du Tarot spielst, zeigt, wie *du* spielst – wie du im Leben spielst. Der Tarot ist für das wirkliche Leben, was *Monopoly* für das reale Geschäftsleben ist: ein Spiegel. Beim *Monopoly* kannst du sehen, was für eine Art von Geschäftsmann du bist. Der Tarot zeigt dir, wie du dich im Spiel des Lebens verhältst. Das Leben ist eher ein Spiel als ein Geschäft. Wäre das Leben ein Geschäft, dann wäre es mit Sicherheit ein schlechtes. Der Bankrott ist sicher, denn wir müssen eines Tages sterben. Doch das Leben gleicht mehr einem Spiel, und der Tarot kann dir sagen, ob du im großen Spiel der Existenz ein guter Spieler bist. Und vergiß nicht: Ein guter Spieler betrügt niemals.

Sage also die Wahrheit; fang zumindest beim Tarot damit an. Reserviere deine ehrlichen Augenblicke für den Tarot. Vielleicht lügst du den ganzen Tag und die ganze Nacht, aber spiele *nur* dann Tarot, wenn du das Gefühl hast, daß du einen Moment lang ehrlich sein willst. Das ist der Augenblick, der Wahrheit eine Chance zu geben.

Ich spreche hier nicht einfach von äußeren Wahrheiten. Natürlich solltest du dem Kartenleger in bezug auf deine Lebenssituation nichts vormachen. Noch wichtiger aber ist: Du solltest dich nicht selbst belügen. Der Tarot ist nichts als ein Spiegel, genau wie der Kartenleger. Das Spiel findet letztendlich zwischen dir und deinem Selbst statt. Sei ehrlich zu dir; betrüge nicht, wenn du spielst.

6. Sei positiv

Es gibt schon genug Negativität auf der Welt. Versuche zunächst einmal, positiv zu sein; versuche, das Positive zu sehen. Der gewöhnliche Verstand ist darauf trainiert, überall das Negative zu finden, denn negative Kritik wird als Zeichen von Intelligenz betrachtet. Es ist also gut, zunächst einmal nach dem Positiven zu schauen. So wirst du es wirklich finden! Das ist eine anregende Erfahrung, die dir neue Einsichten vermitteln kann, eine neue Art, die Dinge zu betrachten. Je tiefer du in das Spiel eintauchst, desto allumfassender wird schließlich die Positivität sein, die du erfährst. Selbst die Negativität kann in ihr enthalten sein.

Zuerst soll man versuchen zu sehen, daß das Glas halbvoll ist, nicht halbleer. Man interpretiert also alles zunächst von der positiven Seite aus. Das ist schön und auch notwendig, aber nicht genug. Eine noch tiefere Ebene von Positivität erfahren wir, wenn wir – vielleicht auch nur für einen Augenblick – die Dinge so sehen können, *wie sie wirklich sind*. Was wir sehen, mag schön sein oder auch nicht. Das ist unwesentlich. Wichtig ist, daß man die Wahrheit der Situation berührt und sie akzeptiert hat. Von diesem Moment an geschieht Heilung, geschieht Transformation. Manchmal wird man also Dinge sehen, die ganz und gar nicht schön sind. Die Qualität der Kommunikation aber ist schön und bleibt schön.

7. Hab keine Angst vor Gefühlen

Fürchte dich nicht vor Gefühlen, ganz gleich welchen, wenn du Tarot spielst. Gefühle sind ein notwendiger Ausdruck von Energien, die in einem bestimmten Muster, einem Tanz, aufeinander folgen. Laß diesen Tanz der Energien geschehen, akzeptiere ihn. Laß die Tränen fließen, bis du lachen mußt, und lache, bis die Tränen fließen. Dann ist der Kreislauf geschlossen, dann werden Tränen zu Lachen, und Lachen wird zu Tränen. Du hast *alles* erfahren.

8. Vertraue deiner ersten Eingebung

... nicht der zweiten oder dritten. Dein allererstes intuitives Gefühl, deine ersten Gedanken oder Assoziationen übermitteln die Botschaft, bestimmen die Richtung des gesamten Spiels. Sie tauchen wie aus dem Nichts in deinem Bewußtsein auf und verschwinden sehr schnell wieder. Dann kommt der zweite oder dritte Gedanke kritisch, logisch, beschönigend –, opportunistische Versuche des Verstandes, des Egos, die Dinge so hinzubiegen, wie du sie gerne sehen möchtest.

Der Verstand beherrscht dieses Spiel gut und mit unglaublicher Geschwindigkeit; sei also wachsam: Du mußt schneller sein als dein Verstand. Versuche, deine allererste Vision in dem Moment zu erhaschen, in dem sie sich manifestiert; und wenn du sie verloren hast, suche voller Vertrauen nach ihr. Da du als Kartenleger im Grunde nicht wirklich etwas über die der Frage zugrunde liegende Situation weißt, ist *dies* deine einzige Chance, etwas darüber herauszufinden. Sei offen für die neue, unbekannte Botschaft und lerne aus ihr.

In der Kunst des Zen-Schreibens werden die «ersten Gedanken» – die ursprünglichen Gedanken, die uns unmittelbar, ohne Grund, ohne logischen Prozeß, in den Sinn kommen – als Basis des kreativen Schreibens betrachtet. In Wirklichkeit sind die «ersten Gedanken» gar keine Gedanken. Es sind intensive Visionen, Einsichten, deren Wahrheit einleuchtend ist und die wie ein Blitz in der Nacht Licht ins Dunkel bringen. Der Tarot hat seine eigenen Wege, seine Weisheit, seinen Humor, seine überraschenden Wendungen. Laß sie zu! Laß nicht zu, daß dein Verstand dein Tarotspiel stört.

9. Übernimm Verantwortung für dich selbst

Wie in jeder anderen Beziehung ist es auch bei der Tarotsitzung wichtig, daß die Beteiligten – Fragesteller und Kartenleger – die Verantwortung für alles übernehmen, was während der Sitzung geschieht. Jeder der beiden ist letztendlich verantwortlich dafür, wie er oder sie sich in einer Beziehung ausdrückt und verhält, dafür, was er/sie hineingibt, und dafür, was er/sie bekommen möchte. Der höchste Richter, falls es so etwas gibt, ist jedoch derjenige, der die Sitzung initiiert hat, der Fragesteller selbst. Er ist dafür verantwortlich, auf welche Weise er die Botschaft entgegennimmt und wie er darauf reagiert, wenn überhaupt. Das liegt nicht in der Verantwortung des Kartenlegers.

Als Kartenleger wirst du oft spüren, daß eine bestimmte Botschaft sich offenbaren will. Hier solltest du, ohne zu zögern, zielstrebig deiner Intuition in bezug auf die Karte folgen – wenn nötig gegen deinen Verstand – und das Spiel total spielen. Vielleicht weißt du in diesem Moment gar nicht genau, was du tust, aber du spürst, daß dich der Fluß in eine bestimmte Richtung treibt, und du fließt mit, von Augenblick zu Augenblick, von Karte zu Karte. Am Schluß wirst du feststellen, daß die Botschaft wirklich «gestimmt» hat, in diesem Sinne also eine «echte» Antwort war.

Der Kartenleger ist dafür verantwortlich, seine ganze Energie und Achtsamkeit in das Spiel einzubringen und diesen Prozeß, der sich von Moment zu Moment, von Atemzug zu Atemzug entfaltet, voll und ganz nachzuvollziehen. Es liegt in seiner Verantwortung, zu seinem Verstand zu sagen: Bitte laß mich eine Weile in Ruhe. Ich will jetzt Tarot spielen. Du wirst zur Zeit nicht gebraucht. Der Kartenleger weiß nicht, ob die Botschaft richtig ist. Er erhebt keinen Anspruch auf «Richtigkeit». Es ist die Aufgabe des Fragestellers zu entscheiden, was er mit der Botschaft anfangen will, die er erhalten hat. Ist sie wahr, «stimmt» sie? Berührt sie ihn tief? Dies muß er mit seiner eigenen Intelligenz und Ehrlichkeit entscheiden.

10. Bekenne dich als Kartenleger zu deiner Unwissenheit

Vergiß nicht, daß der Tarot nur ein Spiel ist. Es steckt kein Gott dahinter, der dir übernatürliches Wissen verleiht. Du *bist* unwissend. Das Schöne daran ist, daß in der Unwissenheit eine enorme Kraft liegt. Man kann sie nicht besiegen. Man kann sie nicht widerlegen. Man kann nicht gegen sie kämpfen. Sage einfach, was du siehst und was du fühlst, weil du es gern sagen willst. Das ist alles, Du kannst dich nicht darum kümmern, wieviel Wahrheit für den Fragesteller in der Botschaft steckt, denn du kannst nicht in ihn hineinschlüpfen und er werden. Du sprichst einfach deine Wahrheit aus, so wie du sie in diesem Moment erkennst. Du faßt das, was du siehst und fühlst, in Worte. Ob es richtig oder falsch ist, muß der Fragesteller entscheiden. Dies gibt dir enorme Freiheit, während es den Fragenden gleichzeitig ermutigt, die Verantwortung für sein Leben zu übernehmen.

11. Denke daran, daß die Karten keine festgelegten Bedeutungen haben

Du kannst nicht zu jemandem gehen und fragen: «Was bedeutet diese Karte?» Du kannst die Bedeutung auch nicht in einem Buch nachschlagen, jedenfalls nicht in diesem, denn beim Intuitiven Tarot haben die Karten keine festgelegten Bedeutungen. Du selbst mußt die Bedeutung schaffen. Sie kann nicht geborgt werden, man muß sie sich verdienen. Du kannst sie nicht aus dem Gedächtnis abrufen, du mußt sie kreieren. Wenn du Tarot spielst, lernst du etwas über das Leben, und das Leben ist nicht so einfach, daß man es auf 78 festgelegte Bedeutungen reduzieren könnte. Das heißt, daß du als Fragesteller mit dem Tarot *arbeiten* mußt. Du kannst dich nicht einfach zurücklehnen und so tun, als wüßtest du nichts. Du weißt etwas! Und deshalb mußt du so weit gehen, wie du kannst, soweit dein inneres Wissen reicht – und zwar ohne die Hilfe des Tarots. Du mußt zuerst deine Hausaufgaben machen. Du mußt ohne Hilfe des Tarots so tief, wie du kannst, in dich selbst hineinschauen. Dann kann der Tarot unglaublich hilfreich sein. Er wird dir zeigen, ob deine eigenen Beobachtungen richtig oder falsch waren, er wird bestätigen oder ablehnen, untermauern oder völlig zurückweisen, was du über dich selbst zu wissen glaubst. Darüber hinaus wird der Tarot dich auf dich selbst zurückwerfen, damit du dein Leben so leben kannst, wie du es leben möchtest. Denn der Tarot kann dich nur bis zu den Pforten der Wahrnehmung führen – hindurchgehen mußt du allein.

Der Mythos des Orakels

Wie viele andere zeitlose intuitive Künste, etwa Astrologie, Geomantie oder I-Ging, ist der Tarot Ausdruck eines Mythos – des Mythos vom Orakel. Wir können die Hinweise auf Orakel durch alle Kulturen verfolgen, bis zurück in prähistorische Zeiten. Daß sich dieser Mythos bis heute erhalten hat, ist ein Hinweis darauf, wie tief er in der menschlichen Psyche verwurzelt sein muß. Auf der einen Seite steht der Fragende, der behauptet, die Wahrheit nicht zu kennen (seine Frage ist Ausdruck seiner Unwissenheit, und er befragt das Orakel im Vertrauen darauf, daß ihm eine

Antwort gegeben, daß ihm Wissen vermittelt wird) – eine Wahrheit, die bereits existiert, zu der er aber unter normalen Umständen keinen Zugang hat. Man glaubt, daß dieses Wissen von einem Gott kommt, einem übernatürlichen Wesen, das man als außerhalb seiner selbst existierend erfährt. Auf der anderen Seite steht das Orakel, verkörpert durch den Priester, den Schamanen, die Seherin, die als Medium oder Brücke zu dem göttlichen Wesen dienen und in dieser Rolle zum Vehikel für göttliches Wissen sowie zum Vertreter Gottes auf Erden werden. Auf der einen Seite steht also menschliche Unwissenheit und Bedürftigkeit, menschliche Ohnmacht und Blindheit, auf der anderen göttliches Wissen, göttliche Weisheit, Kraft und Erkenntnis – durch eine besondere Klasse von Männern und Frauen übermittelt, die die einzigen Hüter der geheimen Schlüssel sind.

Auf diese Weise wird die grundsätzliche Einheit der Psyche aufgespalten: »Bewußtsein« und »das Unbewußte« werden nicht mehr als zwei Hälften eines sich ständig wandelnden Ganzen betrachtet, sondern als zwei gegensätzliche Realitäten, zwei getrennte Prinzipien und daher als zwei Klassen von Menschen. Das ist in der Tat ein sehr einfaches Weltbild und ein bequemes obendrein – sowohl für den Laien, der nun von der Verantwortung, selbst zu suchen und zu finden, befreit ist, als auch für den «Spezialisten», den «Experten», der sein Wissen über die wohlgehüteten Geheimnisse benutzen kann, um seinen Status und seine Privilegien aufrechtzuerhalten.

Wie alle Mythen ist der Mythos des Orakels sowohl richtig als auch falsch. Er ist falsch, weil es, wie ich in diesem Buch hoffentlich immer wieder deutlich machen kann, keine Weisheit außerhalb und getrennt von uns geben kann. Die Wahrheit, die Botschaft, der Gott sind in uns und müssen dort entdeckt werden. Und doch ist der Mythos des Orakels auf einer anderen Ebene wahr – ganz einfach, weil das Orakel *funktioniert*. Durch das Orakel erfahren wir etwas von einer tieferen Ebene. Eine Wahrheit offenbart sich, die sonst vielleicht nicht erkannt worden wäre. Aber, und das ist das Wesentliche, man muß mit dem Orakel arbeiten, man muß es prüfen, man muß es leben, erfahren, erleiden und nicht einfach glauben.

In Platons Verteidigungsrede hören wir von einem Cherofon, der das Orakel von Delphi fragte: «Gibt es jemanden, der weiser ist als Sokrates?» Das Orakel antwortete: «Niemand ist weiser als er.» «Als ich die Antwort des Orakels hörte», sagte Sokrates, «dachte ich bei mir: ‹Was meint Gott damit, wenn er sagt, ich sei der weiseste unter den Menschen?›

Es ist sicher, daß Gott nicht lügt, denn er kann nicht lügen! Lange Zeit war ich mir nicht sicher, was der Gott des Orakels gemeint hatte. Schließlich entschloß ich mich, der Sache selbst auf den Grund zu gehen, und suchte einen der berühmten Weisen auf, denn ich dachte, nur so könnte ich das Orakel widerlegen und ihm sagen: ‹Hier, dieser Mann ist weiser als ich, und du hast gesagt, ich sei der weiseste!›»[3]

Aber als Sokrates den Mann prüfte – es handelte sich um einen berühmten Politiker –, erkannte er, daß dieser gar nicht weise war, obwohl er sich selbst dafür hielt. Sokrates versuchte, dem Mann zu sagen, was er dachte, aber er löste damit nur Zorn und Haß bei dem «weisen Mann» und seinen Anhängern aus. Also zog er weiter auf seiner Suche nach weisen Männern – von Politikern zu Dichtern und Künstlern – und fand überall das gleiche: Leute, die nichts wußten, sich aber für sehr klug und weise hielten und zornig wurden, wenn man sie mit der Wahrheit konfrontierte. Sokrates' Suche wurde so leidenschaftlich, daß «ich so völlig mit meiner Frage beschäftigt bin, daß ich keine Zeit mehr für andere Dinge oder meine Familie habe und in größter Armut lebe, um Gott zu dienen.»

Auf diesem Weg kam Sokrates schließlich zu dem Schluß, daß er in der Tat weiser als alle diese Männer war, wie das Orakel gesagt hatte, weil weder sie noch er etwas wußten, doch sie zu wissen glaubten, obwohl sie unwissend waren, während Sokrates sich darüber im klaren war, daß er nichts wußte. «So schien es mir, daß ich zumindest in einem Punkt weiser war, denn ich wußte nichts, aber ich glaubte auch nicht, etwas zu wissen.» Dieses Verständnis wurde zur Ausgangsbasis für Sokrates' Selbstverwirklichung und zur treibenden Kraft, die ihn ein Leben lang Falschheit und Heuchelei anprangern ließ und schließlich dazu führte, daß er ermordet wurde.

Welche anderen Möglichkeiten hätte Sokrates gehabt? Er hätte dem Orakel einfach glauben können oder nicht. Wie würdest du reagieren, wenn ein Orakel, zum Beispiel der Tarot, dir sagen würde, du seist der weiseste Mann oder die weiseste Frau der Stadt? Würdest du dem Orakel trauen, oder würdest du seine Botschaft anzweifeln? Würdest du ihm glauben oder nicht? Wenn du ihm glauben würdest, dann würdest du überall herumerzählen, du seist der weiseste Mensch in der Stadt, und am Ende wahrscheinlich am dümmsten dastehen. Würdest du es aber nicht glauben, dann würdest du dich betrogen fühlen und dem Orakel mißtrauen, das ja anscheinend deine Leichtgläubigkeit ausnutzen will.

Sokrates hätte die Botschaft des Orakels annehmen oder zurückweisen können, je nachdem, welches Bild er von sich selbst hatte. Doch so einfach und leicht dieser Weg auch erscheinen mag, er wird nichts verändern. Sokrates genügte es jedoch nicht, einfach etwas zu glauben oder abzulehnen. Er machte sich auf die Suche, um es selbst herauszufinden, und riskierte alles. Er wußte sehr wohl, daß er nicht weise war, denn er war sich bewußt, daß er nichts wußte. Er konnte sein inneres Wesen nicht betrügen, aber er konnte auch das Orakel nicht mißachten. So nahm er die Botschaft des Orakels als eine Art Prüfung, der er sich mutig und leidenschaftlich unterzog, bis er plötzlich erkannte: Aha! Deshalb bin ich der weiseste – weil ich weiß, daß ich nichts weiß!

Er *arbeitete* mit dem Orakel, er schonte sich nicht, er riskierte alles – seinen guten Ruf, sein Geld und schließlich sein Leben. Er arbeitete mit dem Orakel bis zu dem Punkt, an dem er *wurde*, was das Orakel gesagt hatte, und die Weisheit des Gottes in sich selbst erkannte. Das Rätsel des Orakels wurde zum Wendepunkt in seinem Leben.

Es hängt also ganz von uns selbst ab. Eine Antwort kann uns dümmer machen, oder sie kann uns weiser machen. Es hängt davon ab, wie wir damit umgehen. Blinder Glaube und blinde Ablehnung machen uns gleichermaßen mechanisch, autoritär, dogmatisch. Eine ehrliche Suche wird dagegen unsere Intelligenz wachrufen und uns kreativer, selbstverantwortlicher und flexibler werden lassen. Wir nehmen die Botschaft des Orakels dann nicht als Dogma, an das man glauben muß, sondern als Herausforderung, die gelebt werden will, und als Wegweiser auf der Straße zu unserem Selbst.

Du mußt mit dem Tarot also in deinem täglichen Leben arbeiten. Es ist nicht gut, Fragen zu stellen und sie dann einfach zu vergessen. Wenn der Tarot dir etwas sagt, solltest du nicht einfach glücklich oder unglücklich über das Bild auf der Karte sein. Geh nach innen und schau. Arbeite mit der Botschaft. Wie diese Botschaft auch lauten mag, sieh selbst, ob sie wahr ist oder nicht. Das kannst du nicht dadurch erreichen, daß du sie mit den alten Vorstellungen, die du von dir hast, vergleichst, sondern indem du sie im wirklichen Leben prüfst. So funktioniert das Spiel des Intuitiven Tarots. Es wird dich verwirren und dir wie ein Rätsel erscheinen. Du mußt absolut ehrlich damit arbeiten. Dann wirst du eines Tages plötzlich begreifen: Die Botschaft, deine Arbeit mit der Botschaft, hat dich transformiert, und diese Transformation ist das Wesentliche. Dann wird auch in dir die «Weisheit des Gottes» menschlich werden, und menschliche Weisheit gehört dir. Sie kann dir niemals genommen werden. Wenn du dich dem Tarot als Orakel näherst, vergiß nicht, daß es nur ein Mythos ist, ein schönes Spiel, ein spielerisches Paradox. Deine Wahrheit gehört ganz allein dir. Kein anderer kann deine Wahrheit für dich sprechen. Du bist der einzige, der sie kennen kann, und du bist damit absolut allein. Denn du bist derjenige, der deinem Leben Sinn gibt. Du kannst nicht nach dem Sinn des Lebens fragen. Das Leben fragt dich!

Wahrheit bedeutet, uns selbst kennenzulernen, die vielen verschiedenen Aspekte unseres Selbst, um schließlich zu unserem wahren Selbst, dem Einen, vorzudringen. Der Weg zu unserem Selbst führt über unsere vielen Persönlichkeiten, und es gibt keine allgemeingültige Landkarte für diese Reise. Wir müssen uns den Weg von Augenblick zu Augenblick selbst bahnen, indem wir jeden Schritt in Freiheit gehen. Und es gibt unzählige Richtungen. Da du der einzige bist, der deinen einzigartigen Weg geht, bist du auch der einzige im gesamten Universum, der in der Lage ist, dich selbst wirklich zu erkennen. Jene, die sich schon erkannt haben, oder jene, die sich noch auf dem Weg zur Selbsterkenntnis befinden, können dir von ihrem Weg erzählen, um dich zu ermutigen und zu unterstützen, aber sie können nicht für dich *gehen*.

Du bist auf deiner Suche nach Wahrheit also nicht nur völlig allein, sondern auch absolut frei. Du bist frei, die Wahrheit zu sehen, und du bist ebenso *frei*, dir etwas vorzumachen und deine eigenen Lügen oder die anderer Menschen zu glauben. Dieser Freiheit kann man nicht entrinnen. Selbst wenn du dich entschieden hast, an den Papst, an eine Partei oder an esoterische Autoritäten anstatt an dich selbst zu glauben, bist immer noch *du* für diese Entscheidung verantwortlich. Es ist deine Entscheidung, die irgendeiner Autorität «Recht» gibt. Deshalb sind alle Autoritäten so erpicht darauf, Anhänger um sich zu scharen. Wer ist der Papst ohne Millionen von Katholiken, die an seine Unfehlbarkeit glauben? Alle althergebrachten Interessengruppen müssen also versuchen, *unseren* Verstand, unsere Intelligenz zu kontrollieren. Es ist eine multinationale Verschwörung der Religion, der Ideologien, der Werbung und der Unterhaltungsbranche gegen unsere Intelligenz. Die alten und die neuen Gurus kämpfen um die Anteile an unserem Gehirn. Sie brauchen uns schlafend, machtlos und gut unterhalten, damit wir nicht merken, daß sie den Planeten in die Luft jagen. Die Entscheidung liegt ganz allein bei dir. Immer, wenn du an etwas oder an jemanden glaubst, ist es *dein* Glaube, der ihm Macht gibt. Beginne also, dir selbst zu glauben, übernimm die Verantwortung für dein Verständnis, dein Bewußtsein, und fang an, auf dich selbst zu hören. Die höchste Autorität ist in deinem Innern, übe sie aus!

Das Orakel wird dich letztendlich auf dich selbst zurückwerfen, denn dort gehörst du hin. Es wird das spielerisch, mit Liebe, Intelligenz und Humor tun. Es wird wie ein Meister mit dir arbeiten, wenn du es zuläßt. Denn das Orakel, wie alles andere in diesem Universum, ist nichts als eine Tür zu dir selbst.

Höre auf deine Gedanken und Gefühle, deine Träume und deine Stille. Höre auf deine gesamte Erfahrung. Und wenn du auf die Gesamtheit deiner Erfahrung hörst, mit ganzem Herzen hörst, dann wird die Gesamtheit deiner Erfahrung anfangen, mit dir zu sprechen. Dann wirst du die Botschaft überall hören – am Sternenhimmel, wie Pythagoras, im Rauschen eines Flusses, wie Siddharta, im Zwitschern der Vögel, wie Don Juan, oder in den Tarotkarten, wie Eliphas Levi und Ousspenski.

Der Weg zum Himmel

Eine kleine Reise durch die großen Arkana

«Der Himmel liegt auf dem Weg zum Himmel.
Hat Er nicht gesagt: ‹Ich bin der Weg›?»
Theresa von Avila

Werfen wir zunächst einen Blick auf einige Karten aus der Reihe der kleinen Arkana. Was sehen wir?

Hier arbeitet jemand.

Dort verbringt er ein schönes Wochenende mit der Familie auf dem Land.

Hier bereitet sich jemand auf eine Reise vor.

Dort wird ein Haus gebaut.

Hier ist jemand ziemlich krank…

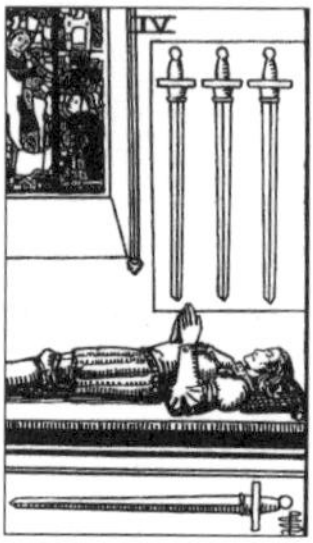

…während ein anderer tanzt und feiert.

Dort betrachtet sich jemand im Spiegel.

Hier sehen wir einen Montagmorgen…

…ein gebrochenes Herz…

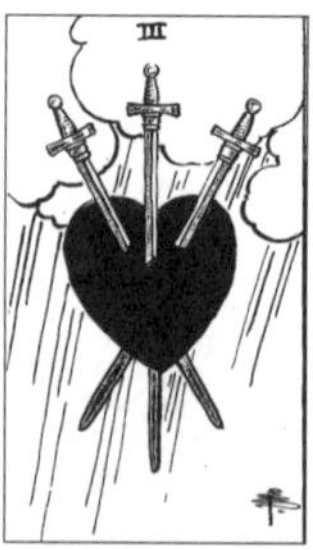

…und einen verletzten Kopf.

Dort sehen wir Bettler in den Straßen…

…und streitende Jugendliche.

Die Schaufenster sind voll mit schönen Kleidern und Juwelen…

…und ein Jongleur gibt eine Straßenvorstellung.

Ein Taschendieb macht sich mit der Brieftasche davon…

…und ein dicker Mann verkauft Bier am Kiosk,

…während der Gärtner sich einen Moment ausruht…

…und der Zimmermann sein Holz in die Werkstatt trägt.

Wir begegnen hier also Menschen, Ereignissen und Situationen des Alltagslebens. Was aber haben sie zu bedeuten? Was steht hinter diesen Erfahrungen, Rollen, Wünschen, Erfüllungen und Frustrationen, hinter den Höhen und Tiefen unseres Alltags? Welchen *Sinn* hat das Leben dieser Menschen? Die Bedeutung liegt nicht in den Ereignissen an sich, sondern in der Art und Weise, in der sie subjektiv erfahren werden, in der psychischen, gefühlsmäßigen «Färbung» und der inneren Einstellung, mit der sie interpretiert werden.

Die Bedeutung der in den kleinen Arkana gespiegelten Alltagserfahrungen und der Sinn, den sie für den Erfahrenden haben, enthüllen sich durch die Archetypen der großen Arkana. Wir wollen nun einen Blick auf die Reihe dieser Karten werfen und sie mit den kleinen Arkana vergleichen. Was sehen wir? Wir sehen keine Alltagsaktivitäten. Die Geschäftigkeit der kleinen Arkana ist verschwunden. Die einfachen Leute, die täglichen Abläufe sind in weite Ferne gerückt. Nun treten große, majestätische Gestalten in den Vordergrund. Schon durch ihre Eindringlichkeit, ihre intensiven Farben und ihre Tiefe zeigen uns diese Karten, daß sie von anderer Qualität sind als die kleinen Arkana. Wenn die kleinen Arkana Beschreibungen des Lebens sind, dann sind die großen Arkana Symbole für seine Bedeutung. Die großen Arkana transzendieren die kleinen Arkana so, wie die Bedeutung hinter der Erfahrung steht. Im täglichen Leben werden wir wahrscheinlich kaum zwei nackten Liebenden in einem Garten begegnen…

…die von einem über den Wolken schwebenden Engel gesegnet werden…

…oder einer Dame, die mit bloßen Händen einen Löwen streichelt.

Auch werden wir die
Toten nicht aus ihren
Gräbern steigen sehen...

...oder eine schöne Frau,
die nackt in der Luft tanzt.

Wir werden auch keinem Skelett in einer Rüstung begegnen, das auf einem weißen Pferd am Strand entlang reitet, und doch erkennen wir all diese Gestalten sofort intuitiv. Weshalb?

Weil diese Bilder Teil von uns selbst sind. Sie existieren in den tieferen Schichten unseres Bewußtseins, das sich in allen symbolischen Ausdrucksformen wie Träumen, Mythologien, Religion und Kunst offenbart.

Obwohl wir in unserem äußeren Alltagsleben ganz gewöhnlichen Leuten begegnen, die arbeiten, Ausflüge machen, sich auf Reisen vorbereiten, Häuser bauen, krank werden oder tanzen, ist unser Innenleben von geheimnisvollen Archetypen bevölkert, die bestimmte Bedeutungen – *unsere* Bedeutungen – symbolisieren. Sie sind:

der Held;

die Jungfrau;

der König;

der weise alte Mann;

der Schutzengel;

der Teufel;

das ewige Kind.

Die gleichen Ereignisse, die gleichen auf den kleinen Arkana dargestellten «objektiven» Situationen werden im Leben verschiedener Menschen verschiedene Bedeutung haben – je nachdem, durch welchen Archetypus, welche Karte der großen Arkana, sie gelebt und erfahren werden.

Nehmen wir beispielsweise die *Zehn Schwerter* – Niederlage, Katastrophe, das Ende – und stellen uns vor, wie der *Herrscher* mit dieser Erfahrung umgeht. Was bedeutet eine Niederlage für den

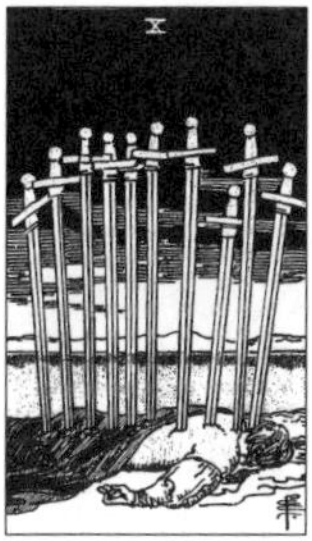

Herrscher? Nun, sie wird ihn zutiefst erschüttern, denn sein ganzes Streben war der Sieg. Nun hat er verloren. Die Niederlage kommt für ihn einer Vernichtung gleich, denn er hat seine Macht verloren; und das war alles, was er besaß. Die *Zehn Schwerter* vernichten den *Herrscher* buchstäblich.

Stellen wir nun die *Zehn Schwerter* neben das *Gericht*. Wie, werden Sie nun erfahren? Was drücken die Karten jetzt aus?

Sie könnten ausdrücken: Alles, was man bis zu diesem Zeitpunkt getan hat, hat zu dieser Niederlage, in diese Sackgasse geführt. All unsere Bemühungen haben uns nur diesen Tod eingebracht. Das bedeutet aber auch, daß nun eine Wiedergeburt möglich ist, daß der Zeitpunkt gekommen ist, die Vergangenheit loszulassen und eine radikale Kehrtwendung zu machen; vom

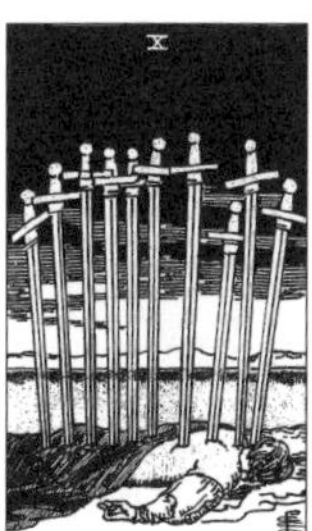

überheblichen Egoismus des Kriegers zu einer offenen, liebevollen Haltung allen Kreaturen gegenüber.

Betrachten wir die *Zehn Schwerter* im Zusammenhang mit dem *Eremiten.*

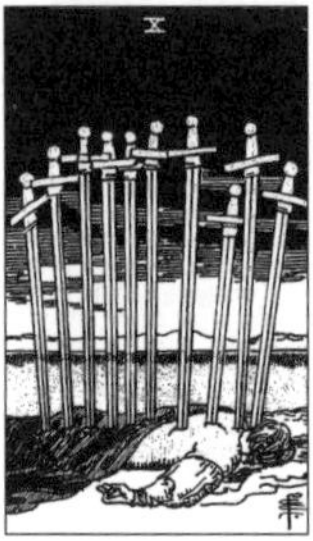

Durch diesen Archetypus wandelt sich die Erfahrung des Verlustes, der Niederlage, des Besiegtwerdens in eine Meditation über Vergänglichkeit und Tod.

Wir werden uns der Realität des Todes bewußter, aber wir nehmen dadurch auch das Leben unmittelbarer wahr. Der Tod fordert uns heraus, nach innen zu schauen und unsere Unsterblichkeit dort zu suchen.

Was geschieht, wenn wir die *Zehn Schwerter* neben den *Teufel* stellen? Ein unbändiger Wunsch nach Rache steigt auf.

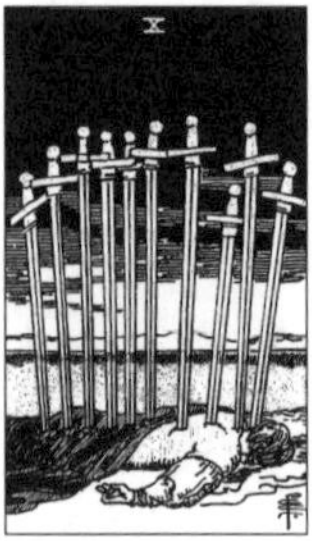

Neben dem *Narren* erinnern uns die *Zehn Schwerter* daran, daß gerade die Realität des Todes – gerade die Tatsache, daß wir jeden

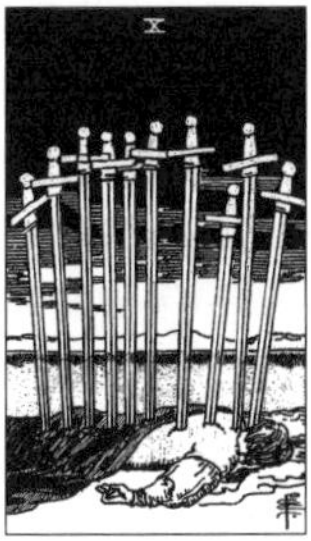

Moment in den Abgrund stürzen können – diese gefährliche Gratwanderung so kostbar macht. Wir werden daran erinnert, welche Geschenke die Existenz für uns bereithält und wie unglaublich kostbar dieses Leben angesichts des Todes ist!

Im Verlauf eines Tarotspiels offenbaren die großen Arkana, wie wir später noch sehen werden, die grundsätzlichen Themen des Lebens, die verborgenen Fragen und Gefühle, die grundlegende Dynamik unserer Persönlichkeit, die Rollen, die wir spielen, und die Archetypen, die mit diesen Rollen verbunden sind. Diese Archetypen verkörpern unser gemeinsames menschliches Erbe, die Struktur der menschlichen Psyche an sich. Sie sind der Stoff, aus dem wir gemacht sind, die Erfahrung unseres Menschseins und die Gipfel und Täler, die wir auf unserer Pilgerreise durch die Zeit überwinden und durchqueren müssen. Sie erzählen von Vater und Mutter, vom Kind, vom Helden und von der Reise; von Leben und Tod, Himmel und Hölle; von Liebe, Macht und Gier; von Meditation und Hingabe, von Licht und Schatten. Sie sind größer als wir, größer als unsere Egos. – Sie sind in der Tat Erfahrungen, mit denen wir verschmelzen müssen. Vielleicht könnte man sagen, daß diese Archetypen sich selbst durch uns erfahren wollen, weil sie wir *sind*, und daß wir lernen müssen, sie zu sein.

Sie sind unser psychisches Erbe, das wir alle miteinander teilen und das doch in jedem von uns seinen höchst einzigartigen Ausdruck, seine einzigartige Form findet. Sie sind die «Planeten» und die «Sternzeichen» der Astrologie, die «Götter» der griechischen Mythologie, die «Archetypen» der Jungschen Psychologie. Sie sind auch die geheimnisvollen Symbole unserer Träume und – vielleicht am wichtigsten für uns – die bedeutungsvollen Phasen unserer Reise durchs Leben. Und so wie jeder von uns «den Göttern» dient oder seinen Archetypus auf seine ihm eigene Weise lebt, so bleibt die Reise stets unbekannt und einzigartig.

Zusammengenommen symbolisieren sie die Totalität der menschlichen Erfahrung, die durch keine einzelne Karte, keine einzelne Qualität definiert werden kann. Kein einzelnes Symbol kann das Phänomen umschreiben, das wir «menschliches Wesen» nennen, denn der Mensch ist kein Wesen, sondern ein Werden. Der Hund hat ein Wesen, der Felsen hat ein Wesen, nur der Mensch hat kein Wesen: Er ist ein Prozeß, der sich von der Natur zum Bewußtsein, von der Dunkelheit zum Licht, vom Ego zum kosmischen Bewußtsein bewegt.

Er ist ein Strom, der ins Meer Gottes fließt.

Die Landkarte für unsere Reise

Wenn wir die Karten wie unten gezeigt anordnen, können wir sie als Lebensabschnitte betrachten, die Herausforderungen stellen und Lektionen erteilen, die auf potentielles Wachstum hinweisen, die aber auch die Möglichkeit der Regression in sich tragen.

Bevor wir uns mit jeder Karte der großen Arkana einzeln beschäftigen, wollen wir uns alle Karten zusammen anschauen, um einen Gesamteindruck davon zu bekommen, wo sie uns hinführen. Dazu legen wir die Karten folgendermaßen aus…

O
Der NARR

I
Der MAGIER

B
J
Die HOHEPRIESTERIN

III
Die HERRSCHERIN

Der HERRSCHER

VIII
KRAFT

Der EREMIT

RAD des SCHICKSALS

XI
GERECHTIGKEIT

Der TEUFEL

XVI
Der TURM

XVII
Der STERN

XVIII
Der MOND

V
Der HIEROPHANT

VI
Die LIEBENDEN

VII
Der WAGEN

XII
Der GEHÄNGTE

XIII
TOD

XIV
MÄSSIGKEIT

XIX
Die SONNE

XX
GERICHT

XXI
Die WELT

…und betrachten uns zunächst die erste Reihe.

Es sieht aus, als stünden wir vor Bildern in einem Museum oder in einer Ausstellung von Portraits ehrenwerter Leute. Doch halt – was haben die zwei nackten Liebenden an diesem Ort zu suchen?

Wir sehen hier die grundlegende Typologie menschlicher Rollen, ein *Who's who* der Autoritäten, der Modelle, der Strukturen, die uns in den Entwicklungsjahren unserer Persönlichkeit, während der sogenannten Sozialisation des Kindes konditionieren und herausfordern. Dies sind die Urbilder, die jedem Kind von der Gesellschaft vermittelt werden. Mit einer bemerkenswerten Ausnahme handelt es sich hier durchweg um Gestalten, die in ihre besonderen, zeremoniellen Gewänder gekleidet und mit den zu ihrem Status gehörenden Insignien ausgestattet sind – die diamantenbesetzte Krone der *Herrscherin*, die gestärkten Stulpen des *Wagenlenkers*, das Stirnband des *Magiers*; und die Symbole ihrer Rolle zeigen das Zepter des *Herrschers*, die Pergamentrolle der *Hohepriesterin*, die Schlüssel zu Füßen des *Hohepriesters*.

Wenn wir unsere Augen über diese Bilder schweifen lassen, begegnen wir dem Blick jeder einzelnen Gestalt. Wieder mit Ausnahme der Liebenden schauen sie uns alle in die Augen, blicken uns an von der Höhe ihrer Podeste und Throne und sehen ein wenig pompös aus. Sie fordern Respekt – für ihre Rolle, ihre Funktion, ihre Persönlichkeit, ihre Gewänder, ihre Lehren. Sie sind die Lehrer, die uns sagen, was richtig, rechtmäßig und moralisch ist. Sie

repräsentieren die Traditionen der Vergangenheit. Sie sind die Kräfte, die an der Macht sind. Und sie wissen es.

Die Liebenden sind die glückliche Ausnahme: Sie schauen uns nicht direkt an, denn sie sind viel zu beschäftigt mit ihrer Liebe; und der Blick des Engels ist gesenkt, während er sie sanft segnet: Er schaut nach innen.

Dies ist die erste «offene» Karte dieser Reihe. Sie läßt uns genug Raum, um einzutreten. All die anderen Gestalten füllen ihren Raum vollständig aus, denn sie sind so sehr von ihrer eigenen Bedeutung «erfüllt».

Die Liebenden bewegen sich nicht auf uns zu, sie zeigen uns nur den Weg: von der körperlichen Vereinigung zum Gipfel des Berges und darüber hinaus zum reinen, goldenen Licht. Wir sind diejenigen, die sich bewegen müssen, die die Gewänder und Statussymbole, Konditionierungen und Rationalisierungen ablegen müssen, um die Schönheit und Unschuld der Liebe zu entdecken. Denn nur die Schutzlosen, die Nackten, können lieben und Engel sehen.

Die erste Reihe repräsentiert soziale Erfahrungen, kollektive Werte, äußere Lehrer. Hier geht es um die Kristallisierung einer sogenannten «bewußten» Ebene, des Egos, aber wir entdecken hier auch die erste Erfahrung der Liebe. In der letzten Karte dieser Reihe, dem Wagen, finden die Jahre der Prägung ihren Abschluß. Die

«Persona» ist vollständig, die soziale Identität klar, die Lektionen der Vergangenheit wurden gelernt. Doch gleichzeitig hat uns die Liebe berührt und ein großes Verlangen in uns wachgerufen. Sie hat uns neue Räume geöffnet und uns eine Ahnung des Unbekannten vermittelt. Nun sind wir bereit, unseren Heimatort zu verlassen und die Welt zu entdecken.

Wir wollen nun die zweite, sieben Karten umfassende Kartenreihe betrachten und sie mit der ersten vergleichen.

Hier ist nichts mehr von den Sicherheit vermittelnden, stabilen Identitäten der ersten Reihe, nichts von dem Rollenspiel und dem etwas muffigen Geruch der Talare zu spüren. Die machtvollen, anmaßenden Gesichter sind verschwunden. In der zweiten Reihe richtet nur noch die *Gerechtigkeit* ihren Blick direkt auf uns. Die Frau auf der Karte *Kraft*, der *Eremit*, das Skelett des *Todes* und der Engel der *Mäßigkeit* schauen uns nicht an. Sie stehen für Erfahrungen, die nichts mit der äußeren Welt zu tun haben. Sie sind in sich selbst, in ihre innere Welt versunken.

In dieser Reihe ist immer ein großer Sprung von einer Karte zur nächsten, von einer Erfahrung zur folgenden Karte nötig. Die Widersprüche sind groß, die Gegensätze scharf; es gibt keine sichtbare Kontinuität: Wir bewegen uns in Sprüngen weiter.

Es sind die Jahre der Suche und Transformation. Wir beginnen mit der *Kraft*, die aus der Entdeckung unseres eigenen Körpers erwächst, aus dem Tier unter unseren Kleidern, aus seiner Schönheit und Weisheit, und wir enden bei der Mäßigkeit, der Entdeckung der

Seele, bei Meditation und Bewußtsein. Zwischen diesen beiden Polen liegen eine Vielzahl von Wegen und Möglichkeiten, von Erfahrungen, Einweihungen, Gipfeln und Tälern, von denen jede(s) zum nächsten Schritt führt.

Es ist die Welt der persönlichen, inneren Erfahrungen, während die erste Reihe die Welt der äußeren Konditionierungen darstellte. Hier lassen wir die Maske fallen, erforschen unsere innere Realität und beginnen, das Unbewußte auszuloten. Man bewegt sich von der «Persona» zur Psyche, und während man die Maske fallen läßt, sieht man all seine Gesichter auf der Suche nach dem «ursprünglichen Gesicht». Dieses ursprüngliche Gesicht entdecken wir in der dritten Kartenreihe – in den Jahren der Transzendenz.

Die letzte Kartenreihe beginnt mit dem *Teufel*, mit der Dunkelheit, dem Schatten, den Flammen der Hölle; und sie endet mit dem ekstatischen Tanz der *Welt*: reines Licht, kosmisches Bewußtsein, Himmel.

Die Jahre der Transzendenz sind die Jahre transpersonaler Erfahrungen. Während wir in der ersten Reihe mit der sogenannten «bewußten» Ebene in Berührung kommen und in der zweiten anfangen, ins «Unbewußte» zu reisen, erwachen wir in der dritten nach der Konfrontation mit dem *Teufel* – in einer neuen Dimension, im reinen Bewußtsein, dem «Überbewußtsein». Hier beginnen die Erfahrungen, die uns zur Enthüllung des Selbst, zur Erleuchtung, zum ursprünglichen Gesicht führen.

Diese in der dritten Kartenreihe dargestellten Erfahrungen liegen zwischen Dunkelheit und Licht, zwischen Sünde und Erlösung, Satan und Paradies. Nachdem wir der Dunkelheit, dem Schatten, der letzten Konsequenz des getrennten Ego begegnet sind, kommen wir geläutert aus dem Fegefeuer des *Turms* hervor, um die klaren Räume des transpersonalen Bewußtseins, die sogenannten höheren Bewußtseinsebenen, zu betreten: den *Stern*, den *Mond*, die *Sonne*. Alle Falschheit, alle Konditionierungen sind im Feuer des *Turms* verbrannt. Was bleibt, befindet sich jenseits der Persönlichkeit, jenseits des Verstandes: reine Unschuld und Schönheit. Alle menschlichen Körper jenseits des *Turms* sind nackt, voller Glückseligkeit und Licht.

Im Verlauf unserer Reise durch das Leben erfahren wir die großen Arkana zunächst als *äußere* Kräfte, als etwas, das dem «Nicht-Ich» angehört, als von anderen gestellte äußere Herausforderungen oder als Konfrontationen mit der äußeren Realität. Dann jedoch beginnen wir durch Konfrontation und Annehmen der Herausforderung die gleiche Kraft in unserem Innern zu entdecken. Wir integrieren sie oder werden zu dieser Kraft – und sind bereit, zur nächsten Karte weiterzugehen; denn alles, was wir total und bewußt erfahren, transzendieren wir.

Nehmen wir beispielsweise den *Herrscher*.

Diese Karte konfrontiert uns mit der Macht in Gestalt des Vaters oder einer Vaterfigur, vielleicht einem Lehrer, einem Politiker, dem Ehemann oder Gott. Diese Vaterfigur stellt eine Herausforderung dar, der wir durch die Entwicklung einer inneren Reife begegnen können, indem wir die positive Seite dieser Lektion lernen und selbst Unabhängigkeit, Klarheit und innere Zielgerichtetheit entwickeln. Der *Herrscher* will uns letztlich dahin führen, den Vater

in unserem Innern zu entdecken, die Vaterfigur zu akzeptieren, die Projektion zurückzunehmen und selbst der Vater zu *werden*. Dann können wir den Vater vollkommen loslassen: Wir haben den *Herrscher* transzendiert und sind bereit für den nächsten Schritt, den Hohepriester.

Es gibt noch eine andere Art von Schwert – das spirituelle Schwert. Hier werden wir mit einer subtilen Art von Macht konfrontiert, mit einer religiösen und spirituellen Macht, mit den Priestern, den Moralisten, den spirituellen Führern, die uns sagen, wie wir leben sollen, welche Tugenden wir uns aneignen und welche Sünden wir vermeiden sollen, was unterdrückt und was kultiviert werden soll. Sie bieten uns Schutz und Führung, aber auch sie nehmen uns, wie der *Herrscher*, unsere Freiheit.

Die Herausforderung durch spirituelle Autoritäten und äußere Führer treibt uns schließlich dazu, unseren eigenen inneren Führer zu entdecken und unsere eigene Wahrheit zu verkünden, die auf unseren eigenen Erfahrungen beruht, ganz gleich, wie diese Wahrheit auch lauten mag.

Bleibt die Begegnung mit dem *Herrscher* jedoch unvollständig, bleiben wir im Kampf gegen äußere Autoritäten stecken; wir werden sehr wahrscheinlich regredieren. Im Tarot wie im wirklichen Leben ist es kaum möglich, lange Zeit einen Status quo aufrechtzuerhalten. Wir können nicht an einem Punkt stehenbleiben und den Fluß anhalten. Entweder wir gehen mit dem Energiefluß und wachsen, oder wir bleiben stecken und fallen zurück.

Ein Mensch, der in der Auseinandersetzung mit dem *Herrscher* steckenbleibt, wird schließlich zur *Herrscherin* zurückfallen. Wer also mit dem Thema Selbstverantwortung nicht zurechtkommt und kein Vertrauen in seine eigene Kraft und Urteilsfähigkeit entwickelt, wird keine andere Möglichkeit haben, als sich wieder irgendeine «Mutter» zu suchen, die für ihn sorgt und ihm seine individuelle Verantwortung abnimmt.

Dieses innere Bedürfnis nach einer Mutter kann beispielsweise von einer Kirche erfüllt werden, die bestimmte repressive Verhaltensweisen fordert, oder von einer zänkischen Ehefrau, die ihrem Mann Befehle gibt, weil er sich nicht selbst befehlen kann. Die *Herrscherin*, mit der man in diesem Zustand konfrontiert wird, ist nicht länger die liebende und nährende Mutter, sondern eine ge-

fährliche und zerstörerische alte Megäre. Arme *Herrscherin* – ihre Schönheit muß in den Hintergrund treten; ihr bedrohliches Zepter und ihr steinernes Herz werden zu ihren vorherrschenden Symbolen.

Ich habe den *Herrscher* hier nur als Beispiel gewählt. Die Integration, das Annehmen *jedes* Archetypen, jeder Karte der großen Arkana führt zu ihrer Transzendenz: Wir müssen *hindurchgehen*, um *darüber hinaus* zu gelangen. Wenn wir uns dagegen wehren, wenn wir die entsprechende Energie nicht akzeptieren wollen, bleiben wir auf einer bestimmten Entwicklungsstufe stehen, regredieren schließlich und fallen in ein noch unreiferes Stadium zurück.

Jede Phase der Reise muß angenommen, integriert und überwunden werden. Jeder Schatten, vom hellsten bis zum dunkelsten, ist Teil des Gesamtbildes und stellt einen Faden im Gewebe der menschlichen Psyche dar. Wir müssen nichts verändern. Wir müssen nur den Punkt akzeptieren und erfahren, an dem wir stehen, und zwar in jeder Phase der Reise. Akzeptieren *heißt* transzendieren, denn indem wir eine Karte der großen Arkana annehmen, hat sie ihren Zweck erfüllt. Indem wir sie akzeptieren, erkennen wir sie als Teil von uns selbst an und integrieren ihre Energie. So wachsen wir, indem wir die Dinge annehmen. Dieses Akzeptieren bedeutet allerdings nicht, daß wir Konflikten ausweichen sollen. Wie wir gerade am Beispiel des Herrschers gesehen haben, kann man den Vater erst «annehmen», nachdem man den Kampf mit ihm ausgefochten hat.

«Annehmen» bedeutet, Konflikte zu akzeptieren, wenn sie auftreten, und Frieden zu akzeptieren, wenn Frieden da ist. Totales Annehmen führt zur Transzendenz: Hat man die Lektion einmal gelernt, geht man zur nächsten über, denn das Unbekannte ruft und treibt uns immer weiter.

Transzendenz heißt also das Spiel, und wir spielen es, weil die menschliche Erfahrung wie ein Fluß ist. Jede Erfahrung, die wir total *gelebt* haben, lassen wir hinter uns, und das geschieht ganz natürlich und spontan.

Unsere Lebensreise ist eine Folge von Herausforderungen, eine Reise in die Transzendenz, und der Tarot kann uns auf unserem Weg begleiten. Er kann uns Orientierungshilfen geben und als Wegweiser dienen; und er kann uns helfen, den Mut und die Geduld aufzubringen, die wir auf unserer Reise nach innen benötigen.

Alles, was du bis jetzt gelesen hast und weiterhin in diesem Buch lesen wirst, ist nicht «die Wahrheit» der Tarotkarten. Die Bedeutungen, die wir den Karten gegeben haben, und die Symbole, die wir gewählt haben, um zu verdeutlichen, von welcher Ebene aus wir sie interpretieren, wohnen den Karten nicht an sich inne, sondern existieren in uns, in mir, dem Autor, und in dir, dem Leser, der diese Worte aufnimmt. Die Bedeutung liegt in unserem Innern: Es sind *unsere* Erfahrungen, die den Tarotkarten Bedeutung verleihen, so wie es deine Erfahrungen sind, die meinen Worten Bedeutung verleihen – nicht anders herum.

Wie bei jedem Tarotspiel werden die Karten erst durch dich und mich und den Kontext unserer Kommunikation lebendig. Da wir jede Karte der großen Arkana individuell als Archetypus der menschlichen Erfahrung und als Stufe auf unserem Weg betrachten wollen, habe ich für jede dieser Karten eine oder mehrere *Meditationen* ausgewählt. Diese Meditationen sollen uns Gelegenheit geben, jeden Archetypus, jede Karte der großen Arkana, auf ihrer höchsten Ebene als Energieform in seinem Innern zu erfahren.

Meditation und Visualisierung

In der esoterischen Tradition sind die Karten der großen Arkana auch Tore zu bestimmten inneren astralen Räumen, die mit den höheren Ebenen der Imagination verbunden sind. Der Magier oder Eingeweihte kann dort hingelangen, indem er die Karte visualisiert, bis sie so «real» wird, daß er sozusagen hineinsteigen kann.

Solche Spiele sind nicht gefährlich und können sogar wertvolle Werkzeuge zur Selbsterforschung sein, sie haben aber nichts mit Meditation zu tun, wie wir sie in diesem Buch verstehen. Beim Visualisieren geht es nämlich darum, die Gedankenprozesse aktiv zu steuern und die Imaginationskräfte auf bestimmte Weise zu lenken. Dazu müssen die Fähigkeit der Gedankenkontrolle sowie Konzentration und Willenskraft trainiert werden. Die Visualisierung erfordert, kurz gesagt, daß wir eine bestimmte Technik erlernen, um ein gewünschtes Ergebnis zu erzielen; und als solche ist sie Teil der magischen Tradition des Westens, bei der es um die Kristallisation des Egos, die Vervollkommnung und die Entwicklung medialer Kräfte geht, mit deren Hilfe der Magier die magische Handlung, das «Wunder», vollbringen will.

Für uns ist dagegen die gesamte Existenz ein Wunder, das wir über die Meditation erforschen. Bei der Meditation geht es also nicht darum, eine «separate Realität» zu kreieren – überhaupt irgend etwas zu kreieren –, sondern darum, das zu *entdecken*, was bereits in uns vorhanden ist. Beim Visualisieren kreiert man einen besonderen Raum, den man durch bestimmte Übungen aufrechterhalten muß, wohingegen man sich bei der Meditation einfach gestattet zu *sehen* – die Dinge wahrzunehmen, wie sie sind.

Betrachten wir beispielsweise die Meditationen für den *Magier* und die *Hohepriesterin*, die «Fühlen-daß-ich-bin» – und die «Dunkelheit»-Meditation. Bei der Meditation für den *Magier* wird man einfach aufgefordert, das eigene Sein zu spüren, sich der Tatsache bewußt zu sein, daß man lebendig ist, daß man *existiert*, während es bei der «Dunkelheit»-Meditation darum geht, sich mit der inneren und äußeren Dunkelheit zu konfrontieren.

Sein und Dunkelheit – das sind keine Dinge, die man erfinden oder visualisieren muß, sondern *reale Erfahrungen*, die uns ohne Schulung und ohne Worte sofort zugänglich sind. Wir müssen sie uns nicht vorstellen. Wir müssen sie nur entdecken und erfahren. Und gerade weil es sich bei diesen beiden Erfahrungen um so fundamentale Zustände handelt, wollen wir sie zu Beginn unserer Reise durch die Karten erforschen.

Bei der Meditation erlauben wir der jeweiligen Technik einfach, uns in die Realität zu führen – zu dem, was ist. Wir brauchen dazu keine besonderen Kräfte – nur Wachheit und Achtsamkeit. Beim Visualisieren müssen wir uns die Technik ständig aufzwingen, denn hier ist das Ziel die Entwicklung magischer Fähigkeiten. Im Gegensatz dazu benutzen wir beim Meditieren eine Technik spielerisch und lassen sie dann hinter uns. In der Meditation gibt es kein Ziel, sie ist sich selbst genug – und die Technik dient nicht dazu, die Erfahrung zu kreieren oder zu induzieren. Sie hilft uns einfach, uns hineinfallen zu lassen. Eines Tages, wenn wir «den Dreh heraus haben», vergessen wir sie einfach.

Der NARR

Der Vorhang öffnet sich, und wir erblicken einen Clown (oder ist es ein Troubadour?) – einen Schelm, der eine Rose in der Hand hält und nur einen Schritt von einem Abgrund entfernt tanzt. Sein Körper bewegt sich leicht und graziös, so als würde er von den Sonnenstrahlen wie von unsichtbaren Fäden bewegt und aufwärts gezogen. Und tatsächlich ist sein Blick nicht auf den Abgrund gerichtet. Seine leeren Augen suchen dieses Unbekannte. Was ist es, dort draußen am leeren Himmel, das Hund und Herr gleichermaßen zu rufen scheint? Die Situation ist gefährlich, und doch sehen wir keine Spur von Angst. Die Bewegungen des Narren drücken Vertrauen, Freude und Ekstase aus – reine Glückseligkeit. Was macht ihn so glücklich? Wir können keinen äußerlich sichtbaren Grund für seine Ekstase, seine innere Freude entdecken. Er ist grundlos glücklich, und deshalb betrachten wir ihn als verrückt.

Der *Narr* ist leer, eine Null, jemand, der völlig im Hier-und-Jetzt aufgeht: ein Seiltänzer, der keine Zeit hat, über den nächsten Moment nachzudenken. Das extreme Risiko seines Tanzes läßt keinen Raum für den Verstand.

Die Null ist weder eine Zahl, noch stellt sie den Anfang der Zahlenreihe dar. Die Null ist die Leere, aus der die Zahlen hervorgehen, sie ist sozusagen das Gefäß aller Zahlen. Und so wie die Null das Gefäß der Zahlen, ist der *Narr* das Gefäß des gesamten

Tarots. Er steht hinter jeder Karte als der Erfahrende, der Beobachter, der Zuschauer vor dem Schauspiel des Lebens. Er ist das reine Bewußtsein, vor dessen Augen der Film des Lebens projiziert wird. Er erfährt alles, beobachtet alles und bleibt doch unberührt, leer, auf den Gipfeln.

Er ist aber auch der Träumer, der gewählt hat zu träumen, daß er ins Tal gefallen ist und zum *Magier* wurde, zur *Hohepriesterin*, zur *Herrscherin*… und zu all den anderen bis hin zur Welt und darüber hinaus, zurück zu sich selbst als der *Narr-am-Ende*. Er ist in der Tat ein spielerischer Charakter, dieser *Narr*, dieser Träumer und Beobachter. Er ist der Anfang, die Mitte und das Ende.

Diese Vision, dieser Archetypus wird hier *vor den Anfang*, sozusagen außerhalb des Spieles gestellt, als Einleitung – «Es war einmal»… wie im Märchen –, und als Mahnung, daß es bei der ganzen Geschichte eigentlich um nichts anderes als um *ihn* geht, um diesen Burschen, diesen glücklichen *Narren*, und darum, wie er in den Abgrund fiel und von der Schwerkraft ins Tal des Lebens hinuntergezogen wurde.

Der Narr repräsentiert hier den ursprünglichen Zustand, der stets präsent ist, den wir vergessen und an den wir uns schließlich wieder erinnern. Er symbolisiert das Bewußtsein vor der Schöpfung des Geistes, das Universale, aus dem das Individuelle geboren wird. Nennen wir es Garten Eden, wo die Sonne ewig scheint, oder Mutterschoß oder Gott.

Diese weiten Räume, diese leuchtenden Gipfel, diese reinen Lichtstrahlen werden uns während der ganzen Reise nicht loslassen. Sie werden uns zurück zur Quelle rufen. Die Sonne, das reine Licht, wird uns in wichtigen Augenblicken wiederbegegnen:

wenn wir uns verlieben,

wenn wir dem Tod gegenübertreten,

wenn wir unsere Bewußtheit entdecken

und wenn wir wieder wie
«spielende Kinder» werden.

Kundalini-Meditation

Der Narr ist unbeschwert, der Narr ist glücklich, der Narr tanzt. Tanzen kann zum Weg der Glückseligkeit werden, eine Tür zur inneren «Leere» öffnen. Wir können aus dem Verstand «heraustreten… und in den Abgrund fallen!» Man kann im Tanz so vollkommen aufgehen, daß man das Gefühl hat, der Tanz geschehe von selbst, ohne eigenes Zutun. Man ist nicht mehr der Tänzer, nur noch der Beobachter. Und in diesem Augenblick, diesem Beobachten jenseits des Verstandes, liegt Glückseligkeit. Der Erfahrende, der Beobachter, der Narr ist über den Körper hinausgegangen.

In der folgenden Meditation benutzen wir den Tanz und das «Schütteln» als Werkzeuge, um selbst wieder einmal die Höhen des Narren zu erreichen, um seine «Leere», seine Freude zu erfahren.

Erste Stufe: 15 Minuten

Steh ganz locker und schüttle deinen ganzen Körper, laß dich schütteln und spüre, wie sich die Energien von deinen Füßen durch deinen ganzen Körper nach oben ausbreiten. Laß deinen Körper ganz los und werde zum Schütteln. Du kannst die Augen offen oder geschlossen halten. «Wenn ich sage, du sollst dich schütteln, dann meine ich, daß dein hartes, versteinertes Wesen bis in die Wurzeln erschüttert werden soll, damit es schmelzen und wieder fließen kann. Wenn du innerlich zu schmelzen beginnst, wird dein Körper folgen; und zum Schluß ist da nur noch das Schütteln. Du tust es nicht länger, es geschieht einfach von selbst. Dann existiert der Meditierende nicht mehr.»[4]

Zweite Stufe: 15 Minuten

Tanze ganz frei, wie es dir in den Sinn kommt, und laß zu, daß sich dein Körper bewegt, wie er will. «Laß den Tanz auf seine eigene Weise fließen, forciere nichts. Folge den Bewegungen, die sich von selbst ergeben. Laß sie einfach zu. Es geht nicht darum, etwas zu tun, sondern darum, etwas geschehen zu lassen. So wie der Wind bläst und der Fluß fließt – so fließt du und bewegst dich. Spüre es und bleibe ganz spielerisch.»[5]

Dritte Stufe: 15 Minuten

Schließe deine Augen und sitze oder stehe ganz still. Nimm alles wahr, was innen und außen geschieht.

Vierte Stufe: 15 Minuten

Halte die Augen geschlossen und liege ganz still.

Lachmeditation

Die Verrückten, die Kinder und die Buddhas lachen ohne Grund. Verglichen mit ihrem Lachen ist unseres normalerweise oberflächlich und kalkuliert. Wir brauchen einen Grund zum Lachen, einen Anlaß, und wir hören schnell auf zu lachen, ehe sich jemand gestört fühlen oder wir uns lächerlich machen könnten. Warum wirkt Lachen so anziehend? Was macht seine Zauberkraft aus? Ekstase bringt Lachen und Lachen bringt Ekstase hervor. «Wenn du lachst, steigt Energie aus deiner inneren Quelle an die Oberfläche. Die Energie beginnt zu fließen. Sie folgt dem Lachen wie ein Schatten. Hast du das schon einmal beobachtet? Wenn du *wirklich* lachst, dann befindest du dich für diese wenigen Augenblicke in einem tiefen, meditativen Zustand. Du hörst auf zu denken. Es ist unmöglich, gleichzeitig zu lachen und zu denken. Das sind zwei völlig entgegengesetzte Energien: Du kannst entweder lachen oder denken. Wenn du wirklich lachst, hören die Gedanken auf. Und wenn du weiter denkst, wird dein Lachen sehr oberflächlich sein. Es wird ein verkrüppeltes Lachen sein. Wenn dein Lachen echt ist, wird dein Verstand plötzlich ‹verschwinden›…»[6]

«Jeden Morgen, wenn du aufwachst, strecke dich wie eine Katze, noch bevor du die Augen öffnest. Dehne jede Faser deines Körpers. Nach drei oder vier Minuten – die Augen sind noch immer geschlossen – fange an zu lachen. Lache mindestens fünf Minuten lang. Zuerst wirst du es forcieren müssen, aber schon bald werden deine Versuche dazu führen, daß du wirklich lachen mußt. Verliere dich in deinem eigenen Lachen. Vielleicht dauert es ein paar Tage, bevor es wirklich geschieht, denn dieses Phänomen ist uns so fremd. Nach kurzer Zeit aber wird es spontan geschehen und deinen ganzen Tag verändern.»[7]

Affirmationen für «Der Narr»

- Je mehr ich *lebe*, desto lebendiger werde ich.
- Je mehr ich mir erlaube, diesen Moment zu genießen, desto mehr werde ich mir erlauben, alle zukünftigen Momente zu genießen.
- Freude führt zu immer mehr Freude.
- Alles ist glückseliger als alles andere.

Wie du feststellen wirst, klingen einige dieser und der folgenden Affirmationen absurd. Sie *sind* es, und das ist der Grund dafür, daß sie funktionieren. Diese Affirmationen sollen die Schichten von Vorurteilen, Glaubenssystemen und vorgefertigten Konzepten durchbrechen, an die wir uns vielleicht schon so lange gewöhnt haben, daß wir sie für real halten. Dadurch, daß sie einen neuen Glaubenssatz, eine neue Grundannahme ausdrückt, erschüttert jede Affirmation das festgefügte Verstandesmuster, das Computerprogramm im Kopf, während sie gleichzeitig jenes intuitive Zentrum in unserem Innern berührt, das beispielsweise sehr genau weiß, daß «Freude zu immer mehr Freude führt» (und nicht zu Schmerz und Bestrafung, wie uns so oft beigebracht wurde).

«Alles ist glückseliger als alles andere.» Ja, logisch betrachtet klingt dieser Satz absurd, aber auf der existentiellen Ebene ist er recht bedeutungsvoll. Er ist absurd, aber Glückseligkeit ist absurd, und das Absurde kann, wie in den alten Zen-Koans, die Tür zur Seligkeit öffnen.

Der MAGIER

Damit die Reise beginnen kann, müssen wir einen Reisenden haben – und dies ist der *Magier*. Er ist inkarniertes Bewußtsein, das in das Raum-Zeit-Kontinuum eingetreten ist. Der *Magier* – das bist du hier und jetzt. Der *Magier* lebt in der Gegenwart, aber sein Blick ist auf die Zukunft gerichtet. Seine Gegenwart ist Teil der Zeit. Der *Narr* gab uns ein Bild der Ewigkeit, der *Magier* gibt uns ein Bild der Zeit.

Er hat das Bündel des *Narren* aufgeschnürt und den Inhalt – Schwert, Stab, Kelch und Münze – auf den magischen Altar gelegt. Er ist bereit für das Abenteuer, die Magie, das Leben.

Im Gegensatz zum tanzenden *Narren* steht der *Magier* fest auf seinen Beinen. Aufmachung und Körperhaltung drücken *Präsenz*, Individualität, Verantwortlichkeit und Freiheit aus. Seine Geste deutet darauf hin, daß er sich seiner Verbindung zu den höheren Kräften, den kosmischen Höhen des *Narren* bewußt ist. Von dort bezieht er seine Energie, die er hier, in der Welt der Schöpfung, umsetzt. Er ist eine Brücke zwischen dem Oben und dem Unten.

Der *Narr* war verrückt, der *Magier* ist gerissen. Er ist der Gaukler in Person, denn er ist nicht nur der Hauptakteur, der Held des Films, er ist Projektor, Regisseur und Drehbuchautor in einem. Er ist derjenige, der das große Drama auf die Leinwand wirft. Während der *Narr* der Erfahrende ist, ist der *Magier* der Schöpfer all jener Erfahrungen, denen er auf seinem Weg begegnet.

Meditation: Spüren «Ich bin»

Daß du bist, ist eine Tatsache. Wer du bist, ist eine andere Frage, aber es ist unbestreitbar, daß du existierst. Die Frage «Wer bin ich?» setzt voraus, daß du existierst. Der *Magier* ist im Hier und Jetzt. Spüre dieses Gefühl: «Ich bin.» Ganz gleich, wo du dich in diesem Moment befindest. Lege das Buch aus der Hand, und richte deine Aufmerksamkeit auf dein Sein: auf deinen Körper, deine Gefühle, deine Gedanken, dein ganzes Wesen, deine *Präsenz* – auf die Tatsache, daß du existierst. Nun schau dich um: Betrachte die Möbel, das Fenster, die Bäume, und spüre deine eigene Präsenz, während du dir alles anschaust. Richte deine Aufmerksamkeit wieder auf dich selbst, und integriere den Beobachter, den, der *ist*.

Oder

«Du gehst unter Bäumen spazieren. Die Bäume sind da, der Wind ist da, die Sonne geht auf. Das ist die Welt, die dich umgibt, und du bist dir ihrer bewußt. Bleibe einen Moment still stehen, und erinnere dich plötzlich daran, daß *du* bist, aber verbalisiere nicht. Spüre einfach, daß du bist. Dieses Gefühl jenseits von Worten wird dir, selbst wenn es nur einen Moment lang dauert, einen kurzen Blitz der Erkenntnis schenken, einen kurzen Einblick in die Wirklichkeit, den du dir nicht einmal durch LSD verschaffen kannst. Für einen einzigen Moment wirst du zurück in das Zentrum deines Seins geworfen. Du stehst hinter dem Spiegel, du hast die Welt der Spiegelungen transzendiert; du bist existentiell geworden.»[8]

Meditation: Wie oben, so unten

Diese Meditation sollte unter freiem Himmel ausgeführt werden, am besten zwischen Blumen und Bäumen. Stelle dich mit leicht gespreizten Beinen hin, und beuge die Knie ein wenig, so daß du deine Schenkel spüren kannst. Deine Beine verbinden dich fest mit der Erde. Achte darauf, daß deine Wirbelsäule gerade ist und dein Bauch und deine Schultern entspannt sind. Laß den Kopf etwas nach hinten fallen, so daß dein Hals sich öffnet und der Atem frei durch die geöffneten Lippen fließen kann. Halte nun deine Arme in einer Geste der Empfänglichkeit nach oben, so als würdest du die kosmische Energie aufnehmen. Laß diese Energie durch deine Arme, deinen Körper, dein gesamtes Wesen fließen, und nimm mit jedem Atemzug immer mehr davon auf.

Wenn du spürst, daß du vor Energie überfließt, laß deine Arme langsam nach unten sinken, kreuze sie über dem Herzen und laß sie dann langsam zu Boden gleiten. Spüre nun, wie dein Körper seine Energie mit der Umgebung teilt, wie die Energie durch deine Beine, deine Arme fließt und aus deinen Händen hinausströmt: ein leichtes, sanftes Kribbeln oder ein leichtes Zittern. Wiederhole das Ganze dreimal, und gönne dir danach eine kurze Zeit der Ruhe und Stille.

Affirmationen für «Der Magier»

- Ich akzeptiere mich so, wie ich bin.
- Ich habe ein Recht, hier zu sein.
- Ich bin frei.
- Je mehr Verantwortung ich für mich übernehme, desto freier bin ich.
- Es fühlt sich gut an, den Mutterschoß verlassen zu haben.

Die HOHEPRIESTERIN

Die HOHEPRIESTERIN

Der *Magier* ist der Funke des Bewußtseinslichtes in der dunklen Nacht des Unbewußten, die beginnende Wahrnehmung der eigenen Existenz in bezug auf den Körper und die Identität: Ich *bin* dieser Körper, ich *bin* dieser Name. Seine Individualität, seine Freiheit, seine Verantwortlichkeit entwickeln sich aus der Manifestation dieses Funkens, dieses Gefühls «Ich bin», das in der Kindheit im Alter von drei oder vier Jahren plötzlich ins Bewußtsein tritt und sich zum Zeitpunkt des Todes wieder im «Nichts» verliert.

Kein Wunder, daß das Identitätsgefühl des *Magiers* manchmal ins Wanken gerät. Das riesige Meer der Dunkelheit, aus dem er kommt und in das er, wie er sehr wohl weiß, schließlich wieder zurückkehren wird, umgibt ihn von allen Seiten, und manchmal überwältigt es ihn, wie im kleinen Tod des Schlafes oder im großen Schlaf des Todes. Würdest du dich an seiner Stelle nicht auch bedroht fühlen?

Aber nicht nur das. Von dem Moment an, da der *Magier* sein Gefühl «Ich bin», sein getrenntes Ego festigt, treten plötzlich *andere* Wesen, andere Menschen auf den Plan, wird auch die gesamte *Außenwelt* als getrennt wahrgenommen. Wenn ich ich bin, mußt du etwas anderes oder jemand anders sein.

Diese(s) andere ist die *Hohepriesterin*, die endlose Nacht, das Unendliche, das mich umgibt, das tiefste Unbekannte; das jungfräuliche Wesen, das in diesem Archetypus verkörpert ist, ist das erste *andere Geschöpf*, dem der *Magier* auf seinem Weg begegnet. Es ist die heilige Frau, die Jungfrau. Die *Hohepriesterin* verkörpert sowohl die Tür zum Unbekannten als auch den ersten «*Anderen*», dem man begegnet, dem man auf seinem Weg begegnen muß.

Still und majestätisch sitzt die *Hohepriesterin* vor dem Tor zum Tempel der Dualität. Ein bunter Schleier verhüllt den Eingang hinter ihr, während ihr Umhang die Schriftrolle in ihrer Hand teilweise bedeckt. Unsere kosmische Mutter, der Mond, befindet sich zu ihren Füßen. Aus dem klaren Blau ihres Gewandes fließen die Wasser des Lebens. Sie ist die Quelle. «Sie ist alles Wasser der Erde, das von der Sonne absorbiert werden will.»[9]

Der Magier erscheint in Gestalt eines Mannes, die *Hohepriesterin* in der einer Frau. Aber erst durch die Begegnung mit der *Hohepriesterin* kann der *Magier* sich selbst als Mann sehen, als einer der beiden Pole, als das Gegenstück zum anderen. Nun stehen sich das «Ich» und das «Du» gegenüber, sind voneinander getrennt, betrachten und spiegeln einander.

In dieser Konfrontation geschieht etwas Wesentliches: Sie transformiert beide, denn aus der Begegnung und Umarmung der Jungfraupriesterin und des weniger erfahrenen Magiers wird Gaya geboren, die Mutter Erde.

Meditation: Innere Dunkelheit

Die tiefe Dunkelheit der Nacht und das Gefühl der Unendlichkeit, das sie in uns hervorruft, hat seit undenklichen Zeiten die Phantasie des Menschen angeregt, aber auch seine Ängste wachgerufen. Kinder fürchten sich normalerweise sehr vor der Dunkelheit, und Erwachsene begehen oft den Fehler, diese Furcht für ihre Zwecke auszubeuten. Dann werden die Kinder größer, werden selbst erwachsen, aber eine gewisse Furcht bleibt zurück.

In dieser Meditation wollen wir uns mit der Dunkelheit und allen Emotionen, die sie in uns auslöst, konfrontieren. Wir werden mit der Dunkelheit verschmelzen und ihr Geheimnis ergründen.

Phase 1

Starre in die Dunkelheit. Das ist schwierig. Es ist viel leichter, auf eine Flamme oder irgendeine Lichtquelle zu blicken, denn sie bietet uns ein Objekt, ein Ziel für unseren Blick; wir können unsere Aufmerksamkeit darauf richten. In der Dunkelheit finden wir kein Objekt; sie ist überall und umgibt uns von allen Seiten. Deine Augen finden kein Ziel. Blicke in dieses Vakuum. Es ist überall, schaue einfach hinein. Nach einer Weile wird es in deine Augen eindringen, und wenn die Dunkelheit in deine Augen eintritt, trittst du in die Dunkelheit ein. Halte die Augen offen, wenn du diese Technik in der dunklen Nacht anwendest. Schließe die Augen nicht, denn die Dunkelheit hinter deinen geschlossenen Lidern ist eine andere. Es ist deine eigene Dunkelheit. Sie existiert nur in deinem Kopf, sie ist nicht real.

Phase 2

Lege dich hin und versuche, dich wie ein Kind im Schutz seiner Mutter zu fühlen. Die Dunkelheit ist die Mutter, die Mutter von allem, was existiert. Denke: Wenn nichts da ist, was existiert dann wirklich? Du kannst dir nichts als Dunkelheit vorstellen. Was bleibt, wenn alles verschwindet? Die Dunkelheit bleibt. Sie ist die Mutter, der Schoß. Liege also still da und spüre, wie du im Bauch deiner Mutter liegst. Allmählich wird das Gefühl real. Du wirst die Wärme spüren und früher oder später wirst du fühlen, daß dich die Dunkelheit, der Mutterleib, von allen Seiten umhüllt. – Du befindest dich darin.

Phase 3

Bewahre ein Stück dieser Dunkelheit in deinem Innern, während du zur Arbeit gehst, dich unterhältst, ißt oder irgendeiner anderen Aktivität nachgehst. Nimm die Dunkelheit, die in dich eingedrungen ist, einfach mit dir... Wenn du Dunkelheit in dir trägst, wird dein ganzer Körper so entspannt, so ruhig; du kannst den Unterschied deutlich wahrnehmen... einfach indem du dich daran erinnerst, daß du diese Dunkelheit in dir trägst, daß jede Pore, jede Zelle deines Körpers mit Dunkelheit erfüllt ist, wirst du dich so entspannt fühlen. – Versuche es. Diese Dunkelheit in deinem Bauch zu tragen, dunkel zu werden, ist eine der schönsten Erfahrungen, die du machen kannst. Während du gehst, ißt, sitzt oder irgend etwas anderes tust – erinnere dich daran, daß die Dunkelheit dich erfüllt hat; du bist von ihr erfüllt. Und dann sieh, wie die Dinge sich verändern.[10]

Affirmationen für «Die Hohepriesterin»

- Es ist ungefährlich für mich, dem Unbekannten zu begegnen.
- Der unendliche Himmel ist mein Mutterschoß. Er nährt mich und schützt mich.
- Ich akzeptiere die Dunkelheit, so wie ich alle Farben des Regenbogens akzeptiere.
- Je mehr ich meine männlichen und weiblichen Anteile annehme, desto integrierter und erfüllter werde ich.

Die HERRSCHERIN

Die HERRSCHERIN

Unsere alte Mutter Erde, die ewig junge, sitzt anmutig auf einem irdenen Thron in ihrem Garten, im Mittelpunkt der sichtbaren Welt. Die zwölf Sterne des Zodiaks zieren ihr Haupt, und über das Feld mit reifem Weizen zu ihren Füßen streicht eine sanfte Brise. Ihr Lächeln und ihre Haltung drücken tiefen inneren Frieden aus. Ein Wasserfall, ein tiefer See, fallendes, fließendes Wasser… das ist Schwerkraft. Die Bäume wachsen in den Himmel, die Erde will die Sterne erreichen… das ist Anmut. Die Kaiserin vermittelt uns eine Harmonie zwischen Schwerkraft und Anmut, zwischen dem Vergänglichen und dem Ewigen.

Sie ist die Muttergöttin der frühen Religionen, in denen die Frauen als Lebensspenderinnen verehrt und die Geburt als Wunder betrachtet wurde – lange bevor

Der HERRSCHER

der «zornige Gott» Jehova und…

… der unfehlbare Papst

Der HIEROPHANT

auf den Plan traten und die Macht an sich rissen.

Sie ist deine Mutter und meine – die Mutter, die wir hatten oder die wir gerne gehabt hätten. Sie ist die, die uns liebt und noch heute für uns sorgt, oder die, die wir vermissen…

Sie repräsentiert auch unseren eigenen mütterlichen Teil: unsere Fähigkeit, zu nähren und zu unterstützen, unsere Passivität, unsere spontane Kreativität, unsere Geduld. Sie ist die tiefe Erfüllung, die wir spüren, wenn wir für einen anderen Menschen oder für uns selbst sorgen.

Im Atharva Veda singt der unbekannte Seher: «Die Erde mit ihren Höhen, Bergen und Hängen und großen Ebenen, die die verschiedensten Lebensformen nähren, frei von der Herrschaft und der Spannung des Menschen, soll sich ausdehnen für uns und sich für uns öffnen… Laß uns in deiner Mitte ruhen, oh Erde, in deinem Nabel, in der nährenden Kraft, die dein Körper hervorbringt; reinige dich für uns! Die Erde ist unsere Mutter, und ich bin ein Sohn der Erde…

Die Erde duldet den Narren und den Weisen, beherbergt den Guten und den Bösen, sie nährt den Eber und beherbergt das Wildschwein… Die Erde, auf der sich Tag und Nacht, hell und dunkel nach ewigem Ratschluß abwechseln, die weite Erde, fruchtbar vom Regen, soll uns freundlich aufnehmen und uns ein lieblicher Wohnort sein…»[11]

Diese Haltung drückte sich in den alten Erdreligionen aus: Dankbarkeit für alles, was uns die Erde gibt, und die Bitte, die Mutter möge uns weiterhin *dulden* und freundlich aufnehmen, ob wir nun zu den «Guten» oder den «Schlechten» zählen. Die archaische Einfachheit dieser Verse, diese Unschuld, berührt unser Innerstes, denn in gewissem Sinne ist es offensichtlich, daß die Erde unsere Mutter ist. Dennoch ist dieser Planet nicht einfach so etwas wie eine riesige Mutterbrust, die unsere unersättlichen Begierden zu stillen hat. In einem tieferen Sinne ist Gaya weit mehr als eine Mutter für uns. Eine Mutter existiert außerhalb von uns. Eines Tages müssen wir von ihr unabhängig werden und ihr erlauben zu sterben. Mit Gaya verhält es sich anders. Wir beginnen zu begreifen, daß sie *unser eigener* lebendiger Körper ist, ein riesiger Organismus, von dem alles – Menschen, Tiere, Wälder, Ozeane und Berge – ein Teil ist.

Eine Mutter ist trotz der engen Verbindung immer noch ein von uns getrenntes Wesen. Wir können sie mißbrauchen, ausbeuten und dennoch überleben. Mit Gaya ist das unmöglich, ihr Tod wird zugleich unser Selbstmord sein.

Wenn wir uns unsere männlichen Götter und die Welt, die sie erschaffen haben, betrachten, dann ist die Versuchung, zu einer weiblichen Mutterreligion zurückzukehren, in der Tat groß. Die Liebe der *Herrscherin* ist so voller Anmut, und keine noch so großartige menschliche Errungenschaft kann je die Harmonie und Schönheit der Natur aufwiegen. Doch die Zeiten, da wir ihre Geduld und ihr Wohlwollen preisen konnten, sind vorüber. Gaya ist dabei, diese Eigenschaften zu verlieren. Wenn sie unsere Mutter ist, wird sie nun die Geduld verlieren und sehr aufgebracht werden. Eine Tracht Prügel ist uns sicher.

Was aber, wenn wir selbst Gaya sind? Wenn unsere und ihr Körper gar nicht voneinander getrennt sind? Wenn mein Bewußtsein das ihre ist? Wenn ihr Geist in unseren Körpern und Herzen lebendig ist und wir das erkennen – was dann?

Meditation: Sich mit dem Herzen verbinden

Shiva sagte:
«Gesegneter, während die Sinnesempfindungen
im Zentrum des Herzens aufgehen,
versuche, ins Innere des Lotus zu gelangen.»

Die *Herrscherin* repräsentiert sowohl die Herrlichkeit der Sinne als auch das Herz, das sich an ihnen erfreut. Die folgende alte tantrische Meditationstechnik hilft uns, über unsere Sinne wieder in Kontakt mit unserem Herzen zu kommen.

Normalerweise scheinen unsere Sinne von unserem Verstand gesteuert und in unseren Köpfen beheimatet zu sein. Wir hören Musik «mit dem Kopf», wir riechen Blumen «mit dem Kopf» und wir können sogar einen Sonnenuntergang betrachten oder andere Menschen berühren, ohne mit dem Herzen beteiligt zu sein – wir *denken* vielleicht, daß sie schön sind.

«Du berührst einen anderen Menschen. Wenn du ein herzorientierter Mensch bist, wird diese Begegnung unmittelbar dein Herz berühren, und du kannst ihre Qualität spüren. Wenn du die Hand eines verstandesorientierten Menschen berührst, wird sich diese Hand kalt anfühlen... sie hat etwas Lebloses.

Experimentiere mit Berührungen! Schließe deine Augen, und berühre irgend jemanden oder irgend etwas. Berühre deine(n) Geliebte(n), dein Kind oder deine Mutter, einen Freund, einen Baum oder eine Blume, oder berühre einfach die Erde. Schließe deine Augen und *fühle* die Kommunikation zwischen deinem Herzen und der Erde oder zwischen deinem Herzen und einem anderen Menschen. Spüre einfach, daß deine Hand eine Verlängerung deines Herzens ist, das den Boden berührt. Das Gefühl der Berührung soll mit dem Herzen verbunden sein...

Wenn du Musik anhörst, solltest du sie mit dem Herzen hören. Spüre, wie die Musik dein Herz erreicht. Laß dein Herz mit der Musik schwingen. Deine Sinne sollen mit dem Herzen verbunden sein, nicht mit dem Kopf. Versuche das mit allen Sinnen, und laß immer mehr zu, daß alle Sinnesempfindungen dein Herz berühren und von deinem Herzen aufgenommen werden.»[12]

Meditation: Vereinigung mit der Erde

Gehe an einem schönen, warmen Tag hinaus, suche dir einen Platz in der Natur und lege dich ins Gras. Am besten wäre es, wenn du eine Wiese finden könntest, die von Bäumen umgeben ist, so daß du, wenn du auf der Erde liegst und die Augen öffnest, gleichzeitig den Himmel und die dich umgebenden Bäume sehen kannst.

Nun liegst du im Gras und entspannst dich ganz bewußt. – *Du läßt alles los.* Mit jedem Atemzug sinkst du tiefer und tiefer in die

Erde. Du überläßt deinen Körper immer mehr der Schwerkraft. Dein Körper fühlt sich schwerer und schwerer an, und du wirst immer entspannter, bis dein Körper schmilzt und zu einem Teil der Erde, einem Teil des Planeten wird.

Da deine Entspannung mit jedem Atemzug tiefer und tiefer wird, wirst du dir bewußt, wie die feinen Schwingungen der Erde in dein Inneres dringen. Je mehr du dich der Schwerkraft überläßt und zuläßt, daß dein Körper in den Boden einsinkt, desto mehr nimmt dich die Erde in ihr Energiefeld auf.

Wir befinden uns stets in diesem Energiefeld, wir sind immer Teil der Natur, des Tao, aber wir nehmen es normalerweise nicht bewußt wahr, es ist für uns selbstverständlich; es bedeutet keine Herausforderung und kein bewußtes Bemühen. Bei dieser Meditation überlassen wir uns ganz dem Rhythmus von Gaya: Die große Mutter pumpt das Blut durch unsere Adern, sie «atmet uns», sie liebt uns.

Wenn du nach dieser Meditation müde wirst, wehre dich nicht gegen den Schlaf.

Affirmationen für «Die Herrscherin»

- Ich liebe meine Mutter.
- Ich vergebe meiner Mutter für…
- Ich danke meiner Mutter für…
- Ich bin meiner Mutter dankbar, daß sie mich zur Welt gebracht hat, und ich danke der Existenz für ihre Unterstützung.
- Ich bemuttere mich selbst.
- Ich liebe mich so, wie ich bin.

Der HERRSCHER

Heil dem *Herrscher*! Alle Macht und Ehre dem *Herrscher*!

Da haben wir ihn, den Mann mit den breiten Schultern, den maßgefertigten Schuhen und der goldenen Rolex am Handgelenk: die Personifizierung der Macht, der *Sonnenkönig* unseres Unbewußten.

Er repräsentiert das männliche Ego, unseren Intellekt, der immer recht haben muß, unseren Willen zur Macht, unseren Eroberungsdrang, unsere Fähigkeit zu töten, unsere Durchsetzungsfähigkeit in der Welt und auf dem Schlachtfeld, unser in der Vergangenheit angesammeltes Wissen und unsere Investitionen in die Zukunft.

Der *Herrscher* versteckt seinen Körper und seine Seele hinter einer Rüstung und einigen Insignien. Durch harte Disziplin hat er sich einen «Charakter» aufgeprägt, und er wird das gleiche mit uns tun, wenn wir es ihm erlauben. Er hat nie die Hände frei. Er kann nicht geben und nicht empfangen, er kann nur besitzen. Wie Descartes «denkt er, also ist er».

Die *Herrscherin* existiert einfach, sie ist einfach, während der *Herrscher denkt*, daß er existiert – das ist ein wesentlicher Unterschied, nämlich der zwischen Sein und Ego.

Indem er den Kopf, das Denken, zu seinem Mittelpunkt gemacht hat, hat er die ihn umgebende Welt in eine karge, öde Wüstenlandschaft verwandelt. Seine Wahrnehmung ist eingeschränkt: Alles,

was er sieht, ist tote Materie, die von mechanischen Gesetzen beherrscht wird. Vergleichen wir einmal die beiden Kronen. Im Gegensatz zu dem strahlenden, zierlichen Diadem der *Herrscherin* wirkt die Krone des *Herrschers* wie ein mit einigen Steinen besetztes grobes, solides Stück Gold. Die zwölf Sterne des Tierkreises (Zodiak), von denen Mutter Erde umgeben ist, deuten auf eine kosmische Ordnung hin, in deren Mittelpunkt der Fixstern Sonne steht – der Vater Sonne in seinem königlichen Glanz, von Frau und Kindern und von kalten, felsigen Planeten und dunklen Satelliten umgeben, die sich in einer mathematischen Ordnung ewiger Unterwerfung um ihn drehen. So repräsentiert der *Herrscher* den Vater und alle «Vaterfiguren», die da sind: Ehemann, Chef, Politiker, Gott – die aufgeblähten Helden unserer männlich-chauvinistischen Kultur.

Doch weshalb sieht ein so großartiger Bursche so besorgt, so müde, so alt aus? Er ist müde, weil er schon so viel erobert und festgestellt hat, daß es noch so viel mehr zu erobern gibt. Seine Gier kennt keine Grenzen. Er kann nicht auf Frieden hoffen. Wann wird er jemals am Ziel ankommen? Wann wird er sich ausruhen können? Selbst die Erde genügt ihm nicht mehr. Er spazierte schon auf dem Mond herum, und nun plant er, seinen Müll auf dem Mars abzuladen. Aber tief im Innern weiß er: Selbst wenn es ihm gelänge, das gesamte Planetensystem zu erobern, würde ihm das nicht viel nützen. Das Universum wird ihn weiterhin herausfordern, ewig unerreichbar, unerforschlich, unbegreiflich. Und der Tod kommt jeden Tag näher! Deshalb ist der *Herrscher* so besorgt. Er wirkt alt, weil er nicht zu sterben versteht. Unter seiner Herrschaft hat sich die Lebensspanne verlängert, und seine tiefen Falten sind das Ergebnis seines Bemühens um Unsterblichkeit.

Und doch ist es allein unsere Angst, die dem *Herrscher* Macht verleiht. Seine Macht ist unsere eigene, die wir nicht einfordern. Er ist ein «Führer», und das bedeutet, er ist *nichts* ohne Gefolgschaft. Seine Führerschaft besteht einzig und allein darin, sicherzustellen, daß ihm seine Anhänger noch treu ergeben sind. Er ist der Schafhirte, der es sich nicht leisten kann, auch nur ein einziges Schaf zu verlieren. Wenn wir ihm folgen, wird er uns beherrschen, aber wenn wir gegen ihn kämpfen, werden wir genauso abhängig von ihm sein. Er treibt uns unwissentlich gnadenlos über unser Bedürfnis nach Anpassung oder Rebellion hinaus, zu Unabhängigkeit und innerer Klarheit, so daß wir entdecken können, was wir wirklich wollen, und unserer inneren Stimme folgen.

Rauchermeditation

Der *Herrscher* ist nicht nur ein Mann, der Gesetze und Regeln aufstellt, er ist auch ein *Mann der Gewohnheiten.* Oft wird er sogar von seinen Gewohnheiten beherrscht. Er braucht Alkohol, um sich in Gesellschaft wohlzufühlen. Er braucht Tabletten, um schlafen zu können, Zigaretten zur Entspannung, Musik beim Autofahren, Kaffee zum Aufputschen, ganz zu schweigen von Politik, Pornographie und Fernsehen.

Wir werden uns bei dieser Meditation auf eine Gewohnheit – das Zigarettenrauchen – konzentrieren, um die Mechanismen von Abhängigkeit und Gewöhnung verstehen und uns davon befreien zu können. Falls du kein Raucher bist, danke Gott. Konzentriere dich auf eine andere Angewohnheit, und meditiere darüber.

Ich erläutere die «Rauchermeditation» mit einer Geschichte:

«Eines Tages kam ein Mann zu mir, der schon seit dreißig Jahren Kettenraucher war. Er litt sehr darunter, denn er war krank, und die Ärzte hatten zu ihm gesagt: ‹Wenn Sie nicht aufhören zu rauchen, werden Sie nie wieder gesund.› Aber er konnte nichts dagegen tun, er war ein chronischer Raucher. Er hatte schon so oft versucht aufzuhören, aber es gelang ihm stets höchstens für ein, zwei Tage, und dann gewann die Sucht wieder die Oberhand. Sein Selbstvertrauen war schon auf dem Nullpunkt.

Er fragte: ‹Was kann ich tun? Wie kann ich mir das Rauchen abgewöhnen?› Ich antwortete: ‹Niemand kann einfach aufhören zu rauchen. Das mußt du verstehen. Ob du rauchen willst oder nicht, hängt gar nicht mehr allein von deiner Entscheidung ab. Es ist zu einer festen Angewohnheit geworden, die tief in dir verwurzelt ist...› Und ich sagte zu ihm: ‹Das Beste, was du tun kannst, ist, nicht mehr daran zu denken, daß du aufhören willst... Vergiß es einfach. Du mußt nicht aufhören, sondern du mußt verstehen lernen, was das Rauchen für dich bedeutet. Mach also eine Meditation daraus, wenn du das nächste Mal rauchst.

Nimm das Zigarettenpäckchen ganz langsam und bewußt aus der Tasche. Genieße es. Es gibt keinen Grund zur Eile. Sei bewußt, wach, achtsam. Nimm die Zigarette auf die gleiche bewußte Art aus dem Päckchen – nicht so eilig und mechanisch wie sonst. Klopfe bedächtig mit der Spitze der Zigarette auf das Päckchen, und sei dir in jedem Augenblick bewußt, was du tust. Höre genau hin, wie das klingt – so wie die Zen-Leute hinhören, wenn der Tee zu kochen beginnt und der Samowar anfängt zu singen...

Stecke die Zigarette in den Mund; tu das ebenfalls ganz bewußt. Genieße jeden Handgriff, jeden einzelnen kleinen Schritt, so daß dir immer bewußter wird, was das Rauchen für dich bedeutet.

Mache den ersten Zug: Gott in Form von Rauch! Die Hindus sagen Annam Brahm – Nahrung ist Gott! – Warum nicht Rauch? Alles ist Gott. Fülle deine Lungen – das ist *Pranayama*. Ich gebe dir den Yoga des ‹Neuen Zeitalters›! Blase den Rauch hinaus, entspanne dich und nimm einen weiteren Zug – und tu das alles ganz langsam.

Wenn du es auf diese Weise tun kannst, wirst du überrascht sein, denn du wirst sehen, wie idiotisch das alles ist... Du wirst es sehen und nicht nur intellektuell verstehen. Du wirst es mit deinem ganzen Wesen begreifen… Wenn diese Angewohnheit dann eines Tages von selbst von dir abfällt, ist es gut – wenn nicht, ist es auch gut. Du brauchst dir keine Sorgen darüber zu machen.›

Nach drei Monaten kam er zu mir und sagte: ‹Es hat einfach von selbst aufgehört!› Ich erwiderte: ‹Gut, versuche das gleiche nun mit anderen Angewohnheiten. Das Zauberwort heißt Deautomatisierung.›»[13]

Affirmationen für «Der Herrscher»

- Ich liebe meinen Vater. Ich danke ihm für… Ich vergebe ihm für…
- Ich verzeihe dem Arzt, der mich bei meiner Geburt zum Atmen zwang.
- Ich habe das Recht, Nein zu sagen. Je öfter ich Nein sage, wenn ich Nein meine, desto echter wird mein Ja sein.
- Ich kann Dinge bewirken.
- Ich bin die höchste Autorität in meinem eigenen Leben.

Der HOHEPRIESTER

«‹Aufwachen, es ist Zeit, den Katechismus auswendig zu lernen!› Wer ich bin? Aber ich bin doch dein Gott, erinnerst du dich nicht? Ich *bin* dein Gott. Und du sollst keine anderen Götter neben mir haben. Erstes Gebot: Du sollst Vater und Mutter ehren. Zweitens...»

Die Arbeit des *Hohepriesters* beginnt, wenn der *Herrscher* und die *Herrscherin* die Szene verlassen haben. Er lobt sie; denn sie haben den Boden für seine Aktivität bereitet. Nach Vater und Mutter erscheint der Priester auf der Bildfläche.

Zuerst muß das Kind «Sauberkeit» und Gehorsam lernen, dann kann man ihm etwas über Gott und all diese Dinge beibringen.

Das ist der Zeitpunkt, wo man entdeckt, daß es nicht genügt, gehorsam zu sein – man muß auch lernen zu *glauben*. Beim *Herrscher* tun wir, wie uns geheißen, doch an den Papst müssen wir auch noch glauben; an seine Geschichte, seinen Gott, seine Jungfrau Maria und an seinen Heiligen Geist. Glauben ist Gehorsam auf einer tieferen Ebene: Es ist der Gehorsam des Geistes, der Seele. Glaube ist die Quelle aller Ideologien, aller Dogmen, aller Tabus.

Wie jedes Kind weiß, muß man nur an solche Dinge «glauben», die nicht tatsächlich beweisbar sind. Man verlangt nicht von uns, ans Spielen zu glauben, ans Essen oder an unsere Mutter, denn diese Dinge erfahren wir. Der Glaube an Gott ist jedoch ein absolutes Muß: Ungläubige sind Sünder, Häretiker, die ewig in der Hölle schmoren werden. Und *das* möchtest du doch nicht, oder?

Doch mit dem Glauben ist es eine seltsame Sache, denn wenn wir «glauben», erklären wir damit, daß wir etwas nicht wissen und das Wort irgendeines anderen dafür nehmen, daß die Sache «stimmt». «An Gott glauben» bedeutet nichts anderes. Wir nehmen das Wort des Hohepriesters, die Bibel, den Koran, die Bhagavad Gita als wahr hin. Und in diesem Moment fangen wir an, Erfahrungen durch Worte zu ersetzen. So entstand die Theologie mit ihren intellektuellen Disputen über Gotteskonzepte. Wir lernen, unsere Unwissenheit zu verstecken, indem wir jemandem glauben, «der es weiß». Papa weiß alles, nicht wahr? Für das kleine Kind sieht es wirklich so aus.

Wir lernen auch, daß von uns nicht erwartet wird, eigenständig und selbstverantwortlich zu sein, denn schließlich haben wir einen Papst. *Er* ist unser geistiger Führer, unser Gottesexperte und derjenige, dem wir unsere Sünden zu beichten haben. Eines Tages, wenn das Kind größer wird, stellt es fest, daß der Vater nur vorgab, über alles Bescheid zu wissen. Nun ist «glauben» nicht mehr genug; der Heranwachsende möchte selbst wissen, suchen, erfahren. Oder er wird zu einem echten Glaubenden, das heißt, er beugt sich den vorgegebenen Regeln und projiziert seinen Schatten auf die Ketzer.

Der *Hohepriester* stellt den Beginn unserer Heuchelei dar; von ihm lernen wir, so zu tun, als glaubten wir. Er ist auch die Quelle unserer Selbsttäuschung, denn nach einer gewissen Zeit fangen wir an, das, was wir zunächst nur vorgegeben haben, als Realität zu betrachten. Darin ist der *Hohepriester* wahrhaft ein Meister. Deshalb wiederholt er schon seit Tausenden von Jahren immer wieder das gleiche. Irgendwann wird man es als Wahrheit betrachten.

Wirkliche spirituelle Meister, die uns keine Dogmen und Verpflichtungen aufoktroyieren, sondern Liebe und Bewußtheit bringen, zögern, ihre Wahrheit in Worte zu fassen und sind stets darauf bedacht, ihre Aussagen zu wandeln, damit sie nicht zu toten Evangelien gemacht werden können. Sie sehen ihre Aufgabe nicht darin zu lehren, sondern uns zu helfen, unseren eigenen inneren Führer zu erwecken, den Hohepriester in unserem Innern – falls wir es zulassen. Diese innere Intelligenz bringt uns keine Dogmen oder Glaubenssysteme, sondern Einsichten und Verständnis. Sie stellt keine Behauptungen auf, denn die Wahrheit spricht für sich. Sie bleibt still, denn sie weiß: Je öfter man eine Lüge wiederholt, desto wahrer scheint sie zu sein, aber es bleibt doch eine Lüge; und je öfter man eine Wahrheit wiederholt, desto mehr entfernt man sich von der Wahrheit. Ob man mit der Wahrheit beginnt oder mit einer Lüge: Solange man versucht, sie in Worte zu fassen, kommt am Ende etwas Unechtes heraus, denn die Wahrheit reift nur in der Stille.

Die «Nicht-Meditation» des Hohepriesters

Der Hohepriester lehrt nicht Meditation, sondern Gottesverehrung und Gebet, denn dabei kann er als eine Art Papst, als *Pontifex* dienen, als einer, der eine Brücke zu Gott schlägt. Er wird sich als Vermittler ausgeben und darauf achten, daß er der einzige ist, der eine Verbindung zum Allmächtigen hat.

Bei der Meditation ist eine Vermittlung weder nötig noch möglich, denn der Meditierende braucht weder Gott selbst noch seinen unfehlbaren Papst. «Triffst du Buddha unterwegs», lautet ein altes Zen-Sutra, «dann töte ihn sofort», sonst wird er dich ablenken und zu einem Hindernis für *deine eigene* Erfahrung der Wahrheit werden. Alle folgenden Meditationen werden uns helfen, uns unseres inneren Lehrers, unseres inneren Führers bewußt zu werden und seine Gegenwart wahrzunehmen, seine Stimme zu erkennen und seiner humorvollen Weisheit zu vertrauen.

Affirmationen für «Der Hohepriester»

- Ich liebe meine Lehrer.
  Ich danke ihnen für...
  Ich vergebe ihnen, daß...
- Ich verzeihe mir, daß ich dachte, ich hätte unrecht.
- Ich verzeihe mir, daß ich glaubte, ... hätte unrecht.
- Je mehr ich meinem inneren Führer folge, desto selbstverantwortlicher werde ich.
- Ich entscheide mich dafür, nur noch in Übereinstimmung mit meinem inneren Führer zu handeln.

Die LIEBENDEN

Plötzlich – wie ist es geschehen? – finden wir uns außerhalb der Kirche wieder. Wir haben die Galerie mit den alten Portraits verlassen und können wieder frei atmen. Vater, Mutter, Priester – sie alle sind verschwunden, haben sich aufgelöst wie Rauch in der Luft. Oder war alles nur ein Traum? Jetzt streifen wir durch den Wald und kommen zum Fuß eines Berges. Der Himmel und die Luft leuchten in einem tiefen, goldenen Licht. Zum ersten Mal, seit wir den *Narren* hinter uns gelassen und uns zum Sprung in den Abgrund entschlossen haben, können wir wieder die Sonne *sehen*.

Hier sind sie, die beiden ewig Liebenden, Adam und Eva, und ihre Körper sind nackt, wie Gott sie schuf. Doch sie sind wunderschön in ihrer Nacktheit. Zwischen ihnen befindet sich der Berg, der Gipfel der Bewußtheit, der *Gourishankar* ihrer Vereinigung. Darüber sehen wir ein leuchtendes Wesen am Himmel, eine segnende, schützende Gestalt, die Silhouette eines Engels. Eva blickt nach oben zum Himmel. In ihren wasserklaren Augen spiegelt sich das Licht des Engels, während Adams Augen in höchster Verzückung auf Eva gerichtet sind. In der Liebe erfahren wir das erste Aufleuchten des ewigen Lichtes. Wir haben uns also verliebt und können noch gar nicht glauben, wie wundervoll es ist; wir können noch gar nicht fassen, daß das *uns* widerfahren ist. Es fühlt sich an wie tiefe Trunkenheit und äußerste Klarheit gleichzeitig – ein süßes Vergessen und ein plötzliches, ekstatisches Erinnern. Unser(e) Geliebte(r) ist von unglaublicher Anmut und Schönheit.

Wenn wir lieben, sehen wir nicht mehr einfach ein Gesicht oder einen Menschen. Wir sehen die Liebe selbst, wir werden von ihrem Leuchten, ihrer Wärme berührt. Wir wissen nicht, was eigentlich mit uns geschieht. Wir glauben, der oder die Geliebte, seine oder ihre besondere Schönheit, hätte die Liebe in unser Herz gesenkt, und wie Adam müssen wir erkennen, daß es die Liebe ist, die Eva so schön erscheinen läßt. Das erste Aufleuchten erfahren wir durch einen anderen Menschen, aber wir sind uns nicht bewußt, was wir da sehen. Doch wo sind wir eigentlich? Es gibt hier keine Harfen und keine Heiligen. Dies ist nicht das Paradies. Es ist ein viel besserer Ort: der Garten Eden, das *Paradies auf der Erde*. Seltsam – man hat uns gesagt, daß die Liebenden aus dem Paradies vertrieben wurden, weil sie sündigten, und nun gelangen wir wieder hinein, *indem wir sündigen*?

Wir haben von der verbotenen Frucht gekostet, und unsere Sinne sind erwacht. Nun können wir die Vögel wirklich hören, das Gras riechen und uns auf den Tanz der Wolken einstimmen, denn sie sind auch «verliebt». Jetzt erkennen wir: Diese Erde *ist das Paradies*. Wir wurden nie daraus vertrieben, haben es nie verlassen. Wir werden wieder zu einem Teil der Natur. Wir entdecken, daß wir im Tao leben. Liebe ist eine gefährliche Sache. Wir legen nicht nur unsere Kleider ab, wenn wir uns der Liebe öffnen. Wir legen unsere Falschheit, unsere Heuchelei, unsere Machtspiele und unser Selbstbild ab. Wir bleiben nackt und verwundbar wie Kinder zurück, aber auch ebenso selig und unschuldig. Deshalb stürzt die Liebe uns in die größte Verwirrung.

Ja, die Liebe ist gefährlich. Alte Loyalitäten, Versprechen, Pflichten lösen sich auf. Jeder, der in uns investiert hat, und es gibt derer viele, wird es bereuen. Die Liebe läßt uns sehr ungehorsam werden. Sie ist *die Sünde* überhaupt. Jetzt begreifen wir, wieso der Priester die Liebe und alles Körperliche so strikt ablehnt. In der Intensität und Freude der Vereinigung vergessen wir nämlich Gott und Himmel und Hölle. Ja, wir vergessen sogar unseren Verstand, und es ist niemand mehr da, der sich schuldig fühlen könnte. Die Liebe ist eine lebendige Rebellion, eine Wiedergeburt, und sie eröffnet uns eine so wunderbare Welt, daß wir gar keine Zeit haben, an die Vergangenheit zu denken und traurig zu sein. Wer denkt noch an die zerbrochene Schale im Nest, jetzt, da der Vogel schon hoch am Himmel fliegt?

Meditation: Im Vibrieren aufgehen

Sexualität ist eine Tür zum Göttlichen – eine wesentliche Erfahrung der Liebenden und die Grundlage der tantrischen Meditationspraxis. Bei dieser Partnermeditation erlauben wir unserer Sexenergie, sich über unseren ganzen Körper auszubreiten und uns in eine andere Dimension, in die Wirklichkeit, zu transportieren.

Shiva sagte:
Wenn deine Sinne
in einer solchen Umarmung
zu zittern beginnen wie Blätter im Wind,
dann gehe in diesem Vibrieren auf.

«Selbst vor der Liebe haben wir Angst. Wenn wir uns lieben, erlauben wir unserem Körper nicht, sich unbefangen zu bewegen, denn wenn wir uns stark bewegen, breitet sich die Sexenergie im ganzen Körper aus. Wenn sie nur auf das Sexzentrum begrenzt bleibt, können wir sie unter Kontrolle halten. Unser Verstand behält die Oberhand. Fließt sie aber durch den ganzen Körper, können wir sie nicht mehr kontrollieren. Wir fangen vielleicht an zu zittern, zu schreien, und wir haben den Körper nicht mehr unter Kontrolle, wenn er erst einmal die Führung übernommen hat…

Zittert, vibriert! Erlaubt jeder Zelle eures Körpers zu tanzen. Nur dann könnt ihr euch wirklich begegnen, und diese Begegnung findet jenseits der Verstandesebene statt. Es ist eine Begegnung zwischen euren Bioenergien…

Geht ganz in diesem Vibrieren auf und bleibt nicht als Zuschauer außerhalb, denn dann gewinnt der Verstand die Oberhand. Begebt euch ganz hinein, bleibt nicht draußen! Werdet ganz und gar zu diesem Vibrieren und vergeßt alles andere. Nicht dein Körper vibriert. *Du* bist es, dein ganzes Sein. Du wirst zu einer einzigen Schwingung. In diesem Moment existieren keine zwei getrennten Verstandeswesen. Am Anfang existieren zwei getrennte Energien, doch am Ende gibt es nur noch einen einzigen Energiekreis…

In diesem Moment wirst du Teil des gesamten Kosmos, es ist ein Augenblick großer Schöpferkraft. Ihr existiert nicht länger als feste Körper, ihr seid geschmolzen und fließt ineinander. Der Verstand ist verschwunden, die Trennung ist aufgehoben. Ihr seid eins.[14]»

Affirmationen für «Die Liebenden»

- Ich liebe mich, wie ich bin. Ich liebe meinen Körper und nehme ihn bedingungslos an.
- Ich liebe…, wie sie/er ist. Meine Liebe zu… ist bedingungslos.
- Je mehr ich… liebe, wie sie/er ist, desto mehr liebe ich mich selbst, wie ich bin.
- Es ist gut für mich, Spaß und Vergnügen zu haben.
- Ich liebe die Liebe, so wie die Liebe mich liebt.

Der WAGEN

Nun sind wir erwachsen. Wir sind unabhängig und bereit, die Welt zu erkunden.

Der Wagenlenker ist jung, begabt, attraktiv, energiegeladen und sehr ehrgeizig. Er wird *jemand* sein, er wird sich seinen Anteil holen, denn er ist ein Sieger. Er muß etwas beweisen: sich selbst. Er will seine Fähigkeiten, seinen Wert unter Beweis stellen. Er liebt es, Ziele zu haben, und sein höchstes Ziel ist der Erfolg.

Er ist sorgfältig rasiert, seine Kleidung ist makellos, und er hat ausgezeichnete Manieren. Schließlich ist er der Erstgeborene des *Herrschers*, wurde von der *Herrscherin* aufgezogen und von der Kirche erzogen. Er ist korrekt, vernünftig und wählerisch. Er hat Geschmack und Stil. Er weiß, was ihm gefällt, was «in» und was «out» ist, was er will und was nicht. Sein Leben wird von Dualitäten bestimmt, sein Wagen von zwei Sphingen gezogen, und er muß hart arbeiten, um sie seinem *Willen* zu unterwerfen.

Es hat ihn Jahre gekostet, sich eine «Persona», eine Persönlichkeit, eine Maske zuzulegen, und nun ist er völlig damit identifiziert. Er riecht immer ein wenig nach Plastik. Sein Körper ist in zwei Hälften gespalten. Die untere Hälfte ist zu einem einzigen großen Block erstarrt und sitzt auf Rädern. Er hat es nicht nötig zu laufen; er fährt einen Sportwagen. In erotischer Hinsicht ist er so etwas wie eine «Sex-Maschine», wenn er nicht gerade wieder furchtbar in Eile ist. Er kann auch sehr gut joggen, wenn er will, und er spielt hervorragend Tennis. Aber er weiß nicht, was Liebe ist; diese Erfahrung geht ihm einfach ab. Wirklich – er hat sogar schon seine erste Liebe vergessen, die, die dauern sollte und von der nur noch ein paar Schnappschüsse übriggeblieben sind. Von den ekstatischen Höhen der *Liebenden* blieb nur noch ein Souvenir: jene blauen Flügel und das rote Tantrasymbol für die sexuelle Umarmung, der *Shivalingam*, der auf seinem Wagen klebt wie ein Playboy-Aufkleber. Er ist heute ein praktischer Mann, kein Träumer mehr.

Sein Verstand kontrolliert alles: seinen Körper, sein Herz, seine Gefühle. Dieser Verstand wurde zu seinem verläßlichsten Instrument, seiner Basis, seinem Zuhause. Er glaubt, daß sich sein Leben *dort* abspielt, und oft ist das tatsächlich der Fall. Normalerweise ist er ein guter Wissenschaftler, Planer, Geschäftsmann, aber er kann zu Extremen neigen, wie der geniale Physiker, der seine Ideen und Phantasien von seinem Super-High-Tech-Rollstuhl aus spinnt.

Der *Wagenlenker* baut Städte, er ist der Entwicklungsplaner und Vorreiter der Zivilisation, aber er ist auch der Imperialist und Technokrat. Er repräsentiert den Fortschritt, seine Ideologie und Überheblichkeit. Heute ist er typischerweise Amerikaner, Japaner oder Deutscher. In früheren Zeiten war er Engländer.

Manchmal fängt er an, sich für Psychologie, ja sogar für Spiritualität zu interessieren. In diesem Fall widmet er sich seiner persönlichen Vervollkommnung, positivem Denken und Yoga. Er wird sich mit Gedankenkontrolle beschäftigen und Psi-Kräfte entwickeln. Er wird nicht ruhen, bis er durch seine Gedankenkraft Löffel biegen kann. Er wird anfangen, Asketen zu bewundern und Bücher über Indien und über Fastentechniken zu studieren.

Sein ganzes Interesse wird sich nun auf «Wachstum» auf Selbstverwirklichung und vielleicht sogar auf Gurus konzentrieren. Aber er ist noch kein «Krieger». Seine Suche ist nur intellektuell, sie geht nicht sehr tief. Seine Tugendhaftigkeit ist vielleicht sehr oberflächlich. Man muß sie einer Prüfung unterziehen. Wenn er wirklich dem spirituellen Weg folgen will, dann muß er den ersten

Schritt tun und seine rein verstandesorientierte Lebensweise aufgeben.

Meditation: Laufen, Joggen, Schwimmen

Bewußtes Handeln, meditative Bewegung, innere Zentriertheit auf dem «Marktplatz» – das sind die Herausforderungen, mit denen sich der *Wagenlenker* konfrontiert sieht, und das sind seine Meditationen. Wir benutzen hierbei physische Bewegung, um in den Körper zu kommen, unsere Sinne zu schärfen und das innere Zentrum der Stille zu entdecken.

«Wenn du schon Erfahrungen mit dem Laufen gesammelt hast, dann weißt du, wie beglückend es ist, am frühen Morgen deine Runden zu drehen, wenn die Luft noch frisch ist und die ganze Welt gerade erst erwacht. Du rennst, und dein Körper funktioniert wunderbar, du fühlst dich so lebendig – dann kommt der Augenblick, in dem der Läufer verschwindet und nichts als das Laufen mehr existiert. Körper, Geist und Seele fangen an zusammenzuwirken, in Harmonie zu kommen, und plötzlich spürst du so etwas wie einen inneren Orgasmus...

Fange an, morgens zu laufen. Laufe zunächst nur einen Kilometer, dann zwei und schließlich drei. Benutze beim Laufen deinen ganzen Körper. Renne nicht, als wärst du in einer Zwangsjacke festgezurrt. Laufe wie ein kleines Kind, bewege den ganzen Körper, Beine, Arme – renne einfach. Atme dabei tief aus dem Bauch. Setze dich danach unter einen Baum, ruhe dich aus, spüre, wie der Schweiß an dir hinabrinnt, und genieße die kühle Brise. Spüre, wie friedlich alles ist. Das kann zu einer sehr tiefen Erfahrung für dich werden...

Wenn du irgendwann feststellst, daß das Laufen zu einem automatischen Vorgang für dich wird, solltest du es aufgeben. Versuche es dann lieber mit Schwimmen, und wenn das zur Routine wird, versuche es mit Tanzen. Die Bewegung dient einzig und allein dazu, deine Wahrnehmung und Bewußtheit zu schärfen. Solange sie diesen Zweck erfüllt, ist es gut; tut sie das aber nicht mehr, dann hat sie ihren Sinn verloren. Wähle in diesem Fall eine andere Bewegungsart, bei der du wieder achtsam und bewußt sein mußt. Laß nicht zu, daß eine Aktivität zur Routine wird.»[15]

Affirmationen für «Der Wagen»

- Ich bin bereit zu wissen, was ich will. Ich bin bereit, es zu fordern. Ich bin bereit, das, was ich verlange, auch entgegenzunehmen.
- Ich bin bereit, meinen eigenen Anweisungen zu folgen.
- Ich bin für das verantwortlich, was ich empfange. Ich verzeihe mir, daß ich Dinge akzeptiert habe, die ich nicht wollte.
- Ich liebe meine Arbeit. Die Qualität meiner Arbeit wird von Tag zu Tag besser.
- Jede Aufgabe, die ich zu erledigen habe, verdient meine volle Aufmerksamkeit.

KRAFT

Nun haben wir das metallische Licht, die exakten Formen, das Labyrinth der Gebäude und Straßen hinter uns gelassen. Das ohrenbetäubende Rattern der Räder des *Wagens* ist nicht mehr zu hören; die Straße voller Schlaglöcher liegt hinter uns, und wir müssen uns nicht mehr ständig aufs Fahren konzentrieren.

Wir befinden uns auf dem Land. Es ist ein warmer Sommernachmittag, und wir stehen vor einer saftigen Wiese. Das Gras ist so leuchtend grün, so lebendig. Die Umrisse der Berge am fernen Horizont sind blau; und die Luft duftet nach wilden Kräutern und Blumen. Die tiefe Stille wird nur durch das Summen der Bienen und den Ruf des Kuckucks unterbrochen... Wir nähern uns den weiblichen Energien, der Sanftheit. Wir beginnen, das Wesen des fließenden Wassers zu verstehen, und finden uns auf dem unwiderstehlichen Weg der Widerstandslosigkeit wieder. Unsere friedliebende Frau der *Kraft* wagt die Berührung – ohne Waffe, ohne Panzer, ohne Schutzschild. Sie akzeptiert das Körperliche, ist verspielt, doch ehrlich in ihren Gefühlen.

Vielleicht wurden unsere Sinne durch eine tiefe Massage erweckt, vielleicht durch eine Atemübung oder die Umarmung eines liebevollen Freundes. Das Wichtige dabei ist, daß wir uns dadurch unseres eigenen Körpers, unseres inneren Körpergefühls, wieder bewußt wurden.

Beim *Wagenlenker* waren wir auf den Verstand, auf die Gedanken fixiert und versuchten, den Körper auf Distanz zu halten. Die *Kraft* dagegen läßt uns unseren Körper spüren, seine Wärme, seine Spontaneität, seine Schönheit. Es ist in der Tat die Körperbewußtheit, die uns hilft, bewußter zu werden und unsere *Präsenz* wahrzunehmen.

Wie die meisten Menschen *denkt* der *Wagenlenker*, er sei bewußt, denn er hat schließlich seine Meinungen und Erinnerungen, und er verwechselt sie mit Bewußtheit. Ja, er ist sich aller Dinge bewußt, von der DNA seines Hamburgers bis hin zu den Ozonschichten am Himmel, aber er ist sich *seiner selbst*, seines Geistes, seines Körpers, seiner Gegenwart, nicht bewußt. Er schaut ständig nach draußen. Selbst seinen eigenen Körper betrachtet er hauptsächlich von außen: im Spiegel, durch Beziehungen zu anderen. Er nimmt Körper und Geist als selbstverständlich hin. Sie dienen ihm als Werkzeuge zur Befriedigung seiner mannigfachen Wünsche.

Bei der *Kraft* geht es nicht um die Erfüllung von Wünschen. Es ist so schön, meinen Körper in *diesem Moment* zu spüren – zu fühlen, wie die Luft in meine Lungen strömt, das Kribbeln in meinen Fingerspitzen, der rhythmische Tanz meines Herzens – mein Körper, so, wie er sich für mich *anfühlt*, nicht, wie er im Spiegel aussieht. All das ist so schön. Wer will sich da noch Gedanken über die Zukunft machen? Bewußte Wahrnehmung beginnt bei meinem Körper. Ich nehme *mich* nicht länger als selbstverständlich hin. Ich fange an, mich selbst als meinen Körper in das Bild aufzunehmen

– nicht, indem ich an meinen Körper *denke*, sondern indem ich ihn *spüre* und seine sich stets erneuernden und wandelnden Bioenergien wahrnehme.

Bald werde ich feststellen, daß ich auch meine Gedanken bewußt wahrnehme, und dann werden seltsame, neue Fragen in meinem Kopf auftauchen. Ich werde anfangen, mich zu fragen, wer *ich* bin, wer dieser Bursche eigentlich ist, der meinen Körper und Geist beobachtet. Aber das kommt später.

Inzwischen merke ich, daß sich vieles verändert: Meine Körperhaltung wirkt entspannter, ich esse gesündere Nahrung und meine Kleider sind keine Statussymbole mehr. Ich trage einfach, was sich gut anfühlt. Die Beziehung zu meinem Körper verändert sich von Manipulation zu Entspannung, von der Angst des *Wagenlenkers* vor Blut, Schweiß und Tränen hin zur bewußten, liebevollen Annahme des Tieres der *Kraft*.

Mit dem *Wagen* erlangten wir «Unabhängigkeit», mit Hilfe der *Kraft* entdeckten wir, daß wir mit allem verbunden sind, daß zwischen uns, unserem Körper, der Erde und dem Universum eine Wechselbeziehung besteht.

Auch die *Liebenden* zeigten uns die Schönheit des Körpers, aber es war *ihr* Körper, *seine* Schönheit. Im Spiegel der *Kraft* ist es mein Körper – der einzige Körper, den ich von *innen* fühlen kann, und das ist die Erfahrung, auf die es ankommt, denn der erste Schritt auf der Reise nach innen führt durch den Körper.

Meditation: Das Brüllen des Löwen

Dies ist eine sehr alte Meditation, die noch heute in vielen Zen-Klöstern praktiziert wird. Sie muß im Hause, wenn möglich in einem schallgedämpften Raum, gemacht werden. Du brauchst dazu einige Kissen, alte Decken und eine Matratze, um deine Hände und Knie zu schützen, denn du wirst so lange brüllen wie ein Löwe, bis du wirklich zum Löwen wirst.

Erste Phase: Zwanzig Minuten

Geh in den Vierfüßlerstand und fang an zu brüllen, so laut du kannst, während du dich majestätisch wie ein Löwe bewegst. Du zeigst die Zähne, und deine Hände werden zu Tatzen, mit denen du ausschlagen möchtest. Brülle aus dem Bauch heraus. Dein Körper will springen und rennen; laß es zu. Du kannst Kissen durch die Luft werfen, Decken zerreißen – aber hör nicht auf, aus Leibeskräften zu brüllen. Anfangs wird es sich ein wenig gezwungen anfühlen, aber schon bald wird das Brüllen authentisch sein: der Ruf des wilden Tieres in dir, eine Explosion primärer Energien. Laß es zu, genieße es, verlier dich darin.

Zweite Phase: Zwanzig Minuten

Ruhe dich jetzt aus. Rolle dich zusammen und spüre, wie dein Herz schlägt, wie der Schweiß an deinem Körper hinabrinnt und wie tief und rhythmisch dein Atem geht. Dein Körper ist lebendig, voller Energie und Licht. Du spürst tiefen Frieden.

Affirmationen für «Kraft»

- Ich liebe meinen ganzen Körper. Ich danke ihm für… Ich vergebe ihm…
- Ich nehme meinen Körper bedingungslos an.
- Meine Sanftheit ist Teil meiner Disziplin, so wie meine Disziplin Teil meiner Sanftheit ist.
- Je mehr ich die Wildheit meines Körpers akzeptiere, desto sanfter uns sensitiver wird er.
- Ich vergebe mir dafür, daß ich meinen Körper als lästiges Übel betrachtet habe. Ich betrachte meinen Körper von nun an als Geschenk.

Der EREMIT

Der EREMIT

Plötzlich finden wir uns auf einem kalten Berggipfel wieder, hoch oben über den Wolken. Die Luft ist eiskalt, und der Himmel strahlt in einem metallischen Blau. Wir sind von tiefer Stille umgeben. Auf dem Gipfel steht einsam ein alter Mann. Er trägt eine aschgraue Mönchskutte, die nur seine Hände und sein Gesicht unbedeckt läßt. Dies jedoch ist von außerordentlicher Schönheit. Sein langer Bart fällt fließend auf sein Gewand herab, seine Augen sind geschlossen, und sein Gesicht spiegelt tiefen Frieden, innere Vornehmheit und stille Anmut wider. Er steht völlig unbeweglich auf einen langen Stab gestützt und hält eine Laterne in der einen Hand, so als wolle er uns leuchten, damit wir den Weg finden. Im Innern der Lampe befindet sich ein winziges weißes Licht, eine kristallklar scheinende Kerze. Oder ist es ein Diamant, der wie ein kleiner Winterstern strahlt? Dieses reine Licht spiegelt sich auf den Gesichtszügen des Mönches, auf seinem Bart, und läßt seinen hölzernen Stab golden aufleuchten. Es scheint ihn nicht anzustrengen, die Lampe in die Höhe zu halten. Im Gegensatz zu dem recht düsteren Hintergrund strahlt der *Eremit* Wärme und stille Zufriedenheit aus.

Doch was führte uns an diesen Ort? Wie kamen wir zu dieser «Gipfelerfahrung» von Alleinsein, von Stille und Licht? Vielleicht meditierten wir gerade, als es geschah, und spürten diese tiefe

Verbindung zur Existenz, während unsere physische Umgebung ganz in den Hintergrund trat. Vielleicht lagen wir auch einfach faul auf dem Bett, starrten an die Decke und verloren uns versehentlich in dem leeren Raum zwischen zwei Gedanken. Oder vielleicht erinnerten wir uns daran, daß es zum ersten Mal geschah, als wir als Kinder unsere Augen schlossen und feststellten, daß in unserem Innern nicht nur Dunkelheit und der «böse Mann» existierten.

Der *Eremit* hält die Augen geschlossen, weil sich das wirkliche Bild, der echte Stern, in seinem Inneren befindet: als tiefe Stille, diffuses Licht, als «Präsenz» des Göttlichen. Er hat den Diamanten im Inneren des Steins entdeckt, hat eine Perle aus dem Ozean der Stille gefischt und hält sie vor uns als lebendigen Beweis in die Höhe. Ja, es ist leer im Innern, aber nicht dunkel, denn unser Licht hilft uns, die Leere bewußt als Glückseligkeit zu erfahren.

Der *Eremit* hat nun wieder die Höhen erreicht, von denen der *Narr* herabstürzte. Und das ist auch die einzige Furcht, die der *Eremit* noch in sich trägt: die Angst vor dem Fallen. Darum hält er so starr an seinem Stock, seiner Meditation, seiner Methode fest. Der Stab des *Narren* war eher so etwas wie ein Spielzeug, an das man einen Sack voller Tricks hängen konnte. Für den *Eremiten* dagegen ist der Stab eine notwendige Stütze, ein unentbehrlicher Pfeiler, ohne den er wahrscheinlich stürzen würde.

Durch die *Liebenden* durften wir den ersten Lichtstrahl auf unserer Reise erhaschen, doch es war ein *äußeres* Licht, das Licht Evas und das des Engels. Durch den *Eremiten* entdecken wir unser eigenes Licht, unser eigenes Wesen in der Tiefe unserer Erfahrung. Und so entdecken wir ein neues «Ich» in unserem Innern.

Der *Wagenlenker* war mit seinem Verstand identifiziert, unsere schöne Frau auf der Karte *Kraft* mit ihrem *Körper*. Der *Eremit* steht jenseits von beiden: Er identifiziert sich mit seinem Bewußtsein, seiner *Seele*. Er hat eine spirituelle Identität. Er ist ein Sucher, ein Swami, ein Mönch – wie auch sein Gewand ausdrücken soll.

Weil die Meditation des *Eremiten* zu einer so friedlichen, wundervollen Erfahrung werden kann, besteht die Gefahr, daß wir uns in sie flüchten wollen, daß wir die Welt vergessen und die Reise an diesem Punkt anhalten wollen, um unsere Erfahrung zu konservieren. Die ersten spirituellen Einblicke sind in der Tat sehr verlokkend, aber es geht nicht darum, sie festzuhalten und mit sich herumzutragen. Es gibt weitaus mehr in unserem Innern als dieses Aufflackern des Lichts, und das Leben besteht aus viel mehr, als für immer und ewig im Zazen zu sitzen. Der *Eremit* hofft, daß sein kleines Licht ihn zurück zu Gott führen wird. Der alte Narr! Hat er noch nicht gehört, daß Gott tot und der Mensch frei ist?

Eines Tages wird er in die Welt zurückkehren, sein Brot essen und seinen Wein trinken und beweisen müssen, daß seine Meditation Früchte trägt. Das Kloster ist etwas für Anfänger, für den fortgeschrittenen Reisenden besteht die wahre Herausforderung in der Konfrontation mit der Welt.

Meditation: Vipassana

Der *Eremit* zeigt uns die Meditation in ihrer reinsten Form, einfach als bewußte Wahrnehmung der natürlichsten aller Körperfunktionen – des Atmens.

«Nimm eine bequeme Sitzhaltung ein, in der du es vierzig bis sechzig Minuten lang aushalten kannst. Rücken und Kopf sollten eine gerade Linie bilden. Halte die Augen geschlossen und atme normal. Sitze ganz still und verändere deine Haltung nur, wenn es unbedingt notwendig ist.

Bei dieser Meditation geht es hauptsächlich darum, wahrzunehmen, wie dein Atem deinen Bauch sich ausdehnen und wieder zusammenziehen läßt. Da es sich hierbei nicht um eine Konzentrationstechnik handelt, werden viele andere Dinge deine Aufmerksamkeit erregen, während du deinen Atem beobachtest. In der Vipassana-Meditation gibt es keine «Ablenkungen». Wenn also etwas anderes vor deinem Auge auftaucht, höre auf, den Atem zu beobachten, und nimm bewußt wahr, was deine Aufmerksamkeit erregt (Gedanken, Gefühle, Urteile, Körperempfindungen, Eindrücke aus deiner Umgebung), bis du wieder bereit bist, zur Wahrnehmung deines Atems zurückzukehren.

Es geht um diesen Vorgang des Beobachtens, nicht so sehr darum, was du beobachtest. Denke also daran, dich mit keinem der aufsteigenden Inhalte zu identifizieren. Alle Fragen oder Probleme sollen einfach als Geheimnisse, die nicht gelöst werden müssen, betrachtet werden!»[16]

Affirmationen für «Der Eremit»

- Ich bin mir selbst genug.
- Je mehr ich fähig bin, allein zu sein, desto tiefer kann ich mich auf andere beziehen.
- Ich liebe meine Einsamkeit.
- Ich bin achtsam im Hier-und-Jetzt. Alles andere ist ein Traum.
- Ich bin bewußt, ich bin das Licht.

RAD des SCHICKSALS

Der Boden unter unseren Füßen scheint sich aufzulösen, und wir fliegen durch die Lüfte, durch Wolken hindurch, dieser blauen Leere entgegen. Plötzlich öffnet sich der Himmel, und wir haben eine Vision. Wie die Astrologen auf den Miniaturen der Renaissance, schauen wir durch eine Öffnung im Himmel in den Kosmos hinaus.

Der Künstler hat diesen Archetypus nicht als Person dargestellt; er wollte Fortuna nicht in menschliche Gewänder kleiden. Auch bei den alten Griechen erschien Ananke, die Göttin des Schicksals, niemals in menschlicher Gestalt. Es wurden keine Tempel für sie gebaut und keine Rituale ihr zu Ehren abgehalten. Was könnten wir auch von einem unpersönlichen Gesetz erflehen, das kein Ohr für die Sterblichen hat, dem Götter und Menschen gleichermaßen unterworfen sind?

Zum ersten Mal tritt nun auf einer Karte ein rein abstraktes Symbol anstelle einer menschlichen Gestalt in den Vordergrund. Es ist die erste Darstellung des «Ganzen», mit dem wir uns konfrontieren müssen. Diese Karte, die erste, die einen sichtbaren *Mittelpunkt* hat, ist von einer geheimnisvollen Aura umgeben.

Wir sehen einen perfekten Kreis, ein riesiges Rad, ein kosmisches Uhrwerk, das sich seit Anbeginn der Zeit um sein eigenes, stilles Zentrum dreht. Es trägt die alchemistischen Zeichen für

Quecksilber, Schwefel, Salz und Wasser sowie die vier hebräischen Buchstaben für den Namen Gottes. Vier geflügelte Figuren aus der biblischen Geschichte – der Engel, der Adler, der Löwe und der Stier – bilden sozusagen den Rahmen für das Rad und schützen den magischen Kreis mit ihren übernatürlichen Kräften. Im Gegensatz zum Zentrum der Karte, das leer wirkt, ist die Peripherie mit Figuren aus der ägyptischen, jüdischen und christlichen Mythologie bevölkert.

Direkt über dem Rad sitzt die Sphinx mit ihrem rätselhaften Lächeln und blickt uns sehr intensiv an. Sie scheint sich in dieser Position – über den Dingen thronend – wesentlich wohler zu fühlen als auf der Karte *Der Wagen*, wo sie wie ein Pferd vor den Wagen gespannt ist. Im äußeren Rand des Rades sehen wir vier magische Buchstaben, die man auf drei Arten lesen kann: Rota, Tora, Taro.

Das Glücksrad ist Rota, das Rad des Lebens, das Rad des *Samsara*, mit seinem endlosen Kreislauf von Erfolgen und Niederlagen, Glück und Unglück, Geburt, Tod und Wiedergeburt. Es ist auch das Rad der Tora, des *Dharma*, des unsichtbaren Musters, das alle Muster zusammenhält; das Rad, das alle Räder in Bewegung hält. Und es ist das Rad des Taro – *des Tarot* –, des Tierkreises, des I-Ging, jener einfachen Werkzeuge, die uns helfen, mit dem Kosmos in Verbindung zu treten.

In den Bereichen außerhalb des Rades herrschen Chaos, Vergänglichkeit und Zufall, doch im Zentrum wird aus dem Chaos ein geordneter Kosmos. Dieser Kosmos ist rund wie die Wölbung des Raumes und zyklisch, wie der spiralförmige Fluß der Zeit.

Das *Rad des Schicksals* ist identisch mit dem Rad des Karma. Es ist die magische Uhr, die wir Bestimmung, Astrologie oder Schicksal nennen. Es ist das Rad der ewigen Wiederholung. Dieses Rad spiegelt auch unsere Psyche, die durch die Vorstellung der Dualität den Kreislauf in Bewegung setzt: Das Licht trifft auf die Dunkelheit; die Schlange kriecht in die Tiefen des Unbewußten hinab, um die Geheimnisse zu lüften, um wissend zu werden. Der Wolfsmensch kommt aus dem Dunkel an die Oberfläche, um sich dem Licht auszusetzen, um angenommen zu werden.

Es ist das Rad unserer Gefühle, das Liebe zu Haß werden läßt und Wut in Mitgefühl verwandelt, das uns durch Erfahren der Gegensätze hilft, zu einer höheren Sichtweise zu gelangen. Während wir zwischen Extremen hin und her schwanken, balancieren wir auf dem Drahtseil auf unsere innere Mitte zu. Es gibt keine Möglichkeit, das Rad anzuhalten.

Die *Liebenden*, Der *Wagen*, Der *Eremit*, sie alle sind auf ihre Art an das Rad gebunden. Aber wir können aus dem Rad *herausspringen*. Wir können uns darüber stellen, wie uns die Sphinx zeigt, und wir können das aus unserer Mitte heraus tun. Nur vom höchsten Gipfel aus können wir die ganze Insel überblicken und einen großen Sprung in den unendlichen Himmel hinein wagen.

Meditation: Mandala

Die Dualität setzt den Kreislauf in Bewegung, aber wir können von der Peripherie in die Mitte springen. Die folgende Meditation ist eine sehr wirkungsvolle, kathartische Technik. Sie erzeugt einen Energiekreislauf, der uns auf ganz natürliche Weise zentriert. Jede der vier Phasen dauert fünfzehn Minuten.

»Erste Phase: fünfzehn Minuten

Laufe auf der Stelle. Halte die Augen dabei geöffnet. Werde allmählich immer schneller und versuche, die Knie so hoch wie möglich zu bringen. Atme tief und gleichmäßig, damit die Energie in Bewegung kommt. Vergiß deine Gedanken und deinen Körper. Höre nicht auf zu rennen, bis die Viertelstunde um ist.

Zweite Phase: fünfzehn Minuten

Setze dich auf den Boden. Schließe die Augen und öffne den Mund ein wenig, so daß er sich ganz entspannt anfühlt. Beginne nun, deinen Oberkörper sanft aus der Hüfte heraus zu kreisen, wie ein Halm, der sich im Wind bewegt. Spüre, wie dich der Wind von einer Seite auf die andere, nach vorn und zurück und im Kreis herum bewegt. Dadurch werden die in dir erweckten Energien ins Nabelzentrum gebracht.

Dritte Phase: fünfzehn Minuten

Lege dich auf den Rücken, öffne deine Augen und laß sie im Uhrzeigersinn kreisen (dabei den Kopf nicht bewegen). Bewege die Augen, so schnell du kannst, so als würdest du mit ihnen dem Minutenzeiger einer riesigen Uhr folgen. Wichtig: Der Mund soll dabei leicht geöffnet und der Kiefer ganz entspannt sein. Atme sanft und gleichmäßig. Diese Übung dient dazu, deine zentrierten Energien ins dritte Auge zu bringen.

Vierte Phase: fünfzehn Minuten

Schließe deine Augen wieder und liege ganz still.»[17]

Affirmationen für «Rad des Schicksals»

- Ich nehme das Leben mit all seinen Höhen und Tiefen an.
- Ich habe keine Angst vor dem Wandel.
- Es ist in Ordnung, Extreme zu erleben.
- Ich bin weit genug, so daß alle meine Widersprüche in mir Platz haben.
- Von allem, was wahr ist, ist auch das Gegenteil wahr.

GERECHTIGKEIT

Nun müssen wir stehenbleiben, innehalten auf unserem Weg, denn vor uns sitzt die *Gerechtigkeit*, und es gibt keine Möglichkeit, sich an ihr vorbeizudrücken. Sie wirkt sehr ernst und nüchtern. Mit durchdringendem Blick sieht sie uns an, und die Art, wie sie ihr Schwert in die Höhe hält, läßt keinen Zweifel an ihren wahren Absichten: sie ist hier, um uns zu prüfen, zu beurteilen, uns an unsere Pflichten zu erinnern. Und sie meint es wirklich ernst.

Die Hälfte unserer Reise haben wir nun hinter uns, und wir müssen innehalten, nach innen schauen, abwägen. Es ist Zeit, offene Rechnungen zu begleichen, Soll und Haben auszugleichen und unsere Schulden zu bezahlen, denn wir kommen nun zum Wesentlichen. Plötzlich dämmert uns die Erkenntnis, daß wir verantwortlich sind – und wir entdecken eine völlig neue Art von Verantwortung. Wir sind vor unseren eigenen Augen verantwortlich, wir sind verantwortlich für uns selbst. Verantwortlichkeit ist nun nicht länger ein Versprechen an andere – an den *Herrscher*, an den Papst – über unser zukünftiges Verhalten, sondern einfach ein Erkennen unserer selbst und der zentralen Rolle, die wir bei der Formung unserer Persönlichkeit spielen und bei der Art und Weise, in der wir unser Leben kreieren.

Früher waren Mama und Papa für unsere Probleme verantwortlich.

Dann die Lehrer, die uns nicht mochten.
Später war die Schlange schuld, wenn wir sündigten.

Dann mußten wir mit dem Konkurrenzdenken der anderen mithalten und uns innerlich hart machen.

Unser ganzes Leben lang wurden wir wie ein Fußball von anderen hierhin und dorthin gestoßen, oder zumindest kam es uns so vor.

Dann kam der *Eremit*, und wir entdeckten, daß wir in Wirklichkeit allein hier sind. Wer kann also verantwortlich für was sein?

Als wir dem *Rad des Schicksals* gegenüberstanden, begriffen wir, daß Gut und Böse, Liebe und Haß und all diese Dinge in uns sind, sich um die Achse unseres inneren Zentrums drehen. Wer *außer mir selbst* könnte verantwortlich für meine eigenen Gedanken und Gefühle sein?

Gerechtigkeit. Aber was will sie von uns? Wie heißt das Losungswort, das uns erlaubt, an ihr vorbeizukommen? Und warum läßt ihre Haltung, ihr Anblick Schuldgefühle in uns aufkommen?

Nein, sie ist nicht hier, um uns zu verdammen, sondern um uns zu helfen, uns selbst mit klarer, unparteiischer Ehrlichkeit anzuschauen. Sie mißt keine Strafen zu, und sie ruft auch nicht nach Vergeltung. Ihr geht es einzig und allein darum, daß wir erkennen, was wir tun und verstehen, warum wir es tun. Wir sind an einem Punkt angelangt, wo wir die Vorstellung von der Sünde, diesen schlauen Trick des *Hohepriesters*, hinter uns gelassen haben. Für unsere Dame der *Gerechtigkeit* gibt es keine Sünden, sondern lediglich Unausgewogenheiten, die wir korrigieren, Fehler, die wir erkennen, Schulden, die wir bezahlen und Tatsachen, die wir anerkennen müssen.

«Ich *habe* es getan», «es *ist* so» – das sind die geheimen Losungsworte, und in dem Augenblick, in dem wir die Verantwortung annehmen, wird die Verurteilung aufgehoben. Sie will nichts anderes von uns, als daß wir sehen, was wir tun – ohne Ausreden, Rationalisierungen und Beschönigungen, ohne Schuld oder Stolz – nüchtern und klar.

Wenn wir bei der *Gerechtigkeit* ankommen, lernen wir, auf unpersönliche Weise zu schauen. Wir fangen an, uns selbst objektiv zu sehen, wie ein Beobachter von außen. Wir erkennen Tatsachen als Tatsachen an; sie mögen unangenehm, ja sogar schmerzhaft sein, aber sie sind *wahr* – und das ist alles, was zählt. Und es ist wahr, daß die *Liebenden* ihre Unschuld verloren haben, daß der *Wagenlenker* nie so erfolgreich war, wie er eigentlich sein wollte, und daß der *Eremit* über seinem Rosenkranz eingeschlafen ist...

Wir erkennen nun, daß wir so sind, wie wir sind, ganz gleich, wie sehr wir versuchen, uns zu ändern, und wir begreifen, daß dieser Moment einfach nicht anders sein kann, als er tatsächlich ist. Die Dinge sind, wie sie sind, und es ist ziemlich gleich, ob uns das gefällt oder nicht.

Tatsachen sind Tatsachen. Auch die Fehler, die ich gemacht habe, sind Tatsachen. Daß ich andere (oder mich selbst) verletzt habe, ganz gleich, ob absichtlich oder unabsichtlich, ist ebenfalls eine Tatsache. Mein Festhalten an negativen Gedankenmustern, an allem, was mir je angetan wurde, ist ebenfalls eine Tatsache. Ebenso meine mangelnde Bereitschaft zu verzeihen und meine Angewohnheit, die Dinge negativ zu betrachten. Tatsachen sind Tatsachen. Man muß ihnen ins Auge schauen und sie akzeptieren, wenn man sich weiterentwickeln will.

Das ist der Moment, in dem wir spüren, daß wir vergeben müssen. Wenn *wir* verantwortlich sind, dann haben wir vielen Menschen zu verzeihen: unseren Eltern, unseren Lehrern, unseren Führern, unseren Vorgesetzten und Kollegen, allen Ehemännern, -frauen und Kindern und jedem, der je ein böses Wort über uns sagte. Wir müssen Adam und Eva verzeihen und ihrer Schlange, und Gott dafür, daß er die Dinge so kompliziert gemacht hat... Und wir sind diejenigen, die einzigen, die verzeihen können, nein, müssen, denn wir sind diejenigen, die von Anfang an die Dinge negativ besetzt haben, denn nichts war oder ist ursprünglich gut oder schlecht, richtig oder falsch. Wir haben sie dazu gemacht, wir haben das Urteil gefällt. «Gutes» haben wir akzeptiert, «Schlechtes» abgelehnt. Doch jenseits dieser Ebene werden die Begriffe «richtig» oder «falsch» unwichtig. Die Dinge sind, wie sie sind, und könnten nicht anders sein.

Dann kommt der Augenblick, wo es an mir ist, zu vergeben, und ich von Angesicht zu Angesicht mit mir selbst konfrontiert bin: Der «Verzeihende» und der «Übeltäter» schauen sich in die Augen. Der Verzeihende vergibt und der Schuldige existiert nicht mehr. Die Vergebung spiegelt sich selbst, und wir spüren tiefe Dankbarkeit.

Der innere Kreis: Die Spiegelmeditation

Der Spiegel war von jeher ein höchst bemerkenswertes Ding, denn er ermöglichte uns zum ersten Mal, unser eigenes Gesicht zu erforschen. Magier benutzten Spiegel zum Wahrsagen und zur Sammlung geistiger Energien, während sie von Meditierern und Mystikern als Symbol der Bewußtheit, als Metapher für ungetrübte Wahrnehmung, betrachtet wurden: eine leere Fläche, die alles widerspiegelt, was sich vor ihr befindet, oder jeden, der vor sie hintritt.

Bei der folgenden Spiegelmeditation schaffen wir einen Energiekreis zwischen uns und unserem Spiegelbild, damit wir über die Spiegelung hinaus zu jenem Bewußtseinszustand gelangen können, in dem der Sehende und das Geschaute eins werden.

Stelle dich entspannt vor den Spiegel. «Du betrachtest dein Gesicht, deine Augen. Du wendest dich der Außenwelt zu. Natürlich ist es dein eigenes Gesicht, aber es ist dennoch ein Objekt außerhalb von dir. Kehre nun den Prozeß einen Moment lang um. Spüre, wie das im Spiegel reflektierte Gesicht dich anschaut – nicht du blickst die Spiegelung an, sondern die Spiegelung blickt dich an –, und mit einem Mal wirst du dich sehr seltsam fühlen. Versuche es einmal ein paar Minuten lang, und du wirst dich plötzlich sehr lebendig fühlen, eine mächtige Kraft wird in dir aufsteigen. Vielleicht erschreckt es dich sogar, denn du hast das noch nie zuvor gespürt. Nie zuvor hast du den vollständigen Energiekreis gesehen.

Immer, wenn der Kreis geschlossen ist, entsteht eine große Stille. Der unvollständige Kreis schafft Ruhelosigkeit, aber wenn der Kreis geschlossen ist, spüren wir die Ruhe. Wir sind zentriert, und das bedeutet, daß wir sehr stark sind. Diese Kraft ist unsere eigene.»[18]

Affirmationen für «Gerechtigkeit»

- Ich bin voll verantwortlich, ich bin frei.
- Ich kann mich selbst sehen, wie ich bin.
- Ich vergebe…, daß…
- Ich verzeihe anderen, daß sie mich verletzt haben, und ich verzeihe mir selbst, daß ich andere verletzt habe.
- Ich vergebe jedem, der jemals etwas Böses tat.
- Ich verzeihe mir, daß ich mir selbst unrecht getan habe.

Der GEHÄNGTE

Der GEHÄNGTE

Es ist früh am Morgen, kurz vor Sonnenaufgang. Wir finden uns in einem dichten Wald wieder, und es ist ziemlich kühl. Es ist still – eine eigenartige Stille – so, als hielte der ganze Wald erwartungsvoll den Atem an. Wir kommen zu einer Lichtung, einem magischen Platz, in dessen Mitte ein einziger Baum steht, und wir sehen einen schönen jungen Mann, der an einem Bein kopfüber von diesem Baum herabhängt. Seine Hände sind hinter dem Rücken zusammengebunden. Er sitzt in der Falle, er ist in einer auf dem Kopf stehenden Welt gefangen. Wahrscheinlich steigt ihm das Blut zu Kopf, und das Atmen fällt ihm schwer. Und doch sehen wir nicht die geringste Spur eines inneren Kampfes, keine Spur von Widerstand auf seinem Gesicht. Er scheint entspannt, friedlich, zufrieden. Er hat jeglichen Widerstand aufgegeben, er hat sich ergeben. Sein Kopf ist von einer Aura strahlend goldenen Lichtes umgeben. In seiner Machtlosigkeit, seiner Hilflosigkeit hat er eine neue Kraft gefunden. Er ist der Erlöser, der nicht erkannt wurde, der Ketzer, den die Kirche zum Tode verurteilte; er ist der Märtyrer, der die letzte Prüfung angenommen hat. Er ist der Jünger, der von seinem Meister am Baum der Einweihung aufgehängt wurde, um auf den Morgen zu warten; er ist Saulus, der auf dem Weg nach Damaskus blind von seinem Pferd fiel.

Er ist der vom Thron gestürzte *Herrscher*. Er ist Wilhelm Reich, der in England im Gefängnis umkommt; er ist der nach Sibirien verbannte Sacharow; er ist Salman Rushdie, der sich in London in einem sicheren Versteck verbergen muß, weil er es wagte, sich über den Propheten lustig zu machen. Er ist Zarathustra, der aus den Bergen zurückkehrt, um die Transformation aller Werte zu lehren, und er ist Nietzsche, der dort zwischen Meditation und Wahnsinn hängt. Er hängt dort symbolisch für alle Hexen, die auf dem Scheiterhaufen verbrannt wurden, er ist der Indianer am Amazonas, entwurzelt, heimatlos: Er ist einer von den «Grünen», der demonstriert, um einen Baum im Schwarzwald zu retten...

Er ist *wir*, wenn wir vom Unerklärlichen und vom Unerwarteten zu Boden gezwungen werden. Er ist *wir* in dem Moment, in dem wir eine absolute Niederlage, einen radikalen Zusammenbruch unserer bisherigen Werte oder den Schock einer neuen Erkenntnis erleben. Er ist *wir* in jenen Augenblicken, in denen wir lernen, uns in das Unvermeidliche zu entspannen und Fehlschläge und Schmerz anzunehmen.

Der *Gehängte* kann nichts tun. Keine Handlung, kein Trick kann ihn retten, er hat keine Chance, denn Gottvater selbst hat ihn verlassen. Dennoch bleibt ihm eine letzte Freiheit, eine letzte Wahl: Er kann den Vater *verfluchen* oder akzeptieren, daß sein Wille geschehe. Dort, an seinem Kreuz hängend, kann der *Gehängte* bewußt oder unbewußt sein. Wenn er unbewußt ist, wird er zu Barabbas, ist er bewußt, wird er eine innere Wandlung erleben – er wird zu Christus. «Hättest du es verstanden zu leiden», sangen die Gnostiker, «dann hättest du es in der Hand, nicht zu leiden.» Das ist das Wunder, das einzige Wunder überhaupt: die alchimistische Qualität des Bewußtseins, die Kraft der Stille, die unglaubliche innere Kraft, die *jede* Erfahrung transzendieren und umwandeln kann.

Meditation: Tiefe Entspannung

Der *Gehängte* symbolisiert jenen Zustand, in dem wir lernen zu entspannen, denn es gibt nichts, was wir sonst *tun* können. Um die

Kunst der Entspannung zu lernen, ist es hilfreich, sich eine «Entspannungskassette» aufzunehmen. Sie soll deine eigene suggestive Sprache und deine eigene Stimme wiedergeben. Der folgende Text (von meiner eigenen Entspannungskassette) soll nur eine Anregung sein. Wandle ihn nach deinen eigenen Bedürfnissen ab, verwende deine eigene Sprache.

Wenn du deine Entspannungskassette immer wieder anhörst, während du auf einer bequemen Unterlage liegst, wirst du feststellen, daß sie dir hilft, die größtmögliche Entspannung zu erreichen. Schon bald wirst du die Kunst der Entspannung beherrschen und fähig sein loszulassen – einfach, indem du dich entspannst!

Richte zunächst deine Wahrnehmung auf deine Zehen, entspanne deine Zehen, entspanne deine Füße; sie werden leicht, weich und entspannt…

Entspanne deine Knöchel, deine Unterschenkel, deine Knie; sie werden weich, leicht und entspannt…

Deine Augen sind geöffnet und fixieren einen beliebigen Punkt an der Decke; sie bleiben geöffnet, bis sie von selbst zufallen…

Entspanne deine Oberschenkel, dein Becken, deine Wirbelsäule… Entspanne deinen Unterleib, deinen Magen, deinen Brustkorb… sie werden weich, leicht und entspannt… Entspanne deinen Rücken, laß ihn weich und leicht werden und tief in die Unterlage einsinken… Entspanne deine Arme, deine Schultern, deine Ellbogen, deine Unterarme, deine Handgelenke… Entspanne deine Hände und jeden einzelnen Finger. Dein ganzer Körper entspannt sich; er wird weich, leicht und entspannt… Es ist jetzt ganz einfach, weich zu sein; es ist jetzt einfach, leicht zu sein; es ist jetzt einfach, zu entspannen und den Körper einfach dasein zu lassen, weich, leicht und entspannt…

Entspanne dein Gesicht, laß es weicher werden… laß es schmelzen.

Laß deinen Blick zur Zimmerdecke schweifen… und fixiere einen bestimmten Punkt… laß deine Augen dort ruhen… entspanne sie, schaue ohne zu blinzeln… bis die Augen müde werden… die Augenlider wollen sich ganz von selbst schließen, die Augen ruhen tief in den Augenhöhlen. Wenn du diesen einen Punkt an der Decke so fixierst, als gäbe es keinen anderen, dann werden deine Augen einfach von selbst müde… du mußt dich jetzt anstrengen, sie offen zu halten… sie wollen einfach zufallen, sie wollen unter den Lidern ruhen… weich, leicht und entspannt…

Laß alle Geräusche – ganz gleich, ob durch die Natur oder durch Menschen verursacht – ganz nah an dich heran… näher und näher… die Geräusche kommen näher… sie gehen durch dich durch… gehen durch dich hindurch… weich, leicht und entspannt… alle Geräusche sind Teil des einen Lebensstromes, des einen Bewußtseinsstromes, von dem auch du ein Teil bist… es fällt dir jetzt ganz leicht, die Geräusche durch dich hindurchzulassen… ein Fluß, der durch dich hindurchfließt… es fällt dir jetzt ganz leicht, zu entspannen. Ich werde jetzt von eins bis zehn zählen. Bei jeder Zahl wird sich deine Bewußtheit um ein Zehntel erhöhen und deine Entspannung sich in gleichem Maß vertiefen… total entspannt… und doch völlig wach und bewußt… 1 – 2 – 3 – 4 – 5 – 6 – 7 – 8 – 9 – 10!

Weich, leicht und entspannt… du entspannst dich jetzt tiefer, als du dich jemals entspannt hast, tiefer und tiefer… du bist wacher und wacher… es ist jetzt ganz leicht, zu entspannen… noch tiefer zu entspannen… noch tiefer zu entspannen… es ist jetzt leicht, bewußt zu sein… völlig bewußt zu sein…

Hebe nun, während du meine Stimme hörst, den rechten Unterarm und lasse ihn dann wieder auf die Unterlage fallen. Wenn deine rechte Hand wieder die Unterlage berührt, spürst du, wie sich das Gefühl von Entspannung in deinem ganzen Körper ausbreitet… weich, leicht und entspannt…

Es ist jetzt leicht, zu entspannen, es ist leicht loszulassen, es ist leicht, den Körper einfach dasein zu lassen… weich, leicht und entspannt… es ist jetzt einfach für dich, wahrzunehmen, daß du nicht dieser Körper bist… weich, leicht und entspannt… es fällt dir jetzt leicht zu sehen, daß du das Bewußtsein bist, das diesen Körper beobachtet, wie er sich tiefer und tiefer und tiefer entspannt…

Diese Entspannung, dieser Zustand, ist hinter deiner Alltagserfahrung immer präsent. Dieser Bewußtseinsraum ist immer zugänglich; immer wenn du dich entspannst, ist er da… vor jeder Wahrnehmung, jedem Gedanken, jeder Handlung; komm, betritt diesen Raum, er existiert… weich, leicht und entspannt… hinter deiner Alltagserfahrung.

Immer, wenn du dich entspannst, ist er da;
Immer, wenn du dich daran erinnerst, ist er da;
Immer, wenn du es zuläßt…

Du ruhst jetzt in dir, entspannst dich tiefer und tiefer. Du ruhst in dir, und dein Körper regeneriert sich. Es fällt dir jetzt ganz leicht, in dir zu ruhen, es ist ganz leicht, zu entspannen, es ist ganz leicht, loszulassen… weich, leicht und entspannt…

Es ist Zeit, zurückzukommen. Ich werde jetzt langsam rückwärts von zehn bis eins zählen, und du wirst bei jeder Zahl wieder näher an deinen normalen Wachzustand kommen… deine Wahrnehmungen und Gefühle werden wieder näherrücken. Wenn ich bei eins angekommen bin, wirst du dich wach, glücklich und entspannt fühlen… du wirst dich verjüngt und erfrischt fühlen; wach, glücklich und entspannt… 10 – 9 – 8 – 7 – 6 – 5 – 4 – 3 – 2 – 1!

Nimm nun einen tiefen Atemzug, dann noch einen und noch einen… wackle ein bißchen mit den Zehen, genieße das Gefühl der Entspannung – vielleicht möchtest du einmal tief gähnen – und komme nun allmählich zurück in die Alltagsrealität.

Guten Morgen! Das ist dein Bewußtsein, das ist dein Planet. Ich wünsche dir einen wunderbaren Tag!

Affirmationen für «Der Gehängte»

- Dein Wille geschehe.
- Ich nehme meine Situation dankbar an.
- Meine Lebendigkeit ist viel stärker als mein Schmerz.
- Ich besitze die Weisheit, *alles* in meine Erfahrung der Lebensfreude zu integrieren.
- Ich kann die Dinge von einem völlig neuen Standpunkt aus betrachten.

TOD

Man hat uns gesagt, daß wir eines Tages sterben müssen, aber irgendwie wollten wir das nicht wahrhaben. Nun ist der Tod gekommen, er ist hier, um erfahren zu werden, um *durchlebt* zu werden!

Ein weißes Gerippe reitet auf einem weißen Pferd über das öde, verlassene Ufer eines sehr breiten Flusses, und jedes Auftreten des Pferdes bringt einen neuen Tod mit sich. Der mächtige *Herrscher*, der die Welt erobern wollte, liegt nun niedergestreckt auf der Erde. Der *Hohepriester* ist als nächster an der Reihe. Er wartet mit gefalteten Händen auf sein Ende, während er ein Gebet murmelt.

Eine schöne, junge Mutter kniet mit geschlossenen Augen in einer Haltung ekstatischer Hingabe auf dem Boden, während ihre kleine Tochter im Sonntagsstaat amüsiert die Szene beobachtet. Am Horizont geht die Sonne auf; die Nacht wandelt sich zum Tag.

Alles stirbt; jeder befindet sich ständig im Prozeß des Sterbens, wie stark und mächtig, wie schön oder sanft er auch sein mag: der Vater, die Mutter, der Priester, aber auch das schöne Kind mit seinem Blumenstrauß.

Es sind nicht nur die Eltern, nicht nur die alten Freunde, die sterben; es sind nicht nur die alten Beziehungen, die zu Ende gehen: Jeder einzelne Augenblick vergeht und auch *ich* sterbe in jedem Augenblick. Diese Erfahrung ist die wirkliche Todeserfahrung, denn das Leben endet nicht nur einmal, das Leben stirbt von Augenblick zu Augenblick, und es gibt kein Ende.

Wir schreiben unsere Unterschrift auf Wasser, und sie verschwindet bereits in dem Moment, in dem wir schreiben. Nichts währt länger als die Spanne eines Atemzuges. Leben *ist* Tod. Das Universum stirbt in jedem Augenblick und wird in jedem Augenblick wiedergeboren. Tod und Geburt sind ein und derselbe Vorgang. Es ist ein und derselbe Tanz, der einzige Tanz. Leben ist Tod, und Tod ist Leben. Wir müssen das *jetzt* begreifen und anfangen, *im Moment* zu leben.

Das ist die große Überraschung, die Erkenntnis, die Erfahrung der Karte XIII: Der Tod ist nicht das Ende. Bereits im Augenblick des Todes beginnt neues Leben, steigt eine neue Sonne am Horizont auf, beginnt eine neue Reise in eine andere Dimension.

An diesem Punkt beginnt die wirkliche Einweihung, und dieser Moment wurde bei Einweihungsritualen überall in der Welt gefeiert. Indem wir den Tod akzeptieren und die Angst vor ihm überwinden, lassen wir unser altbekanntes Selbst hinter uns und erfahren unsere absolute Einsamkeit. Wir überlassen unsere Wurzeln der Erde, damit wir in eine neue Existenz hineinwachsen können – und wir dachten, wir seien diese Wurzeln. Wir durchstoßen die Eierschale unserer alten, festgefügten Identität – und wir dachten, wir seien das Ei…

Der Tod ist nur für jene furchterregend, die die Vergangenheit nicht loslassen können. Für diejenigen, die in der Gegenwart leben, existiert nur das Leben – das ewige Leben. Deshalb steht der *Tod* zwischen der Kreuzigung und der Auferstehung, zwischen dem *Gehängten* und dem Engel der *Mäßigkeit.*

Aber Vorsicht! Manche Menschen bleiben hier stecken. Sie sterben, ja, sie sind schon tot, bevor der Tod kommt. Diejenigen, die die Vergangenheit nicht hinter sich lassen können, die nicht sterben wollen; diejenigen, die nicht akzeptieren können, daß die Dinge sich mit dem Fluß der Zeit ändern, werden nicht mit dem Engel einer neuen Morgendämmerung entgegenfliegen. Ihr Leben wird zu einer immer länger werdenden Liste von Beerdigungen, zu einem schwarzen Buch der Verstorbenen, einer morbiden Ansammlung verblassender Erinnerungen und zerbrochener Souvenirs.

Diese Menschen werden schließlich zum *Gehängten* zurückfallen. Ihr Leben wird zu einer einzigen Kreuzigung, einem einzigen Fluch, einem langsamen und schmerzlichen Sterben, zu einem Versuch, ein letztes, unausweichliches Versagen hinauszuzögern.

Existentialisten und Nihilisten sind an diesem Punkt steckengeblieben. Eingeweihte und Mystiker dagegen sind zur anderen Seite vorgestoßen: Indem sie den Tod akzeptierten, haben sie das Unsterbliche entdeckt, denn wenn alles stirbt – wer ist es dann, der dieses Bild des Todes sieht? Wenn alles ständig stirbt, sich ständig wandelt – wer oder was ist es, das sich *nicht* verändert, das *nicht* stirbt, sondern alles sich Wandelnde und Sterbende beobachtet?

Meditation: Dem Tod begegnen

Die Notwendigkeit, dem Tod zu begegnen, ihn zu erfahren und zu verstehen, wird bei allen Formen der Einweihung betont. Buddha pflegte seine Jünger zum Verbrennungsplatz zu schicken, um sie mit der Realität des Todes zu konfrontieren. Der große Tantrameister Saraha erlangte die Erleuchtung auf einem Friedhof. Auch Don Juan betrachtet den Tod als Freund und Verbündeten.

Diese Meditation ist in drei Stufen unterteilt.

»Stufe 1

Den ganzen Tag über – immer wenn du gerade daran denkst – atme langsam und lange aus. Laß den Körper einatmen, und atme dann einfach ganz bewußt lange aus. Du wirst einen tiefen Frieden spüren, denn Tod bedeutet Frieden, Tod bedeutet Stille… Atme bewußt und langsam aus, um eine Vorstellung davon zu bekommen. Es ist wunderbar… du wirst dich den ganzen Tag über entspannt und innerlich ruhig fühlen.

Stufe 2

Übe dieses bewußte Ausatmen fünfzehn Minuten täglich. Setz dich bequem auf einen Stuhl oder auf den Boden, atme langsam aus und schließe dabei die Augen. Während die Luft aus dir herausströmt, gehst du nach innen. Laß dann den Körper ganz von selbst einatmen. Wenn die Luft in dich einströmt, öffnest du die Augen und «gehst nach außen». Es ist einfach immer das Gegenteil: Wenn du ausatmest, wird im Inneren Raum geschaffen, denn Atem ist Leben. Wenn du intensiv ausatmest, wirst du leer, denn das Leben ist hinausgeströmt. Du bist gewissermaßen tot – für einen winzigen Augenblick. Betritt in dieser Stille des Todes deinen inneren Raum.

Stufe 3

Lege dich hin. Stell dir vor, du seist tot; der Körper ist nur noch eine Hülle. Nun richte deine Wahrnehmung auf deine Zehen. Gehe mit geschlossenen Augen nach innen. Bringe deine Aufmerksamkeit zu den Zehen und spüre, wie das Feuer von dort nach oben steigt. Alles wird verbrannt. Dein Körper wird allmählich vom Feuer verzehrt. Beginne bei den Zehen und laß das Feuer nach oben steigen.

Weshalb soll man mit den Zehen beginnen? Es ist einfacher so, denn die Zehen sind am weitesten von deinem «Ich», deinem Ego, entfernt. Dein Ego befindet sich in deinem Kopf, und es wäre sehr schwierig, dort zu beginnen. Fange also bei dem am weitesten entfernten Punkt an... Spüre, wie die Zehen verbrannt werden; nur die Asche bleibt übrig. Laß dann das Feuer langsam nach oben steigen und alles verbrennen; jeden Körperteil; die Unter- und Oberschenkel verschwinden, bis ganz zum Schluß der Kopf verschwindet. Du bleibst einfach der Beobachter. Der Körper liegt da – tot, zu Asche verbrannt – und du bist der Beobachter, der Zeuge. Dieser Zeuge hat kein Ego.

Und wenn du das einmal weißt, kannst du permanent in diesem Zustand verweilen; wenn du erst einmal weißt, daß du dich vom Körper trennen kannst. Es ist nur eine Technik, um sich vom Körper zu trennen, um eine Kluft zwischen sich und dem Körper zu schaffen, damit man den Körper für einen Moment verlassen kann. Wenn dir das gelingt, kannst du im Körper bleiben, ohne der Körper zu sein. Du kannst dein Leben wie bisher weiterführen, aber du wirst nicht derselbe sein wie vorher.»[19]

Affirmationen für «Tod»

- Ich lasse bewußt und bereitwillig los.
- Ich kann mich mit meiner Angst vor dem Tod auseinandersetzen.
- Ich verzeihe mir, daß ich sterblich bin.
- Ich sterbe jeden Tag, und ich werde jeden Tag wiedergeboren.
- Vergangen ist vergangen! Je eher ich die Vergangenheit hinter mir lasse, desto lebendiger werde ich.

MÄSSIGKEIT

Auf den Tod folgt die Auferstehung. Aus dem Gerippe des Todes fliegt die Lichtgestalt der *Mäßigkeit* empor.

Sie gießt ununterbrochen elektrisierendes, blaues Wasser von einem Gefäß in ein anderes. Es symbolisiert den ungeteilten, unaufhörlichen Fluß ihrer Energie, den göttlichen Nektar, Ambrosia. Sie geht völlig in dieser Tätigkeit auf, ohne die geringste Spur von Anstrengung. Ihre Bewegungen sind spontan und entspannt, von wunderbarer Leichtigkeit.

Auf ihrem Gewand trägt sie in Höhe des Herzens das Symbol des Feuers, es steht für das Aufsteigen der Lebensenergie, und auf ihrer Stirn leuchtet das goldene Auge der Sonne. Ihre ausgebreiteten Flügel sind bereit, sie in die Lüfte zu heben, so, als wolle sie jeden Moment wegfliegen und sich mit den goldenen Strahlen am Horizont vereinen.

Sie strahlt Erleuchtung aus; ihre Gegenwart erfüllt die Luft, die Erde und das Wasser mit Leben. Ihre Reinheit ist die Reinheit des Feuers, und ihre Berührungen, obwohl voller Leichtigkeit, sind von ungeheurer Intensität. Ihre Schönheit ist nicht von dieser Welt, und sie ist von unaussprechlicher Anmut. Auf den *Tod*, auf jeden Tod, folgt eine Auferstehung. Wenn die alten Einstellungen, Konditionierungen und Identitäten überwunden – gestorben – sind, folgt eine neue Welle frischer Energie, eine neue Art zu leben.

TOD

Im Tod konnten wir durch die Vergangenheit hindurchsehen, konnten wir sehen, daß sie *tot* ist, eine reine Gedankenkonstruktion, eine Erinnerung, ein Geist, der angestrengt versucht, das in Gegenwart und Zukunft enthaltene Potential zunichte zu machen.

Nun, mit der Karte *Mäßigkeit*, beginnen wir im «Hier und Jetzt» zu leben, von Augenblick zu Augenblick. Wir fangen an, dem Leben in diesem Moment zu vertrauen, und nicht die geringste Spur des Vergangenen trübt unseren Blick.

Ganz gleich, welcher Art unsere Todeserfahrung war: vielleicht das plötzliche Ende einer bestimmten Familiensituation, der Abschluß eines bestimmten Lebensabschnittes oder der symbolische Tod bei unserer Einweihung in die spirituelle Welt. Wenn wir zulassen, daß diese Erfahrung uns im Innersten berührt, entdecken wir dort immer *Mäßigkeit* und erleben eine ungeheure Bewußtseinserweiterung, einen unglaublichen Energieschub.

Die Karte *Mäßigkeit* kommt also als Botschafterin mit einer guten Nachricht: Es gibt keinen Tod; unser eigentliches Wesen ist unsterblich, denn wir sind weder unser Körper noch unser Verstand, sondern der ewige Fluß, die stets präsente Bewußtheit *dieses* Augenblicks, dieses ewigwährenden Augenblicks.

Dieser Fluß fließt unaufhörlich, denn der Tod kann das Leben nicht aufhalten, er kann es nur transformieren. Der Tod kann das Bewußtsein nicht auslöschen, wenn das Bewußtsein bereit ist, sogar den Tod in sich aufzunehmen.

Transformation durch Bewußtheit – das ist die Arbeit dieser Lichtgestalt. Durch ihre vollkommene Bewußtheit wandelt sie alles in reinen Nektar, in reine Energie um. Hier lernen wir etwas über die alchimistische Kraft des Bewußtseins und entdecken das Geheimnis: Bewußt zu sein, in *jeder* Erfahrung aufzugehen, sich völlig in diesem Beobachten zu verlieren ist der Schlüssel zu unserem Glück. Und wir treffen jetzt die Wahl, glücklich zu sein!

Die Meditation des *Eremiten* hat Früchte getragen. Sie bedeutet keine Anstrengung, ist keine Technik mehr, sondern die reine Freude am Wunderbaren, am Geheimnisvollen. Unsere Bewußtheit verwandelt das tägliche Leben in einen Ort spiritueller Schönheit.

Während wir beim *Eremiten* noch einen Stock brauchten, um uns aufrecht zu halten, da uns die Schwerkraft ständig nach unten zog, werden wir nun durch die Anmut der *Mäßigkeit* emporgehoben; uns wachsen Flügel, und wir sind bereit zu fliegen.

Auf der Karte *Die Liebenden* kommt der Engel von oben hinzu, um Adam und Eva zu segnen, und durch seine Gegenwart entsteht ein Dreieck. Bei der *Mäßigkeit* gibt es keinen anderen, keine Meditation, kein Dreieck – wir werden eins mit der gesamten Existenz. Wir werden zum Engel. Im Bild der *Liebenden* mußte der Engel zu uns herabsteigen, um uns zu begegnen und uns einen Schimmer des Göttlichen zu bringen; mit der *Mäßigkeit* steigen *wir* empor.

Aber – wohin? Wieso spüren wir eine leichte Ungeduld, ein leichtes Zittern der ausgebreiteten Flügel? Was ist die geheime Sehnsucht des Engels?

Sein Geheimnis ist seine Sehnsucht, und seine Sehnsucht ist der Wunsch, Gott zu sein. Es ist die höchste, die letzte, die verfeinertste Form des Verlangens und die paradoxeste zugleich, denn wir sind ja schon göttlich – von Anfang an.

Der Engel der *Mäßigkeit* ist Luzifer und Ikarus zugleich. Wenn es schon hier unten soviel Schönheit gibt, wieviel schöner müßte es sein, wenn wir uns zum Göttlichen emporschwingen und eins mit ihm werden könnten?

Meditation: Das Aufsteigen der Lebensenergie

Wenn wir die große Arkana vor uns ausbreiten und nach einem Archetypus suchen, der Meditation und spirituelle Erfahrung verkörpert, springt uns *Mäßigkeit* als der Meditationsarchetypus par excellence ins Auge. Wir sehen es an der Bewußtheit seiner Gestik, an seiner Ausstrahlung von Lebendigkeit und Frieden, an dem goldenen Licht, das von seinem Wesen ausstrahlt, und ganz besonders an jener übernatürlichen Anmut, die den Engel emporhebt und ihm die Gabe verleiht, über Wasser zu gehen und zu fliegen.

Bei dieser Meditation erfahren wir das Aufsteigen der Lebensenergie vom Sexzentrum (*Die Liebenden*) zur Schädeldecke, dem sogenannten siebten Chakra, *Sahasrar*, durch das wir mit dem Himmel verbunden sind.

Shiva sagte:
Betrachte dein inneres Wesen als Lichtstrahl,
der von Zentrum zu Zentrum die Wirbelsäule entlang
nach oben steigt und so das Leben in dir erweckt.

«Die Wirbelsäule hat zwei Endpunkte. Das untere Ende ist das Sexzentrum und das obere ist *Sahasrar* (der tausendblättrige Lotus) auf der Schädeldecke. Das untere Ende verbindet dich mit der Erde, und die Sexualität ist die irdischste deiner Eigenschaften. Durch das unterste Zentrum der Wirbelsäule bist du in Kontakt mit der Natur... durch das höchste Zentrum oder den anderen Pol, *Sahasrar*, bist du in Kontakt mit dem Göttlichen... das sind die beiden Pole, und dein Leben wird entweder sexorientiert oder sahasrarorientiert sein. Deine Energie wird entweder durch das Sexzentrum zurück in die Erde fließen, oder sie wird durch das Sahasrar-Zentrum an den Kosmos abgegeben.

Solange deine Energie sich nicht nach oben bewegt, wirst du im Elend leben. Du hast vielleicht ab und zu glückliche Momente, aber nur Momente – und selbst die sind voller Illusion. Wenn die Energie anfängt, nach oben zu steigen, wirst du mehr und mehr Augenblicke wahrer Freude erfahren, und wenn sie das Sahasrar-Zentrum erreicht, wirst du wissen, was absolute Glückseligkeit ist – das ist Nirwana. Dann hast du nicht nur einen Schimmer davon, du selbst wirst dann zur Glückseligkeit.

Dieses Sutra beginnt mit den Worten: ‹Betrachte dich selbst...›, und es bedeutet hier: Stelle dir dein Selbst vor, schließe deine Augen und stelle dir dich selbst in Form von Licht vor. Das ist nicht einfach Phantasie. Anfangs ist es das vielleicht, aber es ist auch Realität, denn alles ist letztendlich Licht...

Stell dir zuerst vor, daß du einfach aus Lichtstrahlen bestehst, und richte dann deine Aufmerksamkeit auf dein Sexzentrum. Konzentriere dich und stelle dir vor, daß von diesem untersten Zentrum aus Lichtstrahlen nach oben steigen, so als ob das Sexzentrum zu einer Lichtquelle geworden sei, von der das Licht nach oben schießt... zum Nabelzentrum hin. – Du wirst sofort spüren, wie eine Wärme in dir aufsteigt. Schon nach kurzer Zeit wird sich dein Nabelzentrum heiß anfühlen… Durch deine Vorstellungskraft hat die Sexenergie begonnen, nach oben zu steigen. Wenn du spürst, daß nun das zweite Chakra in Höhe des Nabels ebenfalls zu einer Lichtquelle geworden ist, daß die nach oben strebenden Lichtstrahlen sich hier sammeln, dann laß sie weiter zum Herzzentrum aufsteigen.

Wenn das Licht dein Herzzentrum erreicht, verändert sich dein Herzschlag. Deine Atemzüge werden tiefer und deine Herzgegend wird sich warm anfühlen. Gehe nun weiter…

Laß das Licht bis zum Sahasrar-Zentrum aufsteigen. Denke daran: Immer, wenn du dieses Experiment machst, solltest du es zu Ende führen. Höre nicht auf halbem Wege auf. Du mußt es abschließen… Wenn du diese Energie auf halbem Wege einfach sich selbst überläßt, kann sich das negativ auswirken. Laß sie also bis zum Kopf aufsteigen und stell dir vor, daß dein Kopf oben eine Öffnung hat… stell dir einfach eine Lotusblüte mit tausend Blütenblättern vor – und wie diese Lebensenergie von jedem Blütenblatt in den Kosmos ausströmt.

Wenn du mit dieser Meditation beginnst, wird dein Sexzentrum zunächst sensitiver, lebendiger, energiegeladener werden… doch nach einer Weile, wenn deine Meditation tiefer geht, wirst du spüren, wie die Energie nach oben fließt… Wenn sie sich tatsächlich bis zum Sahasrar-Zentrum bewegt, wirst du im Sexzentrum nichts mehr spüren. Es wird vollkommen unbewegt sein… und die Wärme wird zum Kopf aufsteigen…

Wenn die Energie den Kopf erreicht, wirst du dich zunächst etwas schwindelig fühlen… Hab keine Angst. Wenn dein Kopf heiß wird, ist das ein gutes Zeichen. Laß die Energie frei, laß sie los. Stell dir vor, daß dein Kopf sich öffnet wie eine Lotusblume, daß die Energie in den Kosmos strömt…

Wenn du die Energie losläßt, wirst du eine gewisse Kühle spüren. Eine solche Kühle, wie sie nach dieser Hitze auftritt, hast du noch nie zuvor gespürt. Denke daran, daß du diese Technik zu Ende führen mußt. Du darfst niemals mittendrin aufhören.»[20]

Affirmationen für «Mäßigkeit»

- Ich verzeihe mir, daß ich an den Tod glaubte.
- Ich nehme dankbar die Fülle des Lebens an.
- Je tiefer ich in meine Gefühle eintauche, desto höher fliege ich in den Himmel.
- Ich bin Freiheit, ich bin Freude, ich bin überfließende Lebensenergie.
- Ich und der Vater sind eins.

Der TEUFEL

Wir erwachen in einem dunklen Loch und haben das Gefühl, daß jede Zelle unseres Körpers unter enormem Druck steht. Zuerst nehmen wir nur Dunkelheit wahr. Diese Dunkelheit ist sehr dicht, sie umgibt uns von allen Seiten, sie hüllt uns ein und will in uns eindringen.

Dann nehmen wir verschiedene Gerüche wahr: den Geruch von verbrannten Federn und verbranntem Fleisch, von roten Rosen und Räucherkerzen, den penetranten Geruch wilder Ziegen, den Geruch von Opium, das Bouquet von Armagnac… Allmählich schwindet die Dunkelheit um uns herum, und wir nehmen etwas von unserer Umgebung wahr. Wir erkennen, wo wir sind: Wir sind in der Hölle.

Auf einem riesigen Podest aus glänzendem, schwarzem Leder, an dem Ketten befestigt sind, steht der alte Ziegenbock persönlich – Satan, der Beelzebub. Seine rechte Hand ist in einer Geste erstarrt, die Trennung und Uneinigkeit symbolisiert, während seine linke die Fackel hält, mit der er die unter ihm stehenden Menschen in Brand setzt. Sein Körper ist absolut disharmonisch, aus verschiedenen Teilen zusammengestückelt, und spiegelt seinen Zustand der Abgespaltenheit wider: die Flügel einer Fledermaus, die Beine einer Ziege, die Krallen eines Vogels, die Hörner eines Widders, die felligen Ohren eines Wolfes, die Hände eines Menschen und der androgyne Rumpf. Sein Aussehen ist wie sein Geruch: eine widerliche Mischung, die uns dennoch auf seltsame Weise anzieht… und diese Augen… so intensiv, hypnotisch, besessen, gefährlich, und dennoch spiegeln sie einen gewissen Humor, eine gewisse Intelligenz wider, denn… tatsächlich, die Augen des Teufels sehen menschlich aus.

Die *Liebenden* haben nun jegliche Spontaneität verloren, und ihre Augen strahlen nicht mehr in Unschuld. Jetzt liegen sie in Ketten, durch den *Teufel* aneinandergekettet wie die intimsten Feinde. Die Sinnlichkeit und wohlgestaltete Fülle ihrer Körper steht in krassem Gegensatz zu ihrem inneren Zustand von Langeweile, Traurigkeit, Leere und Überdruß.

Wie bei den *Liebenden*, dem *Hohepriester* und dem *Wagen* bilden die Gestalten ein Dreieck, aber diesmal werden sie durch die schweren Eisenketten nach unten gezogen – hinein in den absoluten Sog der Schwerkraft, in eine unglaubliche Dichte, in die schiere Materie, das schwarze Loch endloser Höllenqual, in dieses begrenzte Stückchen Raum und dieses kleine Bruchstück der Zeit, genannt «Hier und Jetzt», das wir zu bewohnen scheinen und in dem wir gegenwärtig begraben sind. Wie zum Teufel sollen wir hier je wieder herauskommen, wenn die Hölle ewig ist?

Wie konnte das *uns* überhaupt passieren? Schwebten wir nicht vor wenigen Augenblicken noch durch die Lüfte? Hatten wir nicht gerade unseren Lichtkörper und all diese schönen Dinge entdeckt? Was *ist* denn diese schreckliche Dichte und Dunkelheit? Sind wir, zwei Karten zuvor, nicht sogar *schon einmal* gestorben? Warum nun diese Dunkelheit, nachdem wir schon soviel Licht gesehen hatten?

Immer dann, wenn das Licht am hellsten scheint, am intensivsten ist, erscheint der Schatten am dunkelsten. Gerade als wir wirklich daran glaubten, daß wir fliegen können, bemerkten wir einen Schatten am Boden: Wir hielten inne und stürzten ab.

...und diese Augen – es sind die Augen Satans. Sie scheinen uns aus der Karte heraus anzuspringen, um uns zu stellen, um uns zu hypnotisieren und zu bannen. Fassen wir uns ein Herz und schauen einmal direkt in diese Augen.

Was sehen wir? Ich sehe Besessenheit. Die ganze Seele ist von einem einzigen Teil besessen – jenem Teil, der zerschneidet und zertrennt. Diese Augen sind gewiß nicht dazu da, *uns* zu sehen, sie wollen befehlen, sie wollen alles und jeden in ihrem Blickfeld beherrschen und versklaven. Wir können dem *Teufel* gehorchen oder vor ihm weglaufen, aber seine Art, uns anzuschauen, verhindert, daß wir jemals Freunde werden oder auf gleicher Stufe mit ihm stehen können. Nein, der *Teufel* hat nicht seinesgleichen, denn er ist zu sehr daran interessiert, einzigartig zu sein, andere zu dominieren und Macht auszuüben. Seine Augen spiegeln diese Getrenntheit total wider: Der Teufel hat *sein* Reich, *seine* Macht, *seine* Sklaven, *seinen* Stolz. Er verkörpert das Prinzip der Anhaftung, das trennt und dann zu einer Identifikation mit dem Abgetrennten zwingt. Das ist Besessenheit: die Bejahung des Getrenntseins, die Trennung zwischen diesem und jenem, zwischen dein und mein, zwischen dem «Ich» und dem Ganzen.

Ja, der *Teufel* symbolisiert die totale Sucht, das ewige Festhalten an «diesem» und «meinem», an diesem Körper, der bei der *Mäßigkeit* schon durchgeistigt, schon heilig war, und ruft uns nun, wie es scheint, zurück zu den tiefsten animalischen Instinkten, zu unserem gemeinsamen animalischen Erbe. Wir fühlten uns für einen Moment schon wie Engel, wie Götter, und nun müssen wir der Tatsache ins Auge sehen, daß wir unserer Tiernatur nicht entrinnen können. Wir müssen uns mit dem Entsetzen darüber und mit der ewigen Überlebensangst auseinandersetzen. Es ist das ewige Festhalten an diesem Ego, *meinem* Ego, diesem Wunsch, als getrenntes Wesen zu existieren – gegen die gesamte Welt da draußen – und der überwältigende Schmerz, der damit einhergeht. Denn diesmal lauert ein schlimmerer Tod als der, den wir bereits durchlebten dort im Dunkel, im Unbekannten: der Tod meines Körpers, meines Egos, mein Tod – das absolute Verlöschen des Verlangens, zu *sein*. Haben wir uns gewünscht, einen Körper zu besitzen? Nun, hier ist er – und wir werden in ihm sterben. Haben wir uns gewünscht, individuelle, getrennte Wesen zu sein? Hier haben wir es. Isolation bedeutet Falschheit, Nicht-Sein. Nun müssen wir es bis zur Neige auskosten. Haben wir uns gewünscht, zu *sein*? Nun, hier sind wir – doch jeder unserer Schritte führt am Abgrund des Nichtseins entlang. Ja, der *Teufel* bestimmt den Preis für unseren Wunsch, zu existieren.

Der Augenblick einer tiefen Desillusionierung ist gekommen. Unsere Liebe, unser Wunsch, mit dem Geliebten und dem Engel eins zu sein, hat sich in Haß, in Besitzstreben und Gefangenschaft verwandelt. Unsere Meditation, unser Wunsch, eins mit Gott und dem Himmel zu werden, hat sich in Stolz, Getrenntheit und Anhaftung verkehrt, und im Bruchteil einer Sekunde wurde der Lichtbote zum Prinzen der Dunkelheit.

Was hat uns wieder herabgezogen? Nun, es war unser Glaube an das Niedere, unsere anerzogene Wahrnehmung von «höher» und «niedriger», von Gut und Schlecht, unsere Unterdrückung des Körpers und unsere einseitige Verherrlichung der Seele. Mama und

Papa sagten uns, daß alles «da unten» schmutzig sei; der Priester sagte, daß Gott Sex haßt und das Gebet liebt, daß Blut und Sperma unrein seien, gute Gedanken und harte Disziplin dagegen heilig. Es war die «Erbsünde» unserer Konditionierungen: Sünde im Leben, Schmutz in der Sexualität und Armut inmitten der Fülle zu sehen. Wo wir Licht sahen, war immer gleichzeitig Dunkelheit, aber wir konnten nicht begreifen, daß der Schatten im Licht enthalten ist, daß man das Licht ohne die Dunkelheit gar nicht wahrnehmen kann. Ohne Hölle hätten wir keinen Himmel haben können – und den Himmel wollten wir, weiß Gott! Durch unsere Vorstellung von einem Himmel erschufen wir uns diese sehr reale Hölle!

Der *Teufel* ist das Werk des Priesters, er ist die Manifestation der christlichen Vorstellung des Bösen in Form von Körper, Sexualität, Tiernatur und Trieben, und als solcher verkörpert er die Rache des unterdrückten Körpers. Er ist der Schatten, mit dem wir das Unangenehme bedecken, und er ist gleichzeitig unsere Projektion alles Verbotenen, Verdammten und Verleugneten.

Dieser niederträchtige alte Ziegenbock hier ist tatsächlich ein Repräsentant repressiver Religionen, eine Ausgeburt des Christentums und, nicht ganz so stark ausgeprägt, auch des Buddhismus. Erst kürzlich bestätigte der Papst, daß der «Böse Versucher«, wie er ihn nennt (und er muß es ja wissen), offiziell existiert und hier ist, um uns auf Abwege zu führen.

Über eines sind sich der Papst und die Anhänger von Satanskulten völlig einig: Der *Teufel* existiert. Der einzige Unterschied besteht darin, daß die Christen ihn verdammen und die Teufelsanbeter ihn verehren. Es ist eine Umkehrung der Werte: In den Satanskulten sind Blut und Sperma heilig, während Christus und die Oblate zu Symbolen für das Böse werden. Es ist ein natürlicher Ausgleich und ganz einfach zu erklären: Das Unterdrückte sucht einen Weg an die Oberfläche, sucht in irgendeiner Form nach Ausdruck.

Die Satanskulte sind aber im Grunde keine Herausforderung für das Christentum. Satan und Gott haben die Erde unter sich aufgeteilt, und jeder von ihnen herrscht frohlockend über seinen Anteil. Manchmal gibt es heftige Meinungsverschiedenheiten darüber, wer der *Teufel* und wer Gott ist: Kapitalismus oder Kommunismus, der Nazi oder der Jude, Khomeini oder Rushdie? Die Vorstellung, daß der *Teufel* existiert, bleibt dabei seltsamerweise stets unangetastet.

Wir gestatten Satan, sein Königreich an unseren dunklen Punkten zu errichten, doch alles, was wir verstecken, wird stets wieder angreifen und zurückschlagen, nach Aufmerksamkeit verlangen und sich rächen. Und Luzifer-Satan rächt sich grausam – als der Nazi, der Killer, als Vergewaltiger, als Opfer und Bestie zugleich, als jene dunklen Kräfte, die in Momenten individueller und kollektiver Unachtsamkeit Macht über uns gewinnen.

Aber... was würde wohl aus dem *Teufel* werden, wenn wir aufhörten, ihn zu verdammen? Würde er sich auflösen, wie Drakula beim Geruch von Knoblauch? Oder würden wir weiterhin einen *Teufel* mit seiner Tiernatur, seiner Körperlichkeit, Wildheit, Schlitzohrigkeit, Leidenschaftlichkeit und Berauschtheit in uns tragen – allerdings einen befreiten, freundlichen und akzeptierten?

Was würde geschehen, wenn wir uns mit unseren dunklen Anteilen aussöhnten? Mit unseren Aggressionen, unserer Getrenntheit und unseren Bedürfnissen, wildesten Phantasien und Träumen, mit dem kleinen wütenden, bedürftigen, lebendigen, verrückten Tier in uns. Was würde geschehen, wenn wir aufhörten, das Negative zu verdammen, wenn wir uns akzeptierten, *wie wir sind*?

Im gleichen Augenblick, da wir anfangen, uns mit dem *Teufel* anzufreunden, fängt er an, sich zu verändern: Auf unsere Freundlichkeit reagiert er mit Freundlichkeit, so wie er zuvor unsere Gewalttätigkeit mit Gewalttätigkeit erwiderte. Sein Antlitz wird weicher, und sein Körper verliert alles überflüssige Fett, das er angesetzt hat. Er wird es genießen, von uns akzeptiert zu werden, denn unsere Akzeptanz wird seine Schönheit enthüllen: die Weisheit des Instinkts, den Ruf der Wildnis, den schlitzohrigen Humor und die orgiastische Freude. Und auf einmal entdecken wir, daß sich hinter dem häßlichen christlich-satanischen Transvestiten der alte Gott Pan, der gehörnte Flötenspieler, der laszive Ziegenbock, der Schelm, der Liebhaber, der Verführer, der Schamane sinnlicher Ekstase verbirgt – das lebende Symbol für Ganzheit, das in den Orphischen Hymnen besungen wird:

> «Wir rufen dich an, Pan, den Mächtigen, die Wildheit und Ganzheit der Welt, des Himmels, des Meeres und der Erde – unserer universellen Königin – des unsterblichen Feuers: dies sind deine Glieder. Komm, Gesegneter, komm, du, der tanzt und umherstreift… du Ziegenbock, der Festgelage und mystische Torheiten und den weiten Himmel liebt…»

Die entsetzliche Abgespaltenheit Satans verwandelt sich in die freudvolle körperliche Ganzheit Pans. Andere Tarotspiele – traditionelle und neue – lassen Pan mehr Gerechtigkeit widerfahren als Waite und Smith mit ihrem Butzemann.

Der Teufel eines traditionellen Tarotspiels (1JJ) besitzt einen wunderbaren schwarzen, erotischen Jünglingskörper. Für das französische Publikum jener Epoche evozierte dieses zweifelsohne primitive, wilde Wesen von exotischer Sinnlichkeit und glühender Begierde…

Im «Secret Dakini»-Deck wird das XV. Arkanum als «Der Verbündete» umbenannt – eine Erinnerung an die gefährlichen Tricks eines mexikanischen Zauberers. Der Verbündete ist eine blutdürstige Kreatur, in der Tat, aber er ist zugleich kindlich und unschuldig wie ein Weihnachtsbaum.

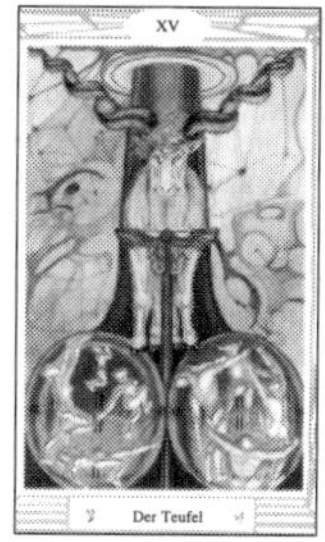

Bei Crowley und Harris wird der Teufel zu einem durchtriebenen Bock, ausgerüstet mit einem dritten geöffneten Auge und beeindruckenden Hörnern. Er trägt einen dadaistischen Hut und transportiert einen Phallus von kosmischen Proportionen.

Es gibt viele verschiedene neue *Teufel*, denn jeder Tarotkünstler muß diesen Archetypus auf seine ureigene Art neu erfahren. Die Konfrontation mit den Folgen der Unterdrückung der Natur, der Heuchelei und unseres negativen Denkens läßt uns Menschen kollektiv nach neuen Werten und neuen Symbolen suchen, die uns erlauben, unser wahres Wesen jenseits von Gut und Böse, jenseits von Körper und Geist, jenseits von Gott und Teufel oder Satan und Christus zu leben.

Meditation: Unsere persönliche Hölle betrachten

In dieser Meditation werden wir unser Elend *zulassen* und unser Leid *akzeptieren*. Wir werden unseren Schmerz spüren und unsere persönliche Hölle betrachten, um zu sehen, wie sie zustande kam und wohin sie uns führt. Normalerweise laufen wir ständig vor unserem eigenen Elend davon. Wenn wir uns unglücklich fühlen, schalten wir das Radio oder den Fernseher an; wir beschäftigen uns schnell mit irgend etwas anderem. Wir lesen die Zeitung oder gehen ins Kino oder besuchen unseren Freund oder unsere Freundin. Die meisten Menschen laufen ständig vor sich selbst davon.

«Wenn du dich unglücklich fühlst – mach eine Meditation daraus. Schließe die Tür und setz dich still hin. Laß dich dein Unglück so intensiv wie möglich spüren. Fühle die Verletztheit. Irgend jemand hat dich beleidigt, und du kannst nun vermeiden, den Schmerz darüber zu spüren, indem du diesen Menschen ebenfalls beleidigst. Du beschäftigst dich also mit ihm, anstatt mit dir selbst, doch das hat nichts mit Meditation zu tun. Wenn dich jemand beleidigt, dich verletzt hat, dann schließe deine Zimmertür hinter dir und setz dich ganz still hin, ohne zornig auf den anderen zu sein, und spüre ganz bewußt das Gefühl, das in dir aufsteigt – den Schmerz darüber, daß du zurückgewiesen wurdest, daß man dich beleidigt hat. Du wirst überrascht sein, daß diese eine Person plötzlich zu vielen wird: Alle Männer und Frauen, alle Menschen, die dir jemals weh getan haben, tauchen plötzlich aus deiner Erinnerung auf. Du wirst dich an sie erinnern, du wirst die mit ihnen verbundenen Gefühle wiedererleben. Du wirst eine Art Primärerfahrung durchmachen. Wie tief dein Leid auch sein mag, laß es zu und spüre es in seiner ganzen Intensität. Es wird dir schwerfallen; du wirst vielleicht anfangen zu weinen und dich vor Schmerz auf dem Boden wälzen; vielleicht bekommst du Schüttelfrost oder Krämpfe. Du stellst plötzlich fest, daß der Schmerz nicht nur im Herzen, sondern im ganzen Körper sitzt. Dein ganzer Körper scheint nur noch aus Schmerz zu bestehen.

Wenn du diese Erfahrung zulassen kannst, beginne allmählich, sie in dich aufzunehmen. Wirf diese wertvolle Energie nicht weg. Absorbiere sie, trinke sie, nimm sie in dich auf, heiße sie willkommen und sei dankbar dafür. Sage dir: Diesmal werde ich nicht weglaufen, diesmal werde ich den Schmerz nicht zurückweisen. Diesmal werde ich ihn trinken und wie einen Gast empfangen. Diesmal werde ich ihn verdauen. Es dauert vielleicht ein paar Tage, bis du in der Lage bist, den Schmerz zu verdauen, aber der Tag wird kommen. Du bist vor eine Tür gestolpert, die dir eine völlig neue Perspektive eröffnen kann. Du hast in deinem Leben eine neue Reise begonnen, denn in dem Moment, in dem du den Schmerz ohne den geringsten Widerstand annimmst, verändert sich seine Qualität. Er hört auf, weh zu tun. Es ist eine überraschende Erfahrung. Man kann es nicht fassen. Man kann nicht glauben, daß Leid in Ekstase verwandelt werden kann, daß aus Schmerz Freude werden kann.»[21]

Affirmationen für «Der Teufel»

- Ich akzeptiere meine Gefühle. Ich drücke negative Gefühle aus.
- Ich akzeptiere meinen Körper. Ich bin einverstanden mit allem, was ich ihm zuführe, und mit allem, was ich ihm abverlange.
- Ich genieße es, mich als getrenntes Individuum zu erleben.
- Ich habe das Recht, anders zu sein.
- Je mehr ich mag, was ich bin, desto mehr werde ich zu dem, was ich mag.

Der TURM

Die Dunkelheit um uns herum verdichtet sich noch, wir tasten uns durch Gewölbe und sind von unglaublich dicken Mauern umgeben. Wir erkennen, daß es hier keine Türen gibt, sondern nur Fenster, durch die noch mehr Dunkelheit hereinzuströmen scheint, und wir spüren einen bitterkalten, elektrisch aufgeladenen Luftzug. Plötzlich registriert unser Gehirn eine Kraft, die uns zu überwältigen droht. Etwas unheimlich Gefährliches liegt in der Luft, etwas Furchtbares muß jeden Augenblick geschehen. Aber was könnte *schlimmer sein als die Hölle*? Für jemanden, der am Rand der Nichtexistenz steht, ist selbst die Hölle noch besser als das Nichts. Wach auf, mein Freund, dein Haus steht in Flammen!

Der Turm, den wir für ein ganzes Leben gebaut hatten, stürzt ein wie ein Kartenhaus. Er *war* ein Kartenhaus… und wir hatten all unsere Energie in ihn investiert! Der Elfenbeinturm, der uns für alle Zeiten absondern und schützen sollte, bricht über uns zusammen. Bald wird der Sturm ihn dem Erdboden gleich gemacht haben, und er wird verschwinden wie ein Schloß, das auf Sand gebaut war. Jene Burgen, die wir auf Berggipfeln errichten, stehen in Wirklichkeit nicht sicherer als auf Sand gebaute oder Luftschlösser. Wo auch immer wir unsere Türme bauen, wie stabil wir sie auch konstruieren mögen, es ist immer nur eine Frage der Zeit, wann sie einstürzen, verfallen, vom Winde verweht, vom Wasser hinweggewaschen, vom Zahn der Zeit zerstört werden.

Unsere Türme sollten unsere Macht bezeugen, sollten uns als Symbole für unseren Kampf gegen die Zeit dienen und zeugen doch letztlich nur von unserer Vergänglichkeit und Ohnmacht. Wie die Erbauer des Turmes zu Babel wollten wir beweisen, daß wir nach den Sternen greifen und die Götter herausfordern können. Jetzt aber ist unser Triumphbogen unser Grabstein geworden. Wir haben den Turm des Ego ohne Türen gebaut, damit niemand ihn würde betreten können, und wir waren sicher, daß wir ihn niemals würden verlassen wollen. Nun haben wir nur eine Möglichkeit herauszukommen: Wir müssen *springen*! Wie – aus dem Ego herausspringen? Bist du verrückt? Wir haben unser ganzes Leben darangegeben, unsere Burg zu bauen, aber wir errichteten die Grundmauern unseres Turmes der Unsterblichkeit auf dem Boden der Zeit. Wir waren nicht sehr klug, denn wir rangen auf dem Schlachtfeld der Zeit um Unsterblichkeit.

Wir taten, was uns möglich war, um unsere Illusion aufrechtzuerhalten. Wenn wir ein Haus einstürzen sahen, machten wir eine fehlerhafte Architektur dafür verantwortlich; wenn wir vom Tod eines anderen erfuhren, erkundigten wir uns, welche Krankheit er gehabt hatte. Wir wollten der Realität nicht ins Auge sehen.

Um dieses fließende Bewußtsein, diesen Lichtpunkt, der wir sind, errichteten wir eine feste Struktur, einen Panzer. Wir sperrten unser Bewußtsein hinter Mauern in unserem Kopf, wir isolierten den Körper und versuchten, ihn zur Selbstgenügsamkeit zu erziehen. Verstand und Körper – diese beiden Dinge haben wir verherrlicht und als Fundamente unserer Existenz betrachtet.

Dann, als Verstand und Körper sich aufzulösen begannen,

stellten wir uns vor, daß ihre Essenz in einer geistigen Form weiterlebt. Wir projizierten unseren Traum vom separaten Ego auf die Leinwand des Bewußtseins und schufen uns so eine *separate* oder «unsterbliche Seele», wie wir es nannten.

Diese Seele wurde dann in die Hölle geschickt.

Zumindest schien es für uns die Hölle zu sein, als wir entdeckten, daß unsere «unsterbliche Seele» in der Bestrafung des Fleisches gefangen war.

Es war die Hölle... doch in dieser Hölle waren wir zumindest unsterblich. Unsere Individualität schien gesichert, denn unser Ego durfte weiterexistieren und sich weiterhin nach Belieben produzieren. Die Hölle ist gewiß die Strafe, die das Ego für seine Herausforderung Gottes verdient zu haben glaubt; doch eine Strafe zu verdienen bedeutet immer noch, wenigstens irgend etwas zu *verdienen*. Es mag schmerzhaft sein, doch durch Bestrafung – sogar durch selbstgeschaffene Bestrafung – fühlt sich das Ego gestärkt: Ich bekomme, was *ich* verdiene; dieses *Ich* ist alles, was dabei zählt.

Aus der Sicht des Egos kann man sich mit der Hölle durchaus arrangieren. Was das Ego nicht ertragen kann, ist die Vorstellung, nicht zu existieren, sich vollkommen im Nichts aufzulösen – eine Erfahrung, die durch den Turm symbolisiert wird. Das geht wahrhaftig zu weit: *Ich* soll zerstört werden? *Ich* soll verschwinden? Die Ich-Projektion verliert den Boden unter den Füßen. Das über viele Leben hinweg aufgebaute Konstrukt, unsere Getrenntheit, unser Ego erweist sich als *Traum*, doch diesen Traum wollen wir mit allen Mitteln aufrechterhalten.

Wenn der Träumer nämlich erwacht, *ist alles verloren...* für nichts! Aus dem Blickwinkel des Traumes betrachtet ist das Erwachen das Schlimmste, was geschehen kann. Nicht so für den Träumenden, denn der wacht einfach nur auf, wenn der Traum zerbricht, wie uns die Karte *Der Stern* zeigt.

Da diese Karte nach dem Teufel auftaucht, muß sie ja so etwas wie die Befreiung aus der Hölle bedeuten. Zuvor jedoch, inmitten des Chaos und der Angst, erscheint uns die Erfahrung des *Turmes* schlimmer als der *Tod*. Der Tod führt immer zu einer Wiedergeburt – Name und Form verändern sich, aber die Reise geht weiter; der Reisende existiert weiter.

In der Erfahrung, die der *Turm* symbolisiert, stirbt der Reisende. Plötzlich ist die *Kontinuität* unterbrochen. Das Ego existiert nicht mehr! Danach geht die Reise auf andere Weise weiter: Es gibt keinen getrennt existierenden Reisenden mehr, nur noch den Fluß der Lebensreise.

Nicht jeder geht diesen Weg und erreicht die Spitze des *Turmes*. Viele bleiben für sehr lange Zeit in der Hölle, süchtig nach dem, was sie ankettet, und ziehen das Gefängnis des Ego dem Blitz, der aus dem Himmel kommt, vor.

Kann man ihnen das verdenken? Wie jeder andere Traum zerbricht auch der Traum des Ego nur, wenn wir ihn zum absoluten Alptraum werden lassen. Doch wir sind schon so daran gewöhnt; selbst unsere Hölle ist nicht alptraumhaft genug…

Jedes völlig überraschende, unerwartete Ereignis kann den Blitz der Erkenntnis, den Schock des Erkennens auslösen: ein heftiger Schlag ins Gesicht von deinem Geliebten, die Nachricht, daß du beim Spekulieren an der Börse verloren hast, ein dummer Autounfall, ein Telegramm mit der Nachricht, daß dein bester Freund schwer erkrankt ist... oder wenn du deinen Körper wie in Zeitlupe fallen siehst, nachdem du auf der sprichwörtlichen Bananenschale ausgerutscht bist, oder sogar ein Witz...

Wer bist *du* in diesen Momenten? Bist du das geschlagene Gesicht, der verletzte Stolz? Bist du die Wertpapiere, die du verloren hast? Bist du der Körper, der auf der Bananenschale ausrutschte? Bist du derjenige, der lacht, wenn er den Körper fallen sieht?

Die Erfahrung des *Turmes* stößt uns in die radikalste Identitätskrise, die wir je erleben können: Wer sind wir, wer bist *du* auf diesem Bild?

Bist du der Mann oder die Frau, der/die fällt? Oder bist du der Turm, der zerstört wird? Bist du die Flammen, die am Gemäuer lecken? Oder bist du der Blitz, dessen Gewalt den Turm bersten läßt? Wer bist du in dem Moment, da dein Haus in Flammen steht, deine Krone zu Boden fällt? Wer bist du letztendlich, was ist dein wahres Wesen?

In Allama Prabhus Lied geht es um diese Fragen, diese Momente:

«Wenn es Feuer regnet,
  mußt du wie das Wasser sein.
Wenn eine Überschwemmung kommt,
  mußt du wie der Wind sein;
Wenn es die große Flut ist,
  mußt du wie der Himmel sein;
und wenn es die allerletzte Flut aller Zeiten ist,
  dann mußt du dich aufgeben und zu Gott werden.»[22]

Dynamische Meditation

Diese Meditation ist die Königin unter den aktiven Meditationen. Sie hilft uns mit Sicherheit, unsere persönlichen kleinen Höllen in tausend Stücke zu schlagen und unsere ursprüngliche Schönheit wieder zum Vorschein zu bringen, unsere Fähigkeit zur Freude und zu innerem Frieden. Wenn du bereit bist, nur eine einzige der in diesem Buch beschriebenen Meditationen auszuführen, dann probiere diese aus!

«Erste Phase: 10 Minuten

Atme schnell ohne Unterbrechung durch die Nase ein und aus, und konzentriere dich dabei auf die Ausatmung. Der Atem sollte bis in die Lungenspitzen reichen und der Brustkorb sich bei jedem Einatmen ausdehnen. Atme so schnell du kannst und achte darauf, daß die Atmung tief bleibt. Gehe total in diesem Atmen auf, ohne deinen Körper anzuspannen. Achte darauf, daß dein Nacken und deine Schultern entspannt bleiben. Atme auf diese Weise, bis du buchstäblich zum Atem wirst, und laß zu, daß die Atmung chaotisch ist (das heißt, daß du nicht in einem gleichmäßigen, vorhersagbaren Rhythmus atmest). Wenn deine Energie erst einmal in Bewegung gekommen ist, wird sie anfangen, deinen Körper zu führen. Laß diese Körperbewegungen zu und nutze sie, um dich noch mehr mit Energie aufzuladen. Wenn du deine Arme und den Rest deines Körpers sich auf ganz natürliche Weise bewegen läßt, wird deine Energie automatisch ansteigen. Spüre, wie dein Energiepegel immer höher wird. Gib während der ersten Phase niemals auf, und achte darauf, daß du nicht langsamer wirst.

Zweite Phase: 10 Minuten

Erlaube jetzt deinem Körper, alles auszudrücken, was du fühlst... *explodiere* ... folge deinem Körper, laß zu, daß er die Führung übernimmt. Laß alles los, was aus dir heraus will. Werde total verrückt... singe, schreie, lache, schimpfe, weine, springe, schüttle dich, tanze, trete, wälze dich auf dem Boden. Halte nichts zurück; dein ganzer Körper soll in Bewegung bleiben. Ein bißchen Übertreibung am Anfang schadet nicht, es hilft dir, in Fahrt zu kommen. Laß auf keinen Fall zu, daß dein Verstand sich einmischt. Laß dich total fallen, und versuche, total im Körper zu sein.

Dritte Phase: 10 Minuten

Strecke beide Arme nach oben aus, ohne die Ellbogen durchzudrücken. Achte darauf, daß Nacken und Schultern entspannt sind. Springe nun mit ausgestreckten Armen auf und ab, und rufe dabei laut das Mantra Hoo... Hoo... Hoo. Der Ton soll tief aus deinem

Bauch kommen. Laß das Mantra jedesmal, wenn du mit den flachen Füßen auf dem Boden aufkommst (die Fersen sollen den Boden berühren), tief in dein Sexzentrum hämmern. Gib deine ganze Energie hinein, verausgabe dich total.

Vierte Phase: 10 Minuten

Stop! Halte inne und «friere ein», ganz gleich, in welcher Position du dich gerade befindest. Verharre absolut bewegungslos. Ein Husten, jede kleine Bewegung wird den Energiefluß zerstreuen, und die ganze Mühe war umsonst. Beobachte einfach ganz still alles, was in dir vorgeht.

Fünfte Phase: 15 Minuten

Jetzt ist der Moment des Feierns gekommen… tanze nach der Musik, die nun wieder eingesetzt hat, und drücke all deine Gefühle im Tanz aus. Nimm deine neugewonnene Lebendigkeit mit in deinen Alltag.»[23]

Bei dieser Meditation mußt du absolut wach und achtsam sein, du mußt alles, was du tust, völlig bewußt wahrnehmen. Bleibe der Beobachter. Verliere dich nicht.

Es ist einfach, sich zu verlieren. Schon bei der Atmung kannst du dich selbst vergessen. Du kannst so im Atmen aufgehen, daß du den Beobachter vergißt. Aber das ist nicht im Sinn der Sache. Atme so schnell, so tief wie möglich, gib deine ganze Energie hinein, aber bleibe dennoch Beobachter.

Beobachte, was geschieht, sei einfach ein Zuschauer, so als würde das alles mit jemand anderem geschehen. Das Chaos spielt sich im Körper ab – dein Bewußtsein ist zentriert und schaut zu.

Dieses Beobachten muß während der ersten drei Phasen aufrechterhalten werden. Wenn du dann in der vierten Phase ganz still wirst, einfrierst, erreicht diese Bewußtheit ihren Höhepunkt.»[24]

Affirmationen für «Der Turm»

- Ich darf auch meine stärksten Gefühle zulassen.
- Es gefällt mir, meine Energie explodieren zu sehen. Je mehr ich es zulasse, zu explodieren und gleichzeitig bewußt zu bleiben, desto tiefer ist anschließend der Frieden.
- Ich verzeihe mir, daß ich glaube, von allem getrennt zu sein.
- Ich darf meine Grenzen überschreiten.
- Ich bin intelligent genug, den Kontext inmitten jeder Erfahrung zu ändern.

Der STERN

Wir finden uns in einer kristallklaren Landschaft wieder, einer wunderbaren, leuchtenden Welt voller Schönheit, wo Diamant und Lotus verschmelzen, wo Himmel und Erde eins werden, denn die Schönheit ist überall.

Es ist hellichter Tag, und trotzdem sehen wir am Horizont Sterne über Sterne, wie in der klarsten Nacht. Eine Sternenkonstellation fesselt unsere Aufmerksamkeit ganz besonders, denn sie scheint mit jedem Atemzug des Himmels größer und größer zu werden, geheimnisvolle Hieroglyphen zu bilden und das ganze Firmament auszufüllen. Dieses Sternenbild sieht aus wie eine Krone, mit einem zentralen Stern, dessen tiefes goldenes Licht auch die ihn umgebenden sieben Sterne erstrahlen läßt, die das gesamte Lichtspektrum zurückwerfen.

Unten auf der Erde sehen wir eine weite Landschaft, die unsere Augen erfreut: satte grüne Wiesen, über und über mit wilden Blumen bedeckt. Direkt vor uns liegt ein stiller See, an dessen Ufer eine Frau von atemberaubender Anmut kniet. Es sieht aus, als schwebe sie. Ihr nackter Körper und ihr helles Haar sind von dem gleichen Licht umgeben wie der große Stern am Firmament – die gleiche Schönheit am Himmel und auf der Erde. In ihren leicht ausgestreckten Armen hält sie zwei irdene Krüge, aus denen sich kristallklares Wasser über den See und das ganze Land ergießt. Wie der große Stern am Himmel teilt unsere anmutige Sternenfrau ihre nie versiegende Energie mit ihrer Umgebung. Jetzt sind wir soweit, daß wir die Sterne am hellichten Tag, das Endliche und Unendliche *gleichzeitig* sehen können: die grüne Erde und die Sternenwelten, von denen sie umgeben ist. *So* also sieht die Welt aus, wenn wir unsere Dunkelheit erst einmal hinter uns gelassen haben!

Um die Sterne zu entdecken, müssen wir aus unserem dunklen Tunnel herauskommen. Dann spüren wir das Leben, das überfließende Leben. Der Überfluß kommt nämlich erst dann auf uns zu, wenn wir unser Besitzdenken aufgegeben haben. Wenn wir aufhören, einzelne Teile einzufordern, bekommen wir das *Ganze* als Geschenk. Wenn wir erkennen, daß uns nichts *gehört* – weder unser Körper, noch unser Geist, ja noch nicht einmal unser Atem –, dann ist das ganze Universum unser.

Das ist so überwältigend und doch so einfach. Hier werden wir nun Zeuge des Geheimnisses, des Geheimnisses aller Geheimnisse, das man nicht weitersagen kann, weil es nichts nützt, wenn man es nur glaubt, ohne es zu erfahren: Das Land des Diamanten, das goldene Paradies, der Garten Eden ist hier – hier und jetzt – und da war er schon immer.

Seht ihr? Der Engel hat seine Flügel verloren, denn er muß nirgends mehr hinfliegen. Die *Herrscherin* hat ihre Gewänder abgelegt, denn es gibt nichts mehr zu verbergen.

Wir haben in sehr kurzer Zeit eine sehr lange Reise gemacht

von der erzwungenen Herrschaft Satans hin zur nackten Einfachheit, der graziösen Verbeugung unserer Sternenfrau.

Die stechenden Augen des *Teufels*, seine zornig zusammengezogenen Brauen, sein Machthunger standen im Brennpunkt der Karte XV. Diese Augen waren nur von Dunkelheit, von schwarzer Nacht umgeben, und der einzig sichtbare Stern war der schwarze Stern auf des *Teufels* Stirn. Doch es war nur eine Karikatur eines Sternes, ein leeres Symbol, ohne Licht, ohne Leben, dessen Spitze nach unten zeigte – ein gefallener Stern auf der Stirn eines gefallenen Engels.

Als wir im Energiefeld des *Teufels* gefangen waren, waren wir völlig verschlossen, undurchlässig und egozentrisch, von uns selbst besessen. Wir hatten unsere Verbindung *zum Kosmos* verloren. Wir glaubten, wir seien alles, unser Ego sei alles. Niemand konnte wirklich unser Inneres berühren, denn wir hatten beschlossen, daß außer uns nichts existierte, und wir hatten uns mit einer dicken Mauer umgeben, um uns selbst zu beweisen, daß wir in dieser unwirklichen Dunkelheit allein sind, daß es keinen Kosmos, keinen Gott gibt.

Nichts konnte uns wirklich erreichen, denn die Krone unseres Ego hielt alles von uns fern. Diese Krone mußte fallen. Der schwarze Stern wird zu einem großen Blitz: *Der Turm* wird zerstört, damit die Energie fließen und der echte Stern scheinen kann.

Jetzt erkennen wir, daß wir Teil des Kosmos sind: In diesem Augenblick, in diesem Körper, auf dieser Erde sind wir eingebettet in das Unendliche, das uns umgibt. Können wir es nicht *sehen*, wenn wir zum Himmel aufschauen? Wir sind eine Ausdrucksform dieses unendlichen Energiefeldes, wir sind Teil dieses großen Ganzen, wir schwimmen in dieser kosmischen Gebärmutter.

Was geschieht, wenn wir die Sterne betrachten? Wenn wir sie wirklich anschauen und uns von der Erhabenheit dieses Anblicks berühren und bezaubern lassen, kommt der Moment, wo das Unendliche, das uns umgibt, uns auf das Unendliche *in unserem Innern* zurückwirft. Unser Bewußtsein wird zu einer Welle des unendlichen Ozeans in unserem Inneren, des Ozeans, der wir sein können, der wir sind.

Wir ketteten uns selbst an die dunkelsten Kräfte, denn wir hatten Angst, in den unendlichen Himmel zu fallen.

Wir bauten Raketen, die den Himmel durchlöchern. Wir schufen ein riesiges Potential atomarer Zerstörungskraft, um uns eine Zukunft zu sichern und das Bruttosozialprodukt zu steigern…

nur um die Sterne zu vergessen! Um den Kosmos zu ignorieren, um gegen den unglaublichen Frieden des Firmaments zu rebellieren, diesen unfaßbaren, unendlichen Raum voll überfließender Energie, die sich in Mustern einer Harmonie und Schönheit ausdrückt, für die es in unserer Sprache keine Worte gibt.

Das Negative muß zu einem Höhepunkt kommen, muß akzeptiert und ans Licht gebracht werden. Das ist die Aufgabe der Karte XVI: die Wunde offenzulegen, damit Heilung geschehen kann.

Wie könnten wir ohne das Ego zu Egolosigkeit kommen, wie könnte ohne Hoffnungslosigkeit Hoffnung aufsteigen? Wir müssen eine fast unerträgliche Gefühlsintensität erreichen, bevor wir bereit sind, *aufzuwachen* und zu entdecken, daß wir bereits in Ekstase, im Tao leben. Ich habe Menschen beobachtet, die sich nach Therapiesitzungen, kathartischen Meditationen oder Wachstumsgruppen in diesem Zustand befanden, im gesegneten Zustand des *Sterns*: Sie leuchteten und wirkten so fließend, als bestünden sie aus Wasser und Licht. Diese Wandlung vollzieht sich immer nach einem bestimmten Muster.

Zuerst hält man so fest, wie man kann; man erstarrt in einer Pose der Unterdrückung, die Negativität anzieht und akkumuliert wie ein schwarzes Loch, das alle Energie schluckt. Dann die Katharsis, die Explosion – die Tränen, die Schreie, die Intensität des Schmerzes – und plötzlich, unerwartet, die Freude, die Liebe, das Lachen, die Fülle, die Dankbarkeit, die überfließende Energie.

Das Schöne daran ist: All das war schon immer da; wir können es jederzeit haben. Kleine Kinder befinden sich ständig in diesem Zustand, wie die Bäume und die Vögel. Wir leben in dieser Energie, wir *sind* diese Energie.

Der STERN

In Wirklichkeit herrschte niemals Mangel; das ist unmöglich, denn Überfluß ist das Gesetz der Schöpfung. Es gab auch keine Sünde, außer in unserem Schlaf. Die Trennung existierte nie wirklich, wir träumten nur, wir seien getrennt. Jetzt sind wir aufgewacht, sind voller Unschuld und eins mit der überfließenden Lebenskraft.

Prayer-Meditation

Sich bewußt mit der Energie, die vom Himmel kommt, aufzuladen und sie mit der Erde zu teilen – als Kanal für die Gnade des Himmels zu dienen –, das ist die Erfahrung des Gebets, die wir mit dem *Stern* machen. In diesem «Gebet» wird um nichts gebeten, wird nichts verbalisiert; es ist einfach eine Erfahrung des Göttlichen, keine Bitte um Gottes Hilfe.

«Dieses Gebet sollte nachts in einem dunklen Raum direkt vor dem Schlafengehen ausgeführt werden. Man kann es auch auf morgens verlegen, aber es ist wichtig, daß man danach noch 15 Minuten ruht. Diese Ruhepause ist notwendig, weil man sich sonst nach dieser Meditation benebelt und abgehoben fühlt. Wenn du mit der kosmischen Energie eins wirst, so ist das ein Gebet, das dich verwandelt, und wenn *du* dich veränderst, verändert sich die gesamte Existenz.

Strecke beide Arme mit nach oben gerichteten Handflächen zum Himmel aus und spüre, wie die Lebenskraft des Kosmos in dich hineinströmt. Du wirst ein leichtes Zittern in den Armen spüren. Sei wie ein Blatt im Wind, laß dich von der Energie bewegen. Laß zu, daß dein ganzer Körper anfängt zu vibrieren, und laß alles geschehen, was geschehen will.

Du wirst dich wieder mit der Erde verbunden fühlen. Himmel und Erde, oben und unten, Yin und Yang, männlich und weiblich – du fließt, vereinigst dich, läßt dich völlig fallen. *Du* existierst nicht mehr... du wirst Teil des großen Ganzen, verschmilzt mit allem. Nach einigen Minuten oder dann, wenn du dich vollkommen mit Energie aufgeladen fühlst, beugst du dich vornüber und berührst mit dem Gesicht den Boden. Du wirst zu einem Vehikel, damit sich die Energie des Himmels mit der der Erde verbinden kann.

Wiederhole diese beiden Phasen sechsmal, so daß jedes einzelne Chakra sich öffnen kann. Du kannst sie auch noch öfter wiederholen, aber sie sollten auf keinen Fall weniger als sieben Mal wiederholt werden, sonst wirst du unruhig und kannst nicht schlafen.

Gehe in diesem Zustand des Gebets zu Bett. Während du einschläfst, wird diese Energie dich begleiten, und das wird dir sehr gut tun, denn sie wird dich die ganze Nacht über einhüllen und auf dich wirken. Am Morgen fühlst du dich frischer als je zuvor. Du spürst ein ganz neues Lebensgefühl, eine neue Schwingung, ein neues Lied in deinem Herzen und eine neue Beschwingtheit in deinem Gang.»[25]

Affirmationen für «Der Stern»

- Ich genieße es, zu geben und zu empfangen. Je mehr ich gebe, desto mehr empfange ich.
- Ich nehme dankbar den Überfluß des Lebens an.
- Ich darf mich zeigen; ich darf loslassen.
- Jeder befindet sich ständig in einem Zustand der Ekstase, ganz gleich, ob wir es erkennen oder nicht.
- Ich kann zulassen, daß meine Symptome von der Energie, die mir ein gutes Körpergefühl gibt, aufgelöst werden.

Der MOND

Die hell scheinende Scheibe des Vollmondes hängt tief am Himmel und beleuchtet eine nächtliche Szenerie. Direkt vor uns erstreckt sich ein Weg, der sich in einiger Entfernung in der Nacht verliert; er wirkt einsam und gefährlich – vielleicht ist es ein Weg ohne Wiederkehr. Zu unseren Füßen kriecht ein Krebs aus einem dunklen Gewässer; ein Hund bellt in die dunkle Nacht hinaus, und ein Wolf sitzt mit gefletschten Zähnen da und blickt gen Himmel, als sei er mondsüchtig.

So sind wir nun an den Grenzen des Bekannten angelangt. Links und rechts des Weges stehen Wachtürme wie eine Warnung: Dahinter liegt Niemandsland. Es war eine lange Reise, ausgehend von den ursprünglichen Wassern des Lebens, die wir zögernd verließen, durch die gesamte Evolutionsgeschichte des Tierreiches, bis hin zum Licht des Bewußtseins, das wir entdeckt haben und das vom *Mond* verkörpert wird.

Die Mondin läßt ihr Licht, ihre mitfühlende Präsenz über dem Weg, der ins Unbekannte führt, leuchten. Dank ihr werden wir diese längste aller Nächte durchstehen können – wir hofften es zumindest, denn wir wissen, daß jeder Sucher, jeder Meditierende, jeder Poet, eines Tages mit dieser «dunklen Nacht der Seele» konfrontiert wurde.

«Steige hinab, steige nur hinab
In diese Welt der endlosen Einsamkeit,
Welt nicht Welt, sondern das, was nicht Welt ist,
Innere Dunkelheit, Not
Und völlige Entsagung von allem,
Was wir unser eigen nannten.»

T.S. Eliot

Beim *Stern* öffneten wir unsere Augen für die Unendlichkeit der manifestierten Welt. Jetzt, beim *Mond*, bewegen wir uns in die Unendlichkeit unserer Innenwelt hinein; wir loten unser Bewußtsein aus, wir folgen dem Licht und suchen nach der Quelle. Mit unserem Wissen machten wir uns auf den Weg ins Unbekannte, bewußt betraten wir das Unbewußte.

Jedenfalls nannten wir es das Unbewußte – was für eine grandiose Projektion! Wir waren unbewußt, wir wußten nicht, was unter unserer Oberfläche verborgen lag, konnten unser inneres Licht nicht sehen. Jetzt, nachdem wir es gewagt haben, den dunklen Raum zu betreten und bereit sind, ihn zu erforschen, stellen wir fest, daß wir in immer tiefere Bewußtseinsräume vordringen, daß wir Schicht um Schicht der Psyche entdecken, und wir sehen, daß das Licht unserer eigenen Wahrnehmung das einzige Licht ist, das uns auf dem Weg leuchten kann.

Wir begegnen dem *Mond* in unseren tiefsten Traumzuständen, auf unseren nächtlichen Entdeckungsreisen der Seele; bei unserer Arbeit mit vergangenen Leben oder mit Phantasiereisen, bei Hypnosesitzungen, bei außerkörperlichen Erfahrungen, immer dann, wenn wir uns außerhalb des Kontrollbereichs unseres bewußten Ego aufhalten; auch in jenen Momenten, in denen wir unser Leben plötzlich für kurze Zeit aus einer Distanz wahrnehmen und seine ganze Bedeutung erfassen, oder wenn wir auf einmal die Wechselbeziehung und ursprüngliche Verbundenheit aller Lebewesen auf diesem Planeten spüren und Mitgefühl für alle Kreaturen und Pflanzen empfinden – auch dann, wenn wir entgegen aller Vernunft vertrauen, oder in jenen schlaflosen, sternklaren Nächten, in denen alles unbestimmt und voll unaussprechlicher Mysterien ist…

Die *Herrscherin* Gaya war die Hüterin des Gartens Eden, die Fruchtbare, die Weisheit des Lebens auf der Erde. Die *Mondin* ist ihre Mutter, ihre Amme, die mit ihrer einsamen Präsenz die durch sie fließende kosmische Energie und die von ihr reflektierten Sonnenstrahlen auf den Planeten Erde schickt.

Gaya ist ihrem Wesen nach menschlich sie ist die Göttin des Endlichen. Die Mondin ist kosmisch; sie ist die Hüterin des Unendlichen, unsere Verbindung zum Kosmos. So, wie unsere Augen zunächst von der Mondin und ihrem sichtbaren Mysterium bezaubert sind, bevor sie einen Blick in die Unendlichkeit des Universums wagen, so ist unser Bewußtsein bereit, einen Sprung von der manifestierten Welt in unser inneres Universum, von der Reflexion zum Realen zu wagen.

Es ist ein Abstieg in die kollektiven, rassischen, ursprünglichen Schichten der Psyche, und die einzigen Reisegefährten, die wir dort finden, sind unsere tiefsten Instinkte.

Das einzige Licht, das dort scheint, ist unser eigenes inneres Licht.

Die Mystiker aller Zeiten sprachen immer von diesem Abstieg in die Tiefen der Seele, durch den ihr Bewußtsein kristallisierte und zu einem ewig gegenwärtigen, alles reflektierenden Bewußtseinsstrom wurde, der sich dennoch stets von allen Visionen, allen Träumen, allen Objekten, von jedem Namen, jeder Form und jeder Erscheinung trennt und immer nur die Quelle jeglichen sichtbaren Lichtes bleibt.

Von nun an werden wir wirklich zum Zeugen, zum Beobachter, zum Spiegel, der still alles zurückwirft, was an ihm vorüberzieht. Durch diese Konfrontation mit dem psychischen Erbe aller bewußten Lebensformen erkennt das Bewußtsein sich selbst als reines Licht. Und es ist tatsächlich reflektiertes Licht, denn es ist das einzige Licht, das wir *sehen* können.

Wenn wir zur *Quelle* des Lichtes, zur Sonne, vordringen, sind wir nicht in der Lage, sie anzuschauen, denn sie wird uns blenden. Vielleicht galt aus diesem Grunde im Osten von jeher der Vollmond und nicht die Sonne als Symbol für Erleuchtung, für das voll erwachte Bewußtsein. In einer heißen indischen Nacht, als der Vollmond im Skorpion stand, verschwand Gautma Siddharta am Horizont und Gautama Buddha wurde geboren.

Meditation: Mit den inneren Augen sehen

Diese Meditation hilft uns, unsere inneren Sinne zu erwecken; wir bewegen uns in unsere innere Welt hinein, beobachten Körper und Geist mit unseren inneren Augen, bis wir einfach zum Beobachter geworden sind.

Shiva sagte:
Schließe die Augen und betrachte
alle Einzelheiten deines inneren Wesens.
So siehst du deine wahre Natur.

«Schließe deine Augen; doch es genügt nicht, sie einfach nur zuzumachen. Sie vollkommen zu schließen heißt, daß auch die geringste Bewegung aufhört... Schließe deine Augen so total, daß du nichts mehr siehst – weder ein äußeres Objekt, noch ein inneres Bild eines äußeren Objektes. Da ist nur eine glatte, dunkle Fläche, so als wärst du ganz plötzlich blind geworden – und zwar nicht nur blind für die äußere Realität, sondern auch für die Traumwelt.

Man muß das üben, und es dauert sehr lange, bis man diese Technik beherrscht; es gelingt nicht plötzlich...Versuche es also immer, wenn du Zeit hast. – Schließe deine Augen und laß auch jegliche innere Bewegung deiner Augen zum Stillstand kommen. Und eines Tages wirst du plötzlich feststellen, daß du in dein Inneres hineinschaust... Du weißt nicht, wie dein Körper von innen aussieht, denn du hast deinen inneren Raum noch nie zuvor betreten; noch nie hast du dich in der Mitte deines Körpers aufgehalten und dein Wesen von innen betrachtet.

Schließe deine Augen, betrachte dein inneres Wesen in allen Einzelheiten, erforsche einen Körperteil nach dem anderen. Fang bei deinen Zehen an. Verweile dort eine Zeitlang und schau. Bewege dich dann durch das Innere des Beines hinauf zu den anderen Körperteilen.

Du wirst überrascht sein, was geschieht…

Schließe deine Augen; betrachte dein inneres Wesen in allen Einzelheiten. Das ist der erste Schritt: deinen Körper von deinem inneren Zentrum aus zu betrachten. In diesem Moment wirst du vom Körper getrennt sein, denn der Beobachter ist immer vom beobachteten Objekt getrennt.

Wenn du deinen Körper wirklich von innen betrachten kannst, dann kannst du nicht mehr der Illusion anheim fallen, daß du der Körper bist… Das ist der erste Schritt…

Jetzt kannst du anfangen, in die Tiefe deiner Gedankenwelt vorzudringen. Wenn du deine Mentalebene von innen betrachtest, wirst du dich nach und nach auch von deinem Verstand trennen. Dann wirst du erkennen, daß auch der Verstand ein Objekt ist, das du einfach beobachten kannst, denn auch das, was den Verstand beobachtet, ist wiederum getrennt. Das ist es, was Shiva meint, wenn er sagt: ‹Betrachte dein inneres Wesen in allen Einzelheiten.› Betritt Körper und Verstand und betrachte sie von innen. Dann bist du nichts als ein Beobachter, ein Zeuge, und das ist dein innerster Kern; das bist du.»[26]

Affirmationen für «Der Mond»

- Ich kann mich sicher fühlen, wenn ich meinen inneren Raum erforsche.
- Ich darf mich an meine Träume erinnern.
- Ich kann mich sicher fühlen, wenn ich andere Bewußtseinszustände erlebe.
- Ich kann mein Ego jetzt zurückstellen und alles geschehen lassen, was geschehen will.
- Ich genieße es, zu meditieren. Je öfter ich meditiere, desto mehr Licht manifestiere ich in meinem Innern.

Die SONNE

Die SONNE

Am Horizont steht eine riesige Sonne und sendet ihre Strahlen auf die Erde. Sie kündigt einen neuen Tag an, und ihre Wärme, ihr Licht, läßt den blauen Himmel leuchten. Wir spüren unzählige Sonnenstrahlen auf unserer Haut; sie wärmen unser Herz und unsere Knochen. Alles Leben auf der Erde erwacht.

Erlebe diesen Tag bewußt!
Denn er ist das Leben – das wirkliche Leben!
Die kurze Zeitspanne dieses Tages birgt alle
Ereignisse und Realitäten
deiner Existenz:
die Freude des Handelns,
die Seligkeit des Wachsens,
den Glanz der Schönheit.
Gestern ist nichts als ein Traum
und morgen nur eine Vision,
aber wenn wir heute wirklich gelebt haben,
wird jeder Tag zu einem Traum des Glücks
und jeder neue Morgen zu einer Vision der Hoffnung.
Schau dir deshalb diesen heutigen Tag genau an.

Hinter einer alten Ziegelmauer lugen die Köpfe von Sonnenblumen hervor. Vor der Mauer sehen wir ein nacktes Kind, das ohne Sattel auf einem wunderschönen Pferd reitet. Das Kind braucht keine Zügel und keinen Sattel, weil hier keine Gefahr lauert und deshalb auch keine Kontrolle nötig ist.

Alle schauen uns an: die Sonne, die Sonnenblumen, das Kind; sie laden uns ein, heißen uns willkommen. Die Sonne… *schaut uns* an? Sie spiegelt sich in uns, wie wir uns in ihr spiegeln? Irgend etwas in uns weiß mit absoluter Sicherheit, daß sich in diesem Moment der Kreis geschlossen hat. Hier ist die eine *Kraft*, die sich zweifellos in vielen widerspiegelt – in Myriaden von Lebensformen, Pflanzen, Tieren, Kindern –, aber letztendlich ist es *eine* Kraft.

Oh, das reine Licht der Sonne… Wie lange haben wir danach gesucht! Wenn wir zurückblicken, sehen wir, daß unser Leben – bewußt oder unbewußt – eine Pilgerreise zurück zur Quelle war.

Seit wir die Sonne hinter uns gelassen hatten (auf den strahlenden Gipfeln des *Narren*), konnten wir in bestimmten wichtigen Augenblicken unseres Lebens, in den tiefen Erfahrungen von Liebe, Tod und Meditation immer wieder einen Schimmer von ihr sehen.

Es sind jene Bewußtseinszustände, die wir am meisten fürchten und von denen wir uns dennoch am stärksten angezogen fühlen, denn in diesen Augenblicken berührt uns das Jenseitige, aus dem der *Narr* herausgefallen ist. In solchen Zeiten sehen wir auch unser Ego schwinden: Es löst sich in unserem Geliebten auf, verschwindet im dunklen Abgrund der Vergangenheit, verflüchtigt sich wie ein Traum im Lichte unserer meditativen Bewußtheit.

Die Sonne war immer weit entfernt, unerreichbar und oft nur teilweise sichtbar, aber sie erinnerte uns stets daran, *daß es eine Quelle* gibt, ein Zentrum des Lichts, des Lebens und der Bewußtheit. Dieses Zentrum befindet sich jenseits unserer Grenzen, und wenn wir den Mut finden, diese Grenzen zu überschreiten, können wir es sehen und spüren. Im kleinen Tod des sexuellen Orgasmus oder indem wir die Vergangenheit loslassen, können wir einen Schimmer des Ewigen erfassen, und im ununterbrochenen Fluß unserer Meditation entdecken wir das Transzendentale. Es ist jedes Mal die gleiche Sonne, die wir sehen.

Jetzt ist die Sonne hier, direkt vor uns. Sie ist das *eine*, das Ewige, das Transzendentale; sie ist die Quelle des Lichts, des Lebens, das *wir* sind. Sie ist das Ziel unserer Pilgerreise.

Die Sonne, das Kind, das Tier – sie sind weit mehr als bloße Metaphern oder Symbole. Haben wir die Sonne jemals wirklich bewußt wahrgenommen? Haben wir bewußt ihre Wärme und Liebe auf unserem Körper gespürt? Haben wir uns je bewußt gemacht, daß sie unsere Quelle, unser Zentrum, unser kosmischer Vater und unser unermüdlicher Lebensspender ist? Essen wir nicht täglich die mit ihrer Hilfe gereiften Früchte? Haben wir nicht schon oft nachts den Mond beobachtet, der die Energie der Sonne reflektiert und nach unseren Bedürfnissen kanalisiert? Haben wir nicht schon oft gespürt, wie der Mond unsere Seele nährt und unseren Schlaf beschützt? Und dann sagte man uns, daß Sonne und Mond Vater und Mutter «symbolisieren», das männliche und das weibliche Prinzip verkörpern!

Haben wir jemals wirklich bewußt in die Augen eines Kindes geschaut? In ihnen liegt Unschuld und Reinheit, Bewußtheit ohne Selbstbewußtheit, Leben ohne irgendeine Spur von Unterdrückung, grundlose Freude, Vertrauen ohne Berechnung. Kleine Kinder sind keine «Symbole» für die Unschuld, sie *sind* Unschuld. Und die Sonne ist kein Symbol für die Quelle, sie ist die sichtbare Quelle, das manifestierte Zentrum und wird als solches seit Urzeiten verehrt. Die Mystiker sagen, daß hinter unserer physischen Sonne noch eine andere Sonne existiert, von der die sichtbare

Sonne nur der Körper ist, denn es gibt ein Licht *hinter unserem Bewußtsein*, für das unser Bewußtsein nur ein Kanal ist. So, wie wir nicht lange in die physische Sonne schauen können, können wir auch nicht direkt in unser inneres Licht blicken – außer beim Tarotspielen.

Wir können nicht in die Sonne blicken, und wir können nicht in unser eigenes Lichtzentrum schauen. Wir befinden uns in diesem Zentrum, wir sind dieses innere Licht; deshalb können wir es nicht objektivieren und sehen. Aber wir können darin baden, wir können es ungehindert durch uns hindurch scheinen lassen, wir können uns an diesem reinen Leuchten erfreuen und das Wunder des Lichtes feiern, wie wir in der folgenden Meditation sehen werden.

Meditation über das «Goldene Licht»

«Die beste Zeit für diese Meditation ist frühmorgens vor dem Aufstehen. Wenn du aufgewacht bist und dich ganz wach fühlst, solltest du *zwanzig Minuten* lang nach dieser Methode meditieren. Es sollte das *erste* sein, was du morgens tust! Meditiere sofort nach dem Aufwachen, noch im Bett liegend, denn in diesem Moment bist du sehr empfänglich und empfindsam. Wenn du gerade aufgewacht bist, bist du noch ganz frisch, und die Meditation kann dann sehr tief in dich eindringen.

Alle alten Religionen kannten den Brauch, frühmorgens bei Sonnenaufgang zu beten, denn wenn die Sonne aufgeht, erwachen alle Lebensenergien. Deshalb kannst du in dieser Zeit einfach auf der stärker werdenden Energiewelle reiten. Abends würde diese Meditation dir schwerer fallen, denn die Energien ziehen sich wieder zurück, und du müßtest gegen den Strom schwimmen.

Lege dich im Bett auf den Rücken, und halte die Augen geschlossen. Visualisiere nun beim Einatmen ein intensives Licht, das durch deinen Kopf in deinen Körper einströmt, so als ob eine Sonne direkt neben deinem Kopf aufgegangen wäre. Goldenes Licht ergießt sich in deinen Kopf. Du bist ganz leer; das Licht fließt durch den ganzen Körper und verläßt ihn wieder durch deine Fußzehen.

Visualisiere beim Ausatmen Dunkelheit, die durch deine Zehen in deinen Körper dringt. Ein großer dunkler Fluß strömt durch deinen Körper und verläßt ihn durch den Kopf. Atme langsam und tief, damit du besser visualisieren kannst. Atme ganz langsam.

Ich wiederhole: Atme ein und laß das goldene Licht in deinen Kopf strömen, denn dort wartet die goldene Blume auf dich. Dieses goldene Licht wird dir helfen, deinen Körper zu reinigen und ihn mit kreativer Energie zu füllen. Das ist die männliche Energie.

Beim Ausatmen läßt du dann die Dunkelheit, die tiefste Schwärze, die du dir vorstellen kannst, wie einen Fluß in deine Fußzehen fließen und in deinem Körper aufsteigen – (das ist die weibliche Energie; sie wird dich offener und weicher machen, sie wird dir Ruhe schenken) – und aus dem Kopf wieder herausströmen. Beim nächsten Atemzug fließt das goldene Licht wieder in dich hinein.

Führe diese Meditation am frühen Morgen zwanzig Minuten lang durch. Nach drei Monaten wirst du überrascht sein: Die Energie, die sich sonst immer im *Muladhar-Zentrum*, dem Sex-Zentrum, sammelte, steigt nun nach oben. Sie bewegt sich zum Zentrum des Lichtes hin.»[27]

Affirmationen für «Die Sonne»

- Ich liebe das Leben; ich liebe die Liebe; ich liebe das Lachen.
- Ich besitze die Weisheit, alles zu feiern.
- Ich liebe das Kind in mir. Ich kann gefahrlos meinem inneren Kind begegnen.
- Ich bin dankbar dafür, daß ich am Leben bin.
- Ich bin glücklich, daß ich geboren wurde, und alle anderen sind ebenfalls glücklich darüber.

GERICHT

Wir erwachen. Ein Engel weckt uns mit seiner himmlischen Musik. Die Klänge dringen bis in unser innerstes Wesen, und wir steigen aus unseren Gräbern heraus, aus den quadratischen Gefängniszellen unserer getrennten Identitäten. Neues Leben durchflutet uns, wir sind wiedergeboren, und unsere Körperhaltung spiegelt Akzeptieren, Dankbarkeit und das Feiern des Lebens. Und nicht nur du und ich werden wiedergeboren, nicht nur Adam und Eva, die beiden *Liebenden* – jeder wird wiedergeboren. Auf keiner anderen Tarotkarte sahen wir so viele Figuren. Und alle werden auf den Gipfeln wiedergeboren, auf den schneebedeckten Gipfeln, wo der Narr in Ewigkeit tanzt. Zum ersten Mal können wir nun die Augen des Engels sehen.

Auf der Karte der *Liebenden* hielt der Engel seine Augen geschlossen, als er die beiden Menschen segnete, um ihre Einheit nicht zu stören. Himmel und Erde aber waren damals noch getrennt: Adam konnte den Engel nicht bewußt wahrnehmen, er konnte weder die Sonne noch die göttliche Energie spüren; nur Eva konnte einen Schimmer der übernatürlichen Gegenwart erhaschen. Wenn wir lieben, sind wir von göttlichen Energien umgeben, aber nur unsere weibliche, intuitive Seite kann sie sehen.

Auf der Karte *Mäßigkeit* kam der Engel in unseren Garten herunter, und für einen kurzen magischen Moment berührten seine Füße das Gras und transformierten die Qualität unserer Alltagserfahrung. In der Meditation wurden wir, die Erde, für einen Moment vom Himmel berührt. Nun, auf der Karte *Gericht*, sind wir es, die hinauffliegen und dem Ruf des Himmels folgen.

Jetzt ruft der Himmel uns allen zu, aus unseren Gräbern herauszusteigen, unsere illusionären Verteidigungsmechanismen fallen zu lassen, unsere tödlichen Konditionierungen, unsere getrennten Identitäten und unsere einseitige Identifikation mit dem Ego aufzugeben. Wir werden aufgerufen, uns als das zu sehen, was wir sind: kollektive Mitschöpfer, Zellen eines kosmischen Körpers, das Bewußtsein einer atmenden Erde, die Seele eines lebendigen Ganzen.

Es ist das Erwachen eines neuen, ganzheitlichen, vernetzten Bewußtseins, das alle Glaubenssysteme, Nationen und Religionen transzendiert; es ist die Geburt neuer Männer, neuer Frauen und neuer Kinder, die nicht mehr durch den Traum einer separaten Existenz hypnotisiert sind, die nicht mehr konditioniert und schlafend durchs Leben gehen, sondern bewußt, intensiv und lebendig, und die die Einheit allen Bewußtseins, allen Lebens feiern. Dieser Archetypus spiegelt nichts Geringeres als das *Aufsteigen des Bewußtseins auf eine planetarische Ebene*. Das ist kein metaphysischer Sprung ins Blaue. Von unserer gemeinsamen *praktischen* Verwirklichung dieses Arkanums auf spiritueller, kultureller und technologischer Ebene hängt vielmehr unser Überleben als Spezies, als Planet, als *Ganzes* ab.

Während sich der Alptraum der Trennung in der Morgendämmerung, im Licht des Bewußtseins auflöst, setzen wir zu einem weiteren Sprung in unserer Evolutionsgeschichte an. Es ist das Ende des prähistorischen Zeitalters und die Geburt einer feiernden Menschheit. In der christlichen Tradition symbolisierte dieser Archetypus das Jüngste Gericht, die Wiederkehr Jesu, die Apokalypse, doch jetzt begreifen wir: Kein Urteil wird am Tag des Jüngsten Gerichts gefällt – neues Leben wird uns geschenkt und in Dankbarkeit angenommen.

Ihr könnt es sehen: Niemand wird verurteilt, verdammt oder zurückgewiesen – jeder wird angenommen, aufgenommen, denn alle gehören dem Einen an, und der Eine ruft uns. Ja, es ist die Wiederkehr, aber nicht die unserer Jesusse oder Maitreyas, die zurückkehren, um ihr unerfüllbares Versprechen einzulösen. Heute erfüllt sich ihr Versprechen über jede Erwartung hinaus: im Erwachen eines neuen Bewußtseins des Lichtes und der Liebe, das sich im Leben und in den Herzen der Millionen von Menschen manifestiert, die jetzt bereit sind, eine Wiedergeburt zu erleben.

Ja, Maitreya, Jesus, Krishna werden wiedergeboren – in unserem Herzen, in unserem Geist und unserem Körper. Das erste Mal kam Jesus auf die Erde, doch diesmal kommst du. Wir sind in unserem Bewußtsein auf tiefster Ebene verbunden. Wenn nur ein einziger von uns diesen Gipfel des Bewußtseins erreicht, sind wir alle herausgefordert und aufgerufen – denn jede Blüte, die sich öffnet und ihren Duft verströmt, wird zu einem Versprechen und einer Bestimmung für alle Knospen.

Meditation: Whirling

Whirling ist eine uralte Sufitechnik. Zu dieser Meditation kann eine sich zyklisch wiederholende Musik gespielt werden, die das Drehen erleichtert und dir hilft, deinen eigenen Rhythmus zu finden.

«Drei Stunden vor der *Whirling*-Meditation sollte man nichts mehr essen oder trinken. Sie sollte am besten barfuß und mit lockerer Kleidung ausgeführt werden.

Die Meditation ist in zwei Phasen aufgeteilt, in die *Whirling*- und Ruhephase. Es gibt keine zeitliche Begrenzung für das *Whirling*. Du kannst dich stundenlang drehen, aber du solltest es mindestens eine Stunde lang tun, um ganz in den Energiestrudel eintauchen zu können.

Du drehst dich auf einem Punkt entgegen dem Uhrzeigersinn; der rechte Arm wird nach oben, der linke nach unten ausgestreckt. Wenn du dich bei der Drehung gegen den Uhrzeigersinn unwohl fühlst, kannst du dich auch im Uhrzeigersinn drehen. Achte darauf, daß dein Körper entspannt ist und deine Augen offen sind, aber fixiere keine Gegenstände, alles soll verschwimmen und fließen. Sei ganz still, während du dich drehst.

Drehe dich in den ersten fünfzehn Minuten ganz langsam. Steigere dann in den nächsten dreißig Minuten allmählich die Geschwindigkeit, bis die Bewegung sich verselbständigt und du zu einem Strudel von Energie wirst. – An der Peripherie bist du ein Sturm der Bewegung, aber der Zeuge in deinem Inneren bleibt still und beobachtet. Wenn du dich so schnell drehst, daß du nicht mehr aufrecht bleiben kannst, wirst du von selbst umfallen. Versuche nicht, den Zeitpunkt des Falls selbst zu bestimmen oder die Landung im voraus zu arrangieren; wenn dein Körper entspannt und weich ist, wirst du auch weich landen, und die Erde wird deine Energie aufnehmen.

Nachdem du umgefallen bist, beginnt der zweite Teil der Meditation. Rolle dich sofort auf den Bauch, so daß dein Nabel in Kontakt mit der Erde ist. Fühlst du dich in dieser Position jedoch sehr unwohl, dann drehe dich auf den Rücken. Spüre, wie dein Körper in die Erde einsinkt, wie ein kleines Kind, das an die Brust der Mutter geschmiegt ist. Halte deine Augen geschlossen und bleibe mindestens fünfzehn Minuten lang still liegen.

Bleibe nach dieser Meditation noch eine ganze Weile so ruhig und passiv wie möglich.»[28]

Affirmationen für «Gericht»

- Ich akzeptiere in Dankbarkeit alle Wesen, mit denen ich diesen Planeten teile.
- Ich kann jetzt meine Verteidigungsmechanismen fallenlassen.
- Je mehr ich meine Konditionierungen ablege, desto menschlicher werde ich.
- Ich liebe alle, so wie ich mich selbst liebe.
- Ich werde immer zu Menschen geführt, die mich bei meiner Heilung unterstützen.

Die WELT

Eine wunderschöne Frau tanzt vor einem unglaublich blauen Himmel. Sie scheint der Schwerkraft zu spotten, denn man sieht keinen Grund unter ihren Füßen. Ihr langer Schal, der sich graziös und anmutig um ihren Körper windet, schwingt bei ihrem Tanz. Der riesige Kranz aus frischen Blättern, der sie umgibt, läßt uns sofort intuitiv spüren, daß es sich hier um ein Symbol der Ganzheit handelt, um ein ganzheitliches Energiefeld, um ein Symbol für das lebendige Ganze.

Die letzte Enthüllung, die letzte Vision auf unserer Reise ist also eine Tänzerin, eine nackte Tänzerin innerhalb eines großen Energiekreises. Schon seit Urzeiten empfanden Menschen den Tanz als etwas Heiliges: Im Tanz erfahren wir Gipfel ekstatischer Verzükkung, spontaner Kreativität, ein freies Fließen von Energie und das Einschwingen in einen unwiderstehlichen inneren Rhythmus, der der Rhythmus des Lebens selbst ist. Wenn wir so total tanzen, daß wir im Tanz verschwinden, daß wir uns darin verlieren, dann beginnt unser Körper mit dem kosmischen Herzschlag zu pulsieren, mit der gesamten Existenz zu tanzen. In solchen Momenten geschieht eine tiefe Zentrierung, und wir erfahren Stille.

Unsere schöne Frau auf der Karte *Die Welt* erscheint aus dem Nichts, und ihr Tanz geschieht aus der Stille heraus. – Sie kommt buchstäblich aus dem Blauen. Aber dieses «Nichts» ist so erfüllt, trägt ein so unendliches Potential in sich, daß der Tanz zum Tanz mit dem gesamten Universum wird.

«Wir befinden uns im stillen inneren Zentrum
der sich drehenden Welt.
Wir kommen nirgends her und gehen nirgends hin,
wir befinden uns im stillen Zentrum,
dort, wo der Tanz geschieht,
aber wir sind weder bewegungslos,
noch bewegen wir uns.
Dort, wo Vergangenheit und Zukunft aufeinander treffen,
wo es keine Bewegung von oder zu gibt,
keinen Aufstieg, keinen Abstieg.
Außer in diesem stillen Zentrum gibt es keinen Tanz.»

(T.S. Eliot)

Am Anfang – erinnern wir uns – tanzte auch der *Narr*, und sein Tanz war eine gefährliche Angelegenheit, denn er tanzte immer am Rand des Abgrunds.

Jetzt, bei der *Welt*, gibt es kein Risiko mehr. Wir können nichts mehr verlieren, nirgendwohin mehr fallen, es gibt kein Oben und kein Unten mehr, denn das Zentrum ist jetzt überall.

Während der *Magier* einen Stab in seiner Rechten schwang, hält die Tänzerin der *Welt* mit unglaublicher Anmut einen Stab in jeder

Hand. Der Stab des Magiers diente dazu, oben und unten zu verbinden, er drückte die Bestätigung «ich bin», «ich bin ich» als ein individuelles und getrenntes Wesen aus. Aus seiner Perspektive waren auch der Himmel und die Erde getrennte Bereiche, zu deren Vereinigung er mit seinen magischen Kräften beitragen konnte.

Bei der *Welt* gibt es kein Oben und kein Unten; sie unterscheidet nicht zwischen links und rechts, zwischen weiblich und männlich: sie ist beides. Die *Welt* kennt auch kein getrenntes Wesen: Alles ist eins, sie ist die Ganzheit, aus der alle Polaritäten hervorgehen.Wenn die Aussage des Magiers «Ich bin ich» lautet, dann ist die Aussage der Welt die Erklärung aller Mystiker: «Ich bin das Ganze; ich und der Vater sind eins.»

Der Kranz aus frischen, grünen Blättern, von dem unsere Tänzerin umgeben ist, bindet und verbindet; er umschließt und macht uns ganz; er ist das verborgene Muster hinter allen Mustern. Er symbolisiert das Ganze, das den Teilen ihre Bedeutung gibt. Die Welt ist ein großes Ganzes, ein Organismus.

Wir vollenden eine Gestalt, wir schließen einen Kreis, wir beenden einen Zyklus. Unsere Reise hat uns nun zu unserem ganzheitlichen Wesen geführt, denn durch das Annehmen jedes einzelnen Arkanums haben wir einen anderen Teil unseres Selbst integriert. Wenn wir in uns ganz sind, dann sind wir auch im Einklang mit dem Ganzen. Wie in einem Hologramm spiegelt jeder einzelne von uns das gesamte Universum.

Der menschliche Körper ist ein schönes Symbol für die höchste Ganzheit, denn das war der Sinn unserer Reise: zu lernen, ein Körper zu sein, darin zu leben, ihn zu lieben, seine Integrität zu akzeptieren, von seiner Spontaneität und seiner Weisheit zu lernen, ihn zu beobachten, ihn zu transzendieren und ihn schließlich hinter uns zu lassen. Unser Körper ist das Medium, mit dem wir unsere Lebensgeschichte schreiben und mit dessen Hilfe wir die Botschaften des Tarots entziffern, denn auf fast jeder Karte soll uns eine bestimmte Körperhaltung eine symbolische Bedeutung übermitteln. Auch hier, in der letzten Vision auf unserer Reise, existiert der Körper noch immer, nackt, leuchtend und tanzend. Wenn das Ganze sich enthüllt, verschwinden die Teile nicht. Sie erhalten eine neue Bedeutung und verändern sich, während sie an der Feier des Universums teilnehmen.

Der Körper, die Bäume, der Berg, der Himmel – sie verschwinden nicht. Sie bilden die Schrittfolgen des universalen Tanzes und leuchten nun in ihrem natürlichen Licht, in ihrer wunderbaren Kreativität. Berge sind Berge, Menschen sind Menschen, Brot ist Brot, und eine Rose ist eine Rose… Das ist die Wirklichkeit, das ist das Wunder; diese gesamte Existenz ist das Wunder. *Diese Erde* ist das Lotusparadies; *dieser Körper* der Buddha.

Bis zu einem bestimmten Punkt unserer Reise blieb die Wahrheit des Körpers verborgen, und jeder, dem wir begegneten, trug Kleider, ja, diese Bekleidung wurde immer dicker.

Der NARR

Der MAGIER

Die HOHEPRIESTERIN

Vom witzigen Aerobic-Anzug des Narren über die pompöse Uniform *Seiner Majestät* bis hin zum zeremoniellen Gewand *Seiner Heiligkeit.*

Dann begegnete uns die Liebe... und in der Liebe entdeckten wir unsere Körper, als wir unsere Kleider fallen ließen und uns zeigten, wie wir sind. Zum Vorschein kam reine Schönheit, ja, es war das Paradies – und Familie und Kirche waren vergessen.

So könnt ihr doch nicht herumlaufen. Der *Wagenlenker* und der *Eremit* hatten nichts Eiligeres zu tun, als uns zu ermahnen und ihre neue Winterkollektion zu präsentieren: den smarten Dreß des Businessman und die ärmliche Kutte des Mönches. Ihr könnt tragen, was ihr wollt, aber zieht euch an, um Himmels willen!

Von jetzt an war Nacktheit wieder verboten, bis wir zu Arkanum XV kamen, wo wir unsere Körper zur Strafe für unsere Sünden in der Hölle schmoren sehen konnten.

Hier fordert die Verdammung des Eros, die Ansicht, daß der Körper ein Gefängnis ist, ihren Tribut. Auf der Karte des *Teufels* ist unsere Nacktheit mit Schuld beladen; sie ist nicht mehr ein Symbol für unsere Unschuld, sondern für unsere Lasterhaftigkeit, für die Erbsünde und unsere ewige Verdammnis.

Deshalb war die Erfahrung des *Turmes* unumgänglich, denn unser Panzer aus Konditionierungen mußte zerbrochen und alle Falschheit mußte fallengelassen werden, damit der nackte Körper wieder in seiner ganzen Schönheit erscheinen, aus dem Gefängnis heraustreten und voller Leben und Ekstase tanzen konnte.

Die übernatürliche Anmut der Sternenfrau; die reine Unschuld des Kindes der *Sonne*; die echte Selbstannahme der wiedergeborenen

Körper auf der Karte *Gericht*; die leuchtende Gegenwart der kosmischen Tänzerin der *Welt*…

Aber – warum trägt sie diesen Schleier? Die *Sonne*, der *Stern* waren nicht so prüde. Was hat *sie* zu verbergen?

Hinter ihrem schönen Schleier verbirgt sie ihr Geheimnis: Sie ist bisexuell. Die kosmische Tänzerin ist gar keine Frau? Nein, sie ist das androgyne, mythologische, ursprüngliche Wesen, das sich vor Urzeiten in die beiden Geschlechter aufspaltete.

Jetzt, wo unsere Menschlichkeit erblüht, findet die Wiedervereinigung des androgynen Wesens statt: Wir entdecken den Geliebten in uns, er ist Teil von uns, er ist wir.

Der Mann, die Frau, das Kind, der Engel – sie alle waren nur Schrittfiguren des einen Tanzes. Über die Vielfalt gelangten wir zu dem Einen.

Mancher von uns mag angesichts dieser Karte, dieser Vision, zögern. Sie scheint fast zu schön und zu *endgültig*. Das soll das Ende sein? *Jetzt* das Ende? *Ich* – das Zentrum? *Das* ist es? Wir sind so lange durch Hoffnungen und Verzweiflung gereist – und nun soll alles zu Ende sein? Wir haben uns immer vorgestellt, daß die Dinge morgen enden, und auf jedes Morgen wird ein weiteres Morgen folgen… Nun ist dieses «Morgen» schon da?! Und es soll kein weiteres Morgen geben? Werden wir jetzt in die Gegenwart hineinfallen, werden wir die Ewigkeit betreten, werden wir wie Don Juan in den Abgrund springen und uns verlieren? Wir befürchten, daß all unsere «Morgen» und all unsere «Gestern» sich in Luft auflösen, wenn wir diese Vision akzeptieren.

Es hat uns doch so viel Spaß gemacht, immer weiter zu gehen und niemals anzukommen, zu suchen, zu reisen, zu forschen, uns immer weiter zu bewegen, immer mehr zu transzendieren. Dieses Spiel sollen wir so plötzlich beenden? Das ist zu viel verlangt! Womit sollen wir uns nun die Zeit vertreiben?

Aber wir können sicher sein: Das Spiel geht weiter, denn es ist der Tanz der Zeit vor dem Hintergrund der Ewigkeit. Ja, die Reise geht weiter, der Tanz hört niemals auf. Wir sind einfach am Ende der großen Arkana angelangt, haben den Traum des Narren zu Ende geträumt. Aber der Narr selbst tanzt noch immer dort oben; er lebt und ist so verrückt wie eh und je.

Überall explodiert die Schöpfung in multidimensionale Formen; die Psyche hört niemals auf, Neues zu kreieren. Und das Bewußtsein spielt immer weiter: verstecken und suchen, finden und verlieren, träumen und erwachen.

Wir haben ein Abenteuer erlebt, und am Ende des Spiels haben wir einen Schimmer des Ganzen erhascht; aber es gibt viele Spiele, unendlich viele Abenteuer, und was die Zeit betrifft. Wir haben alle Zeit der Welt und noch mehr, um all die möglichen und unmöglichen Abenteuer zu erleben.

Am Ende des Kreises treffen wir wieder auf den Anfang. Wenn der große Kranz der *Welt* gewunden ist, und der Kreis sich schließt, wird er zur Null – zur Null unseres tanzenden *Narren*. Der Zyklus, der damit begann, daß der *Narr* in den Abgrund fiel und sich selbst als *Magier* wiederfand, ist vollendet. Ein Abenteuer ist zu Ende, aber der *Narr* ist kein Mann für nur ein Abenteuer! So, wie er durch die Welt geht, wird er mit Sicherheit irgendwo, irgendwann wieder fallen und neue Welten voll unvorstellbarer Erfahrungen entdecken. Vielleicht aber auch nicht. Vielleicht wird er in der Dämmerung auf den Gipfeln sein Nachtlager aufschlagen, sich neben seinem Hund zusammenrollen und darauf warten, daß die Sonne wieder aufgeht. Und wenn die Sonne dann am Horizont erscheint, wird er vielleicht, wie Zarathustra, sagen:

> «Du großes Gestirn! Was wäre dein Glück, wenn du nicht die hättest, welchen du leuchtest!
> Zehn Jahre kamst du hier herauf zu meiner Höhle: du würdest deines Lichtes und dieses Weges satt geworden sein, ohne mich, meinen Adler und meine Schlange.
> Aber wir warteten deiner an jedem Morgen, nahmen dir deinen Überfluß ab und segneten dich dafür.
> Siehe! Ich bin meiner Weisheit überdrüssig, wie die Biene, die des Honigs zu viel gesammelt hat, ich bedarf der Hände, die sich ausstrecken.
> Ich möchte verschenken und austeilen, bis die Weisen unter den Menschen wieder einmal ihrer Torheit und die Armen wieder einmal ihres Reichtums froh geworden sind.
> Dazu muß ich in die Tiefe steigen: wie du des Abends tust, wenn du hinter das Meer gehst und noch der Unterwelt Licht bringst, du überreiches Gestirn!
> Ich muß, gleich dir, untergehen, wie die Menschen es nennen, zu denen ich hinab will.
> So segne mich denn, du ruhiges Auge, das ohne Neid auch ein allzugroßes Glück sehen kann!
> Segne den Becher, welcher überfließen will, daß das Wasser golden aus ihm fließe und überallhin den Abglanz deiner Wonne trage!
> Siehe! Dieser Becher will wieder leer werden, und Zarathustra will wieder Mensch werden.»[29]

Meditation: Eins werden mit dem klaren Himmel

Hinter dem Tanz der *Welt* sehen wir nichts als einen klaren Himmel, reine Leere, unendliches Blau. Wenn wir auf diesen leeren Himmel meditieren, können wir mit dem Unendlichen eins werden, indem wir in die innere Leere hineinfallen.

Shiva sagte:
Wenn du im Sommer den endlosen,
klaren blauen Himmel siehst,
versuche, mit dieser Klarheit eins zu werden.

«Meditiere auf den Himmel: einen wolkenlosen Sommerhimmel, der sich in endloser Weite und Klarheit erstreckt. Nichts bewegt sich, er ist vollkommen jungfräulich. Kontempliere, meditiere darüber und werde eins mit dieser Klarheit. Werde selbst zu dieser unendlichen Klarheit.

Es ist sehr schön, über den Himmel zu meditieren. Lege dich einfach auf den Boden, damit du die Erde vergißt. Lege dich einfach an irgendeinem einsamen Ort auf den Rücken und schaue in den Himmel. Es ist gut, wenn der Himmel klar ist – wolkenlos, endlos. Schau in den Himmel und spüre seine Klarheit – seine grenzenlose Ausdehnung – und tritt dann in diese Klarheit ein, werde eins mit ihr. Stell dir vor, daß du zum Himmel, zu diesem leeren Raum geworden bist…

Wenn du diese Meditationstechnik ausprobierst, solltest du drei Dinge beachten.

Erstens: Starre in den Himmel, ohne mit den Augenlidern zu zwinkern. Versuche, die Augenlider still zu halten, selbst wenn du Schmerzen spürst und Tränen deine Wangen herunterlaufen. Diese Tränen gehören dazu, auch sie sind ein Teil des Reinigungsprozesses. Sie sind hilfreich. Deine Augen werden danach wieder unschuldig und wie frisch gewaschen sein. Versuche also zu schauen, ohne zu blinzeln.

Zweitens: Fang nicht an, über den Himmel nachzudenken. Vielleicht fallen dir Gedichte über den Himmel ein, aber wenn du anfängst zu denken, hast du das Wesentliche dieser Meditation verpaßt. Du sollst nicht *über* den Himmel nachdenken, du sollst mit ihm eins werden, … du sollst selbst zum Himmel werden. Starre also einfach in den Himmel, werde eins mit ihm, und erlaube dem Himmel, eins mit dir zu werden. Wenn du dich in den Himmel hineinbewegst, wird sich der Himmel sofort in dich ergießen.

Wie kannst du das erreichen? Wie sollst du das anstellen: dich in den Himmel hineinbewegen? Starre einfach immer weiter in dieses endlose Blau, höre nicht auf zu starren – so, als würdest du versuchen, seine Grenzen zu finden. Gehe immer tiefer hinein, gehe so tief du kannst, und in diesem Moment wird die Grenze sich auflösen. Diese Technik sollte mindestens vierzig Minuten lang geübt werden; weniger wird dir nichts bringen.

In dem Moment, in dem du spürst, daß du eins mit dem Himmel geworden bist, kannst du die Augen schließen. Du wirst den Himmel nun auch in deinem Inneren sehen. Schließe also die Augen erst nach etwa vierzig Minuten, wenn du spürst, daß die Vereinigung geschehen ist, du selbst Teil des Himmels geworden bist und deine Gedanken verschwunden sind. Versuche, in diesem inneren Himmel zu bleiben.

Drittens: Versuche jetzt, die Klarheit, die dich umgibt, wahrzunehmen, aber denke nicht darüber nach; sei dir einfach der Klarheit, der Reinheit, der Unschuld bewußt.»[30]

Meditation: Durchscheinende Präsenz

Die Karte *Die Welt* symbolisiert die unendliche Kreativität des Bewußtseins und den ewigen Tanz des Lichtes. Bei der folgenden Meditation werden wir uns des Lichtes bewußt, das hinter unserer Wahrnehmung, hinter unserer Realität steht.

Shiva sagte:
Nimm den Kosmos als eine durchscheinende,
lebendige Präsenz wahr.

«Das Wesentliche bei dieser Technik ist innere Sensitivität. Schließe deine Zimmertür, verdunkle den Raum und zünde eine Kerze an. Setze dich nun vor die Kerze; deine innere Haltung sollte liebevoll oder eher andächtig sein…

Du sitzt allein in deinem stillen, abgedunkelten Zimmer und konzentrierst dich mit dieser liebevollen inneren Haltung, mit einem fühlenden Herzen auf die Flamme der Kerze. Nach einiger Zeit wirst du neue Farben um die Flamme herum entdecken, neue Schattierungen, derer du dir nie bewußt warst. Doch sie sind da; das gesamte Spektrum des Regenbogens ist da. Überall, wo Licht ist, ist auch der Regenbogen, denn das Licht enthält alle Farben…

Manchmal wirst du das Gefühl haben, daß die Kerze plötzlich sehr geheimnisvoll geworden ist. Es ist nicht mehr die einfache gewöhnliche Kerze, die du mitgebracht hast. Sie hat nun einen neuen Glanz, fast etwas Göttliches. Schaue weiter in die Flamme. Du kannst diese Technik auch mit vielen anderen Dingen üben…

Deine Sensitivität muß wachsen… Dann kannst du mit dieser Technik experimentieren. Nimm den Kosmos als durchscheinende, lebendige Präsenz wahr. Licht ist überall – in vielen Erscheinungsformen. Schaue hinein! Licht *ist* wirklich überall, denn alle Phänomene basieren auf Licht. Betrachte ein Blatt, eine Blume oder einen Stein: Früher oder später wirst du die Strahlen sehen können, die daraus hervorkommen. Warte einfach geduldig…

Nimm den Kosmos als durchscheinende, lebendige Präsenz wahr, und dein Verstand wird absolut still werden, während du die Gegenwart des lebendigen Universums spürst. Du wirst dann einfach ein Teil davon sein, einfach eine Note in der großen Sinfonie. Du trägst keine Last mehr, spürst keine Spannung: Der Tropfen ist in den Ozean gefallen…

Wenn du diese Methode drei Monate lang praktizierst, wirst du in einer neuen Welt leben, denn du bist ein neuer Mensch geworden.»[31]

Affirmationen für «Die Welt»

- Ich darf all meine inneren Widersprüche zulassen.
- Je mehr ich ganz werde, desto mehr gehöre ich dem Ganzen an.
- Je mehr ich lebe, desto lebendiger werde ich.
- Meine Dankbarkeit dafür, daß ich lebendig bin, schließt alles ein.

Die kleinen Arkana

Spiegel des Lebens

Die großen Arkana sind größer als wir. Wir können uns ihrer Botschaft nicht entziehen. Früher oder später müssen wir jeden einzelnen dieser Archetypen annehmen. Sie sind die wichtigen Bilder der Show. Sie bestimmen die Regeln des Spiels.

Mit den kleinen Arkana (und den Hofkarten) verhält es sich anders. Sie sind kleiner als wir. Man könnte vielleicht sagen, daß wir den großen Arkana gehören, während die kleinen Arkana uns gehören. Sie sind unsere Schöpfungen, unsere Manifestationen, unsere Projektionen, unsere Liebhaber und Geliebten, diejenigen, die wir hassen und die, die uns gleichgültig sind. Sie symbolisieren unsere Wünsche, unsere Ängste, unsere Persönlichkeiten, unsere Rollen, unsere alltägliche Erfahrungswelt. Sie sind die Energien, die wir aussenden, und die Ereignisse, die von unseren Energien angezogen werden.

Die folgende «Kurzgeschichte» über die kleinen Arkana kam mir im Frühjahr 1989 in den Sinn, als ich an dem Manuskript zu diesem Buch arbeitete. Ich hatte die Reihenfolge der kleinen Arkana nicht im voraus geplant, was ihr auch daran sehen könnt, daß selbst mir am Anfang noch nicht klar war, wie die Karten aufeinander folgen sollten. Auch wußte ich noch nicht, wie ich jede einzelne Karte beschreiben würde. Ich sortierte die kleinen Arkana einfach aus dem Spiel heraus, betrachtete sie und begann, den inneren Dialog, mit dem diese Geschichte beginnt, niederzuschreiben. Daraus entwickelte sich dann das gesamte Spiel. Während ich von einer Karte zur nächsten ging, ließ ich mich von den Bildern inspirieren. Dabei entdeckte ich immer neue Einzelheiten, und ich erlaubte allen Visionen, die in mir aufstiegen, ohne Zensur in mein Bewußtsein zu treten. Während ich einen Satz oder Abschnitt niederschrieb, betrachtete ich mir die jeweilige Karte wieder und wieder und suchte nach neuen Schlüsseln, neuen Symbolen, die irgend etwas in mir auslösen würden, das die Geschichte weiterführte. Ich möchte auch euch empfehlen, beim Lesen dieses Textes nach jedem Abschnitt die jeweilige Karte noch einmal zu betrachten. Ich habe beabsichtigt, daß sich zwei Ebenen – die bildhafte und die verbale gegenseitig durchdringen und synchronisiert werden. Der

Text dient also dazu, unsere Bilder zu beleuchten, während die Bilder wiederum unsere Vorstellungskraft anregen und eine Resonanz in unserer inneren Erfahrungswelt erzeugen.

Noch eine Warnung zum Schluß: Laßt euch nicht von den scheinbar autobiographischen Zügen meiner Geschichte irreführen. Obwohl die auf den folgenden Seiten beschriebenen Erfahrungen meine eigenen, deine oder jedermanns sein könnten, geht es hier um etwas anderes. Ich wollte einfach zeigen, was man mit diesen Karten alles machen kann, was für wunderschöne Leinwände und Pinsel uns zur Verfügung stehen, wenn wir das Bild unseres Lebens malen wollen.

Eine kurze Geschichte über kleine Dinge

Nun sind wir also bei den kleinen Arkana angelangt. Ein aufregendes neues Thema, nicht wahr?

Es hängt davon ab, wie wir es zu Papier bringen; es kann wirklich sehr aufregend werden…

Womit sollen wir beginnen?

Sollen wir mit den Kelchen beginnen?… Sie sind so lieblich, so schön, man kann so leicht über sie schreiben… Wir könnten dann mit den Münzen fortfahren… Solide, erdverbunden, Sicherheit versprechend. Danach vielleicht die Stäbe…

Nein, nicht die Stäbe, denn dann müßten wir die Reihe mit den Schwertern *beenden*, und das wäre gar nicht so schön.

Machen wir es also anders: Wir setzen die Schwerter hinter die Münzen und schließen mit den Stäben ab.

Nein, das geht auch nicht! Die Stäbe als Nachtisch zu servieren, das wäre ein Flop.

Beginnen wir also mit den Münzen.

Mmh, sie sind zu gut; wenn wir mit ihnen anfangen, geht es danach nur noch bergab. Also mit den Stäben anfangen?

Oh, wie langweilig, nur kämpfende Burschen. Soll das etwa heißen, du willst mit den *Schwertern* anfangen?

Ja, warum denn nicht? Hattest du es am Anfang etwa leicht?

Ich kann mich zwar nicht so weit zurückerinnern, aber ich weiß mit Sicherheit, daß ich als Kind unglücklich war. Der Kampf des Geborenwerdens, der Kampf des Daseins… Ich denke, das ist ein Anfang, der uns alle berührt – das As der Schwerter…

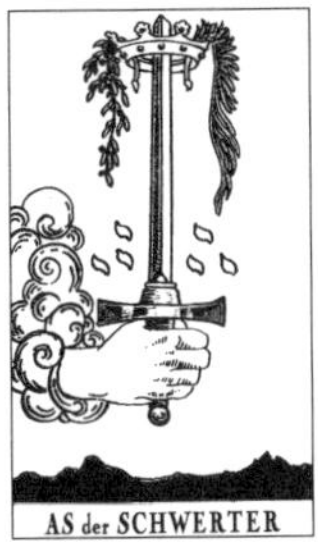

Wer sagt, daß wir mit den Assen beginnen müssen? Das hier ist *intuitiver* Tarot, nicht wahr? Wir können anfangen, womit wir wollen, wir können in der Mitte anfangen, wenn uns danach ist… Warum fangen wir nicht mit den Zehnern an und gehen von da aus rückwärts?

Bist du verrückt? Soll ich vielleicht mit der Zehn der Schwerter beginnen?

Nun, sagtest du nicht, du hättest eine schwere Kindheit gehabt?

Nein, Spaß beiseite, wir fangen mit den Schwertern an, aber mit dem As: Geburt, der Durchbruch in die körperliche Existenz, das getrennte Subjekt – ich! Darauf folgen dann die Stäbe: suchen, arbeiten, lieben, reisen, wachsen oder was auch immer. Dann kommen die Kelche: Liebe, Musik, Gefühle, das Entdecken des Herzens… Die Reihe endet mit den Münzen: Kreativität, Verwirklichung, Erfüllung… das Heim…

Wir fangen also mit dem As der Schwerter an und hören mit der Zehn der Münzen auf. Das ist gut.

Aus dem Samenkorn der Getrenntheit wächst der Baum der Erfüllung heran!

Sehr mystisch. Aber *happy ends* gelten als altmodisch.

Also, ich liebe *happy ends*, und heute ist so ein schöner Tag. Wir lassen diese Geschichte heute enden. Wir lassen sie *hier* enden in diesem hübschen Landhaus, am Fenster sitzend und über die Hügel schauend. Der Wind spielt in meinem Haar, und meine Augen verlieren sich in den Umrissen der Bäume. Ich höre das Prasseln des Kaminfeuers, die Hunde bellen… Dieses Ende gefällt mir.

Aber nun zum Anfang!

DIE SCHWERTER

AS der SCHWERTER

Nimm ein Schwert in die Hand... Ein großes Messer tut es auch. Halte es mit der Spitze gerade nach oben, wie auf der Karte zu sehen. Spüre die Energie, die «Power», die es dir gibt. Es ist die *Power* des «Ich» und «Hier». Mit diesem Schwert kann ich meinen Raum abgrenzen und verteidigen. Mein Körper wird auf gewisse Art größer... Oder mein Ego... Ich spüre jedenfalls, daß ich mehr Raum zur Verfügung habe. Ich kann eine sehr scharfe, klare Linie zwischen dir und mir ziehen.

Ich kreise um meinen Mikrokosmos, trenne ihn aus dem Ganzen heraus und errichte mein *Machtzentrum* hier. Und nun? Das Schwert liegt immer noch in meiner Hand; ich muß etwas damit *anfangen.* Ich werde jeden und alle um mich herum angreifen. Ich werde mir Feinde machen; ich werde mich verteidigen müssen; ich werde mich abwechselnd ausdehnen und schrumpfen. Aber da draußen ist ja gar niemand. Ich fange an, mich zu langweilen, denn für dieses Spiel gibt es – ich glaube, es ist Zeit, daß ich euch das sage – eine goldene Regel und eine weise Empfehlung.

Die goldene Regel lautet, daß du nicht aus dem Spiel aussteigen kannst, bis du am Ende des gesamten Decks angelangt bist. Wenn du das Schwert erst einmal in die Hand genommen hast, gibt es kein Zurück: Nun mußt du die Erfahrungen aller Schwertkarten durchmachen. Denke daran: Das gleiche gilt für alle magischen Werkzeuge, für die Stäbe, die Kelche, die Münzen. Hast du sie erst einmal in die Hand genommen, beginnt ihre Energie selbsttätig weiter zu wirken, so wie ein Samenkorn wächst, bis es zum voll ausgewachsenen Baum geworden ist.

Die weise Empfehlung ist einfach die, daß du nicht soviel Zeit auf jede einzelne Karte verwenden solltest (falls dir das gelingt...).

Was kann ich noch mit diesem Messer anfangen? Ich kann damit Käse schneiden, kann mein Brot zerteilen; ich kann hinausgehen in den Garten und die Bäume beschneiden; ich kann damit die Trauben von den Reben ernten; ich kann einen Apfel vierteln oder die Erde auflockern, um Samenkörner einzupflanzen. Das ist jetzt *mein* Garten; ich habe darin mit *meinem* Messer gearbeitet.

Sollte jemand versuchen, *meinen* Salat zu stehlen, werde ich ihn mit meinem Messer zu Tode erschrecken. Dieses Schwert erweist sich als ganz praktisch; eigentlich ist es unentbehrlich. Vielleicht sollte ich mir ein größeres besorgen; man weiß ja nie, heutzutage, wo all diese Diebe und Einwanderer frei herumlaufen... Jedenfalls bin ich der Boß hier, ich bin der Gewinner, ich bin der Reinrassige. Seht ihr diese große Krone über dem Schwert? Normalerweise trage ich sie auf dem Kopf.

Allmählich wird es ein bißchen kühl hier oben. Die Luft ist kalt und dünn, es ist eine sehr kühle Energie, wie reiner Sauerstoff. Das Schwert ist jetzt in meiner Hand sehr kalt geworden; ich friere.

Ich fühle nichts außer der Kälte, alles fühlt sich tot an. Ich habe das Gefühl, als sei ich selbst aus Stahl – scharf, metallisch. Ich denke, ich könnte mich selbst töten, wenn ich mich nicht schon so tot fühlen würde...

Nimm bitte die nächste Karte.

ZWEI der SCHWERTER

Ich bin hier, aber ich will nicht hier sein. Es ist dunkel, die Luft riecht abgestanden. Ich will nichts sehen, will mich nicht bewegen, nicht atmen. In der Nacht, in der ich geboren wurde, schneite es; es war das kälteste Jahr des Krieges; es war nicht warm in dem kleinen Dorfkrankenhaus. Es fiel mir schwer zu atmen, es war eine Qual. Komm mir nicht nah. Ich bin sowieso nicht hier.

Niemand kann dich erreichen, niemand kann dich berühren. Die Luft kann nicht in dich eindringen, sie kann dich nicht atmen… Niemand wird von dir gesehen.

Ich weiß nicht, was ich mit meinen Schwertern anfangen soll. Ich stehe an der Weggabelung und weiß nicht weiter, und ich will auch die Schilder nicht lesen. Was ist dort im Hintergrund? Schmutziges, abgestandenes, stehendes Wasser, es ist gefährlich… Steine, Leichname, Abfallhaufen, was auch immer es ist, ich will es nicht. Schließlich geht es mir gut hier, wo ich bin. Ja, es gefällt mir sogar. Niemand stört mich, es herrscht Friede…

Das nennst du Frieden? Schau, was du mit deinem Abfall getan hast, den du nicht sehen willst: Du hast den ganzen Planeten damit zugeschüttet! Und jetzt steckst du den Kopf in den Sand, nicht wahr? Und was tust du überhaupt auf der Bühne?

Ich bin all eure großen Helden, weißt du. Ja, ich bin natürlich Hamlet, ein bißchen unentschlossen zwischen Sein und Nichtsein.

Ich bin der blinde Ödipus, der von den Göttern für seine *Hybris* bestraft wurde. Ich bin Prometheus in Ketten. Ich bin Antoine Roquentin voller Überdruß, und Kafka, der sich während des endlosen Wartens auf seinen Prozeß in eine Spinne verwandelt. Um ehrlich zu sein: Manchmal denke ich sogar, ich bin Jesus am Kreuz und Buddha, der über die Vergänglichkeit meditiert…

Kannst du nicht sehen, daß du schläfst, daß du «zu» bist, tot, von allem getrennt? Was könnte dich wieder mit deinen Gefühlen in Verbindung bringen?

Sind Gefühle nicht sowieso nur Illusionen? Sei still, geh weg. Ich will nicht hören, was du sagst; ich habe genug mit meinen eigenen Problemen zu tun. Sei so freundlich und laß mich in Ruhe.

DREI der SCHWERTER

Ist das eine Röntgenaufnahme meines Herzens?

Es tut so weh! Dieser schreckliche Schmerz in meiner Brust, dieses Brennen in meinem Kopf, diese Tränen, die an meinem Gesicht herunterlaufen, dieses Schluchzen, das meinen Körper schüttelt, dieser Schrei, der aus mir heraus will… Es tut so weh – diese Eifersucht, die in mir wühlt, diese Schwerter, die in meinem Herzen stecken, in diesem Herzen. Ich habe nie gewußt, daß so viel Schmerz in mir ist…

Neue Schmerzen reißen alte Wunden auf. Die unausgesprochenen, vergessenen Wunden kommen ans Licht. Da ist es wieder, dieses schreckliche Dreieck! Wen liebst du mehr, *Mama* oder *Papa*?

Ja, es schmerzt, dieses Herz, aber es ist lebendig, es fühlt sich echt an. Das war es, was ich vermißt habe... Es ist lebendig, es tut wirklich weh, es fühlt – und es kann sogar lieben... Dieser Schmerz macht mir mein tiefstes Bedürfnis bewußt: das Bedürfnis zu lieben.

Ja, es sind die Schwerter, die uns helfen, unser Herz, die Tiefe unserer Gefühle, zu entdecken. Denn, wie verwundet dieses Herz auch sein mag, seine Lebendigkeit ist herrlich, aufregend. Hier pulsiert das Leben... Nenne es nicht «Schmerz». Nenne es Intensität, nenne es Gefühl, Energie, Liebe... und sieh, was geschieht.

Indem du dich deinen Gefühlen, ganz gleich welchen, hingibst, erreichst du dein eigenes Zentrum. Von dort kommt die Liebe... Gepriesen sei der Schmerz, der dich für deine wahren Gefühle öffnet, denn dieser Schmerz lehrt dich den Weg des Herzens.

VIER der SCHWERTER

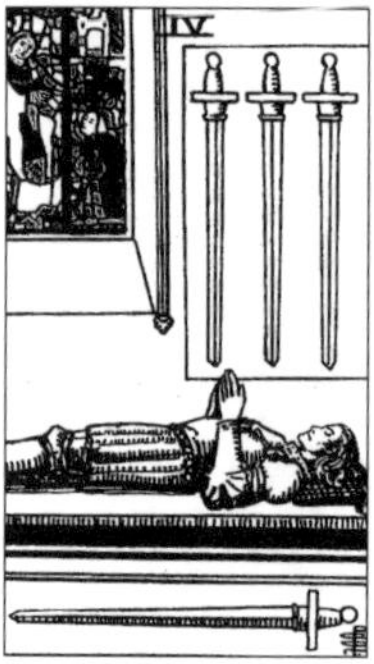

Ich wurde krank.

Ich war sehr oft krank als Kind. Wahrscheinlich wollte ich dem Herzschmerz, den diese drei Schwerter mir verursachten, entfliehen… Ich lernte, nett, sauber und höflich zu sein. Ich fing an, in die Kirche zu gehen. In den Kirchen fand ich etwas sehr Tiefes und Schönes, das ich nirgendwo anders finden konnte. Dieses Heilige, Magische, die brennenden Kerzen, deren Flammen manchmal zitterten, das helle Leuchten der kleinen goldenen Sterne auf dem blau angemalten Himmel, der die Kuppel schmückte, diese glänzenden, magischen, kostbaren Fenster, die aus Feuer und Glas gemacht worden waren. Jedes Fenster war wie eine Öffnung in eine besondere, eigene Welt, eine Welt, die ich eines Tages betreten würde, wenn mich niemand beobachtete…

Dem gekreuzigten Christus gegenüber hatte ich allerdings Schuldgefühle, ganz besonders, als ich herausfand, daß meine allmorgendliche Masturbation, wie man mir gesagt hatte, nicht nur zu Zahnverfall und Schwachsinn führte, sondern zu einer weiteren Dorne auf Jesu Krone würde…

Alles in allem war es recht nett, krank zu werden und Bücher zu lesen; es war sehr geborgen und sicher. So entwickelte ich übrigens meinen Verstand. Was für ein Theaterstück!

FÜNF der SCHWERTER

Dann wuchs ich heran. Das Kind, das immer krank gewesen war, begann die Straße zu erobern und sich mit den Jungen zusammenzutun. Sein kleiner Körper wurde gesund und stark. Um dort draußen Macht zu besitzen, mußte man kämpfen können. Das fand ich sehr schnell heraus.

Ich erinnere mich noch an meinen ersten Straßenkampf. Da ich bis zu diesem Zeitpunkt ein Mamakind gewesen war, betrachtete ich mich selbst als typischen Verlierer in allen weltlichen Angelegenheiten. Ich war nicht gut in der Schule und schüchtern im Zusammensein mit anderen Kindern. Nun, eines Tages schloß ich mich dieser Bande an, nahm an meinem ersten Straßenkampf mit einer feindlichen Bande teil und... wir gewannen! Wir gewannen? Heißt das, daß ich gewinnen kann? Ich war sehr beeindruckt. Die Kinder der anderen Bande rannten weg, und wir sammelten ihre hölzernen Schwerter vom Boden auf.

Ich wagte es, dieses neue, freudige Machtgefühl auszukosten, doch dann hatte ich auf einmal einen bitteren Geschmack im Mund, und ich begann zu weinen... Wegen der anderen Kinder, die den Kampf verloren hatten! Aber ich weinte nicht nur ihretwegen, sondern auch unseretwegen, weil wir *gegen* sie gewonnen hatten...

Ich spürte einen tiefen Widerspruch in mir: einerseits die Notwendigkeit zu kämpfen und meine Stärke zu beweisen und andererseits die Traurigkeit darüber, daß es so sein mußte...

Wer sind diese Figuren auf der Karte, die ihre Waffen fallen gelassen haben?

Es sind meine Eltern... In dem Moment, in dem ich sie verließ, verloren sie ihre Macht, wie die Kinder der feindlichen Bande.

SECHS der SCHWERTER

Ich habe meinem Zuhause, meinem Heimatland den Rücken gekehrt. Auf dem Bild bin ich zu sehen, wie ich den Atlantik überquere, um Abenteuer zu erleben.

Für mich sieht das eher aus wie eine Flüchtlingsfamilie, deren Haus gerade von einer Überschwemmung heimgesucht wurde...

Nun, so könnte man es auch ausdrücken. Ich *flüchtete tatsächlich* von zu Hause, denn mir war klar, daß ich ertrinken würde, wenn ich bliebe.

Wer sind die anderen beiden auf dem Bild?

Ich befürchtete, daß du das fragen würdest... Ich weiß es nicht.

Versuche zu raten.

Das bin ich und meine Mutter, nicht wahr? Ich schleppe meine Mutter mit und außerdem noch eine Menge Schwerter...

Was erwartet dich auf der anderen Seite des Ozeans?

Die neue Welt, das Paradies, wo ich endlich frei sein werde – frei, zu tun, was ich will…

Warum nimmst du deine Mutter mit in das Land der Freiheit?

Weil es mir das Herz brechen würde, die alte Dame zurückzulassen… Sicher, das Boot ist ein bißchen überladen, aber ich bin jetzt ein starker Mann, ich kann sehr kräftig rudern, wenn es nötig ist; ich habe die Dinge im Griff. Wenn *ich* nach Amerika rudere, dann kannst du sicher sein, daß wir dort ankommen.

Wenn auch mein Rücken manchmal schmerzt.

Es ist hart, ja, aber ich schaffe es mit Sicherheit.

SIEBEN der SCHWERTER

Ich bin angekommen, und endlich bin ich allein! Ich sage euch, es ist ein großartiges Gefühl, die Familie hinter sich zu lassen. Ich fühle mich leicht, voller Freude: Ich bin frei!

Was mir in Amerika sofort gefiel, war dieser weite, offene Himmel, dieses Gefühl von Freiheit und Weite, dieser nomadenhafte Lebensstil des amerikanischen Westens, wo jeder alle zwei Jahre seine Zelte abbricht. Ich kleide mich elegant, ich lerne tanzen, gehe auf Partys. He, das ist wirklich toll, ich gehe auf Zehenspitzen von Ort zu Ort, und die Zelte sind wirklich alle sehr schön…

Warum trägst du diese Schwerter mit dir herum?

Welche Schwerter? Ich sehe keine… Also, ich trage meine Probleme so anmutig, daß es gar nicht nötig ist, daß ich sie mir näher anschaue!

So kann man doch keine Schwerter tragen. Du wirst dich verletzen, deine Hände werden bluten… Schau, wo du deine Füße hinsetzt… Du kannst nicht fahren und gleichzeitig die ganze Zeit in den Rückspiegel schauen; du wirst einen Unfall haben.

Bee-bop-a-loola
She's my baby
Bee-bop-a-loola
She makes me go crazy…

ACHT der SCHWERTER

Oh, ich muß wohl wirklich einen Unfall gehabt haben. Ich bin zugeschnürt, kann mich nicht bewegen und habe eine Binde vor den Augen.

Ich bekam Depressionen, verbrachte Monate energielos im Bett. Jeden Abend nahm ich mir vor, am nächsten Tag einen Psychoanalytiker anzurufen, aber am nächsten Morgen war ich jedes Mal zu müde, um überhaupt bis zum Telefon zu gehen.

Ich bin wieder in meinem Gefängnis, ich weiß es wohl. Allein, isoliert, kraftlos… Mußte ich den halben Erdball überqueren, um wieder an diesen Punkt zu kommen?

Es gibt kein Entrinnen von diesen Blockaden im Körper, von diesem unbewußten Verstand voller Gedanken, von dicsem Gefühl der Einsamkeit, der Verzweiflung…

Hast du es versucht?

Wie kann ich das versuchen? Ich habe Depressionen…

Versuche zu schreien, vielleicht hört dich jemand dort im Schloß.

Was hat das für einen Sinn? Die Leute, die hier leben, sind alle verrückt.

Und du? Glaubst du, daß du gesund bist?

Schau, ich habe jedes Recht, depressiv zu sein, nach allem, was ich durchgemacht habe, nicht wahr? Laß mich also allein mit meinem Elend.

Aber schau dich doch einmal um: Das hier ist doch gar kein echtes Gefängnis, es sind doch nur ein paar Schwerter, die in der Erde stecken. Und diese Schnüre um deinen Körper… Wenn du ein paar tiefe Atemzüge nimmst, werden sie sich lockern. Dann kannst du die Augenbinde abnehmen und dich befreien.

Befreien wozu? Um mir das Genick zu brechen, wenn ich mich darauf einlasse, die Spiele dieser Welt zu spielen? Um mein blutendes Herz *bee-bop-a-loola* singen zu hören? Nein, ich bleibe hier in meinem Gefängnis, denn solange ich hier bin, kann mir nichts Schlimmes zustoßen…

NEUN der SCHWERTER

So, das hast du dir selbst zuzuschreiben, nicht wahr? Jetzt ist deine Isolation vollkommen... Absolute Dunkelheit, schiere Verzweiflung. Armer Kerl, niemand fühlt sich schlechter als du. Was für ein Alptraum...

Mein armer Kopf! Ich kann nicht aufhören zu denken. Sobald ich mich hinlege, kommen die Monster, die mich nicht schlafen lassen. Ich glaube, ich werde verrückt. Oh, wenn ich das gewußt hätte, hätte ich niemals dieses As der Schwerter in die Hand genommen!

Ja, mein Freund, jetzt bezahlst du den Preis, den man für die Schwerter bezahlen muß. Du wolltest die Trennung, du wolltest die Macht, Grenzen zu setzen und Linien zu ziehen... Hier hast du sie! Mit Hilfe deines Verstandes hast du dir ein Gefängnis gebaut, das dir ganz allein gehört, aber es ist wahrlich kein schöner Ort... Und jetzt versteckst du dich dort. Du könntest natürlich auch die Hände von deinen Augen nehmen, das Bett verlassen, das Fenster öffnen und die Sonne hereinlassen...

Oh, soweit bin ich noch nicht... Mein inneres Drama ist noch nicht zu Ende, weißt du? Die Tränen hören nicht auf zu fließen. Die Angst hat mich fest im Griff, die Verzweiflung übermannt mich. Ich bleibe hier. Ich will sehen, wo das alles hinführt.

ZEHN der SCHWERTER

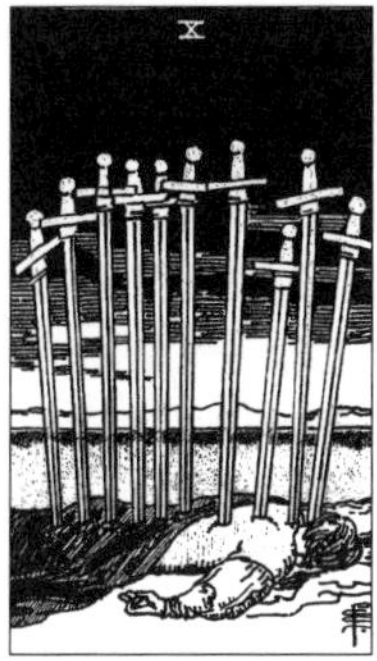

Was? Ich bin *tot?*

Nein, das kann ich nicht sein, denn ich sitze ja hier und schaue mir die Karte an. Aber wer ist es dann? Ich weiß sehr wohl, wer das ist. Es ist mein altes Selbst, meine alte Identität; dieser Bursche, der durch die letzten neun Karten nur mit Schwertern in der Hand gereist ist. Eines Tages haben sich seine Schwerter gegen ihn selbst gewendet und ihn getötet.

Das ist jetzt Gott sei Dank zu Ende. Ein neuer Tag dämmert herauf und hinter den Hügeln in der Ferne beginnt ein goldenes Licht, die Dunkelheit zu zerstreuen... Die Vögel fangen an zu singen.

Es ist Zeit, den Leichnam wegzuschaffen, den Strand zu säubern und sich auf das Fest des anbrechenden Morgens vorzubereiten.

DIE STÄBE

AS der STÄBE

Was für ein schöner Morgen. Mmh... Und was für ein schöner Stab. Frisch, lebendig, voller Energie. Du bekommst Lust, ihn in die Hand zu nehmen. Er fühlt sich viel weicher an als das Schwert, denn er ist lebendig. Und man kann so viel damit anfangen. Man kann ihn in den Garten pflanzen und einen Baum wachsen lassen, man kann damit auf Wanderschaft gehen und ihn als Spazierstock benutzen, oder man kann schöne Schnitzereien daraus machen.

Man kann damit sogar Liebe machen und Kinder zeugen. Ich kann mich damit in den Kriegskünsten üben, und, wenn nötig, kann ich sogar damit kämpfen. Aber dieser Stab ist nicht wie das Schwert; er schneidet nicht, es gibt kein Blutvergießen. Ich kann auch damit zaubern. Dies ist mein Zauberstab, die magische Kraft der Affirmation, der Mut zur Handlung, das *Ja*, das auf das Nein folgt. Es ist die Kraft des Lebens, des Körpers, die zu fließen beginnt, wenn ich den Verstand loslasse.

Es ist die Kraft, zu suchen und zu kreieren. Dieser Stab wird uns gegeben wie eine olympische Fackel. Darum halte sie immer in Ehren, laß ihre Flamme nicht ausgehen und gib sie schließlich an deinen Bruder weiter. Reiche sie weiter! Ich zeige euch jetzt, was man mit dieser kreativen Energie anfangen kann.

ZWEI der STÄBE

Also, *was* mache ich jetzt? Ich bin bereit.

Vielleicht mache ich mich auf, Westindien zu entdecken, oder ich trete mit China in Handelsbeziehungen – da müßte einiges Geld zu holen sein. Oder ich begebe mich auf die Route Paris-Dakkar und spiele für einen Tag Camel-Mann…

Vielleicht bin ich eher ein Künstlertyp und gehe nach Paris. Die Malerei hat mich schon immer fasziniert; ich könnte auch reisen und Bücher über meine Abenteuer schreiben…

Ich habe auch von heiligen Männern und Gurus gehört; da zieht es mich auch hin. Vielleicht fahre ich in den Ferien nach Indien und lerne Yoga…

In der Zwischenzeit werde ich meine gesamte Castaneda-Sammlung noch einmal lesen und meine Doktorarbeit über die «Psychodynamik archetypischer Symbole im Alltagsleben» abschließen. Mein Therapeut meint, daß ich mich bald von den Schwertern soweit erholt haben werde, daß ich reisefähig bin.

Diese Reise wird ein großes Abenteuer werden, eine enorme Bereicherung. Sie wird mir neue Dimensionen eröffnen und mir meine Bestimmung im Leben deutlich machen. Vielleicht werde ich eine berühmte, wichtige Persönlichkeit.

Ich glaube, zuerst gehe ich nach Amerika und lasse mich zum Therapeuten ausbilden.

DREI der STÄBE

Endlich hat die Reise begonnen. Ich habe meinen Globus, den Kompaß und diese Reisebücher zurückgelassen. Jetzt bin ich unterwegs wie Kerouac; ich lebe wie ein «Rolling Stone», bin allem und jedem gegenüber offen, das mir auf meinem Weg begegnet. Ich spiele jetzt ein neues Spiel. Ich nenne es «den Fluß beobachten». Der Fluß ist immer interessant, wenn man ihn beobachtet, er ist immer neu, immer fließend. Manchmal kommt es mir ein wenig einsam vor, immer nur meinen eigenen Weg gehen zu müssen. Manchmal gehe ich auch den falschen Weg, wie in jenem Sommer, als ich durch die mexikanische Wüste wanderte und Don Juan nicht finden konnte…

Alles in allem genieße ich jedoch die Freiheit, die Suche, die mich immer weiter treibt. Ich fühle mich jetzt ein wenig reifer, ein wenig mehr bereit für das Leben, für das Abenteuer. Ich sehe mein Schiff kommen. Es ist Zeit, die Zelte abzubrechen, meine Sachen aufs Motorrad zu packen und weiterzuziehen.

VIER der STÄBE

Wow, die Leute sind wirklich freundlich hier in Kalifornien. Und schaut euch an, wie sie leben: in einer Kommune! Wieviel Spaß sie haben! Sie leben glücklich im Überfluß, und sie empfangen mich ganz offen, sie akzeptieren und lieben mich – ja, sie scheinen jeden zu lieben… Hier geschieht eine ganze Menge: Musik, Partys, Bodywork…

Body… was? Körperarbeit! Arbeit am Körper, um den Energiefluß zu steigern. Außerdem gibt es Gestalt-, Sensitivitätstrainings, psychedelische Drogen…

Psycho… was? Neue Drogen, die dein Bewußtsein erweitern sollen. Ach, vergiß die Drogen, ich bin nicht der Typ für so etwas, aber auf die Partys gehe ich gerne. Ich bin wirklich gerührt von diesem Empfang. Ich fühle genau wie diese Jungens, ich fühle mich wie ihresgleichen. Sie sind *menschlich*, und sie geben auch mir das Gefühl, ein menschliches Wesen zu sein.

Ich beginne zu verstehen, was Liebe ist und was durch Liebe entstehen kann. Dieses Bild gefällt mir. Ich glaube, ich werde hier für eine Weile eintreten.

FÜNF der STÄBE

Schaut, das ist die andere Seite des Bildes: die Encounter-Gruppen, die harten Konfrontationen. Ich werde auf Herz und Nieren geprüft, bis an meine Grenzen getrieben. Und diese kathartischen Techniken! Sie dienen dazu, den ganzen inneren Müll an die Oberfläche zu bringen, damit man sich damit auseinandersetzen muß.

Dem Körper scheint das alles sehr gut zu bekommen, wir werden geerdet und stark. Aber jeder kämpft für sich, und die Gruppenenergie ist blockiert. Wir können für immer so weiter kämpfen, denn es scheint uns so viel Spaß zu machen... Aber wir kommen nicht weiter, wir bleiben stecken. *Das* nennt ihr eine Kommune, eine Gemeinschaft?! Auf mich wirkt es eher wie ein Haufen eigenwilliger Tyrannen, die alle ihren Kopf durchsetzen wollen...

Auch im *Innern* kämpfen so viele Leute gegeneinander. Denn jeder meiner Freunde oder Feinde ist nichts anderes als ein Teil von mir selbst, den ich nach draußen projiziere. Es gibt so viele verschiedene «Ichs», die gegen alle anderen kämpfen... Das ist auch der Grund, weshalb ich nicht weiterkomme und mich so blockiert fühle: Ich weiß nicht, wem ich folgen soll, auf welche innere Stimme ich hören soll – ich fürchte, einen Teil von mir zu unterdrücken; ich möchte sie alle akzeptieren –, aber ich weiß nicht genau, wie ich das anstellen soll. Deshalb gelingt es mir nicht, eine klare Richtung zu finden. Ja, ich bin blockiert – aber nicht für lange. Ich spüre schon, wie frische Energie in mir aufsteigt und ich bereit für etwas Neues werde.

Ich kann Fehler machen, das ist nicht schlimm, denn gerade durch diese Kämpfe lerne ich.

SECHS der STÄBE

Ist das zu glauben? Aus mir wurde schießlich ein Gruppenleiter! Aus mir, dem Burschen, der sich so sehr vor der Dunkelheit gefürchtet hatte…

Ich habe es geschafft. Ich bekomme die Anerkennung, die ich verdiene; die Leute mögen mich. Ich bin stolz darauf, ein Gewinner zu sein, und ich verzeihe mir, daß ich mich für einen Verlierer hielt.

Jetzt habe ich eine Richtung, und es fühlt sich wirklich gut an, in einer Führungsposition zu sein, es wirkt anscheinend wie Testosteron.

Es ist so erfüllend, eine sinnvolle Arbeit zu tun, auf ein Ziel hinzuarbeiten… einmal der Mann auf dem Pferd zu sein, die Hauptrolle im Western zu bekommen, der Mann mit dem weißen Hut und dem *Marlboro-Look…*

Jetzt, da ich auf meinem eigenen Pferd reite, riecht alles nach Abenteuer. Ich bin es, der die Strategie wählt, und ich wähle das Risiko. Wahrhaftig, jetzt bin ich ein *Mann*.

Aber wo ist meine Frau? Ich will sie, ich habe sie verdient, und ich werde sie mit Sicherheit erobern. Mann, ich bin wirklich glücklich, daß ich es geschafft habe; es fühlt sich großartig an. Und es wird jeden Tag auf jede Weise besser und besser und besser.

SIEBEN der STÄBE

Aber was ist geschehen? Hat das Pferd mich abgeworfen und mir einen Tritt versetzt? Haben meine Soldaten revoltiert? Bin ich wie ein Dummkopf vom Pferd gefallen? Gerade als ich auf dem Gipfel des Erfolges war, mußte das geschehen!

Aber ich bin ein Krieger. Ich werde es ihnen zeigen, ich werde mein Terrain verteidigen. Jetzt heißt es aufpassen, mich gegen jeden schützen; ich muß meine Energien sammeln, muß mich zusammenreißen, jetzt, da meine Freunde zu meinen Feinden werden und es niemanden mehr gibt, dem ich trauen kann. Ich muß fest auf dem Boden stehen, um mein Leben kämpfen und zeigen, aus welchem Schrot und Korn ich bin.

Du betrachtest diese Stäbe als Waffen der Feinde? Du hast das Gefühl, daß die Leute dir deinen Lebensraum streitig machen…

Was denn sonst?

Oh, das könnten auch kleine Bäumchen sein, die jemand gepflanzt hat… Oder vielleicht hat jemand angefangen, eine Bambushütte zu bauen…

Wenn es mir nicht gelingt, diese Typen zurückzudrängen, werde ich nie mehr auf einem Pferd reiten. Ich muß kämpfen, um mein Stück vom Kuchen zu verteidigen. Ich habe furchtbare Angst, aber ich werde es schaffen. Jetzt kann ich mich nur noch auf meine eigene Kraft verlassen, aber sie wird mir helfen zu überleben. Kein Pferd, keine Waffen, keine Tricks – es ist ein Zweikampf zwischen mir und meiner Angst.

Zurück, ihr Bastarde! Hier ist meine Grenze, versteht ihr?

ACHT der STÄBE

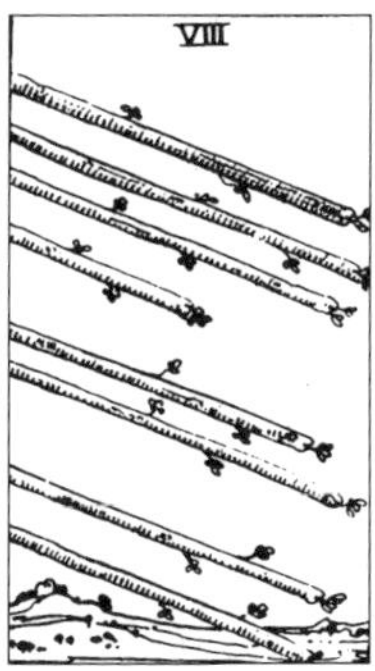

He, da ist ja gar niemand… Das muß wohl die einzige Karte des Spieles sein, auf der keine Figuren sind…

Ein offenes Fenster mit einer wunderschönen Aussicht: ein langsam dahinfließender Fluß, grüne Wiesen, hier und da ein dunkler Busch oder ein großer Baum, ein schöner sanfter Hügel mit einem Schloß, das von einem kleinen Wäldchen umgeben ist. Es muß wohl mittags an einem heißen Sommertag sein.

Die Zeit ist stehengeblieben. Keine Handlung, kein Ziel, kein Verlangen… Nur dieser Augenblick existiert. Was zum Teufel geschieht mit mir? Schau, es gibt keine Brücken, die zurückführen, und wer kennt schon die Zukunft? Ich habe mein Pferd verloren, meine Gefährten, vielleicht sogar mein Gesicht, und ich bin des Kämpfens müde. Ich sitze hier am Ufer des Flusses und lasse alles laufen… Welch ein Frieden, welch eine Stille! Einen solchen Frieden könnte man nie durch einen Krieg gewinnen…

Welche Freiheit aus diesem Augenblick erwächst! Es gibt keinen Plan, keine Richtung, keine Landkarte. Die Karten werden gemischt, die Münzen in die Luft geworfen. Gleich werden sie auf den Boden fallen und die Qualität des nächsten Augenblicks bestimmen, neue Herausforderungen aufzeigen und den Beginn einer neuen Reise ankündigen.

Aber dieser Augenblick, dieser unendliche Augenblick… Diesen Tag werde ich nie vergessen – den Tag, an dem ich durch Zufall das Alleinsein und die Schönheit der Stille entdeckte.

NEUN der STÄBE

Schon wieder im Gefängnis?! Sag bloß, es gibt *zwei* Gefängnisse in diesem Spiel… Beim Monopoly gibt es nur eins.

Nein, das ist kein Gefängnis, zumindest kein äußeres Gefängnis. Diese Stäbe sind nur auf einen Vorhang aufgemalt. Der Bursche dort ist ein Schauspieler, er steht auf der Bühne und rezitiert. Er spielt wieder die Hauptrolle im großen Drama der Angst. Er spielt den Paranoiden, den Defensiven, den Empfindlichen.

Schau, was sie mit *mir* gemacht haben. Ich wurde doppelt verletzt: körperlich und in meinem Stolz. Ich werde dafür sorgen, daß ich niemals wieder verletzt werden kann. Kannst du sie hören? Sie kommen…

Das sind doch nur Passanten auf der Straße, die sich miteinander unterhalten.

Nein, das sind *sie*! Sie haben herausgefunden, wo ich mich versteckt halte, und nun kommen sie!

Schau, sie sind weg. Die Straße ist leer.

Nein, jetzt verstecken *sie* sich, denn sie haben gesehen, daß wir sie gesehen haben…

Ich habe überhaupt niemanden gesehen.

Nun, sie sind natürlich unsichtbar, wenn du das meinst… Und sie sind überall. Ich muß also auf der Hut sein, meine Muskeln zeigen. Oft kommen sie als Freunde, weißt du, aber du kannst sie an ihrem Geruch erkennen und sie niederschlagen, bevor sie sich in deine Gedanken einschleichen und dich verrückt machen. Ich verteidige nur meine psychische Gesundheit, verstehst du…

Schau, mein Freund, du bist müde. Du hast in der letzten Zeit eine Menge erlebt; du brauchst eine Ruhepause, das ist alles. Nimm diese blöde Banane vom Kopf und geh zu Bett.

Schlafen? Das ist am gefährlichsten! Ich bleibe hier und halte Wache. Solange sie wissen, daß ich gehört habe, daß sie mich gesehen haben, ist alles in Ordnung. Es ist schon gut, Mann, ich blute nur ein bißchen.

ZEHN der STÄBE

Genug ist genug! Immer agieren und tun. Sich wehren, kämpfen, weglaufen. Immer hierhin und dorthin rennen, dieses und jenes beweisen müssen und trotzdem wird, wie bei Sisyphus, jeder Erfolg wieder zu einer Niederlage.

Mein Rücken schmerzt. Mein *Rebalancer* sagt, das kommt davon, daß ich herumlaufe, als würde ich die ganze Welt auf meinen Schultern tragen. Er weiß nicht, daß ich das wirklich tue. In meiner Welt bin ich unentbehrlich geworden. Ich muß dafür sorgen, daß die Sonne jeden Morgen aufgeht, daß die Erde unter meinen Füßen sich dreht. Wenn ich nicht rechtzeitig liefere, werde ich nicht bezahlt, und wenn ich nicht bezahlt werde, kann ich das Auto nicht bezahlen, und ohne Auto werde ich niemals rechtzeitig liefern können…

Ich gehe von einer Bar zur anderen. Gib mir noch einen, Sonnyboy; das hilft mir, meine Gedanken zu ordnen. Wie komme ich aus diesem Schlamassel nur wieder heraus? Vielleicht sollte ich einfach den ganzen Kram hinschmeißen? Einfach verschwinden, irgendwohin gehen und noch einmal ganz von vorne anfangen. Ich könnte mein altes Leben zerdrücken, wie diese leere Packung Lucky Strikes, und einfach aufhören, diese Marke zu rauchen…

Will nicht einer von euch mir dieses Bündel abnehmen? Oder weiß vielleicht jemand, wo ich es abladen könnte?

DIE KELCHE

AS der KELCHE

Was für ein wundervolles Geschenk, dieser goldene Kelch auf meiner Handfläche. Das Schwert wollte ich schwingen, den Stab wollte ich ergreifen, aber diesen Kelch möchte ich einfach in Dankbarkeit in meiner Hand halten, sein kostbares Gewicht spüren und meine Finger von seinem warmen, überfließenden Nektar benetzen lassen. Was für eine kostbare Essenz die Liebe doch ist…

Heute morgen kam ein kleiner Vogel an mein Fenster geflogen und schaute durch die Scheibe, um zu sehen, ob auch ich das Leben liebe. Ja, das tue ich, antwortete ich ihm. Ich bin voller Liebe, ich bin Liebe, und ich möchte es singen, herausschreien, flüstern; diesmal weiß ich, daß es echt ist.

Die Gegenwart des kleinen Vogels schwingt mich ein auf diese Schönheit, die uns überall umgibt: dieser kleine Teich mit Blumen, ein winziger Wasserfall, ein großer Vogel, der den Himmel durchstreift. Ah, *das* ist es!

Ja, das ist es… Auch in meinem Innern… Dieses süße Schmelzen, diese Sonne, die meine Seele wärmt, diese Tränen, die die toten Gespenster hinwegwaschen, und dieses Kichern, dieses unwiderstehliche Kichern, das mein Herz kitzelt!

Je mehr ich von diesem Kelch trinke, desto mehr fließt nach. Je mehr ich gebe, desto mehr habe ich. Ja, Liebe ist Überfluß, denn wenn ich nur einen Tropfen von diesem Nektar trinke, vergesse ich die regnerischen Tage und kalten Nächte, die Erschöpfung des Kämpfens und die Torheit des Suchens, denn es ist alles schon da… mehr, als ich mir je vorstellen konnte.

ZWEI der KELCHE

Ich verschlinge dich mit meinen Augen. Wir sind zum Essen ausgegangen, aber beide haben wir das Gefühl, daß wir jetzt nichts essen können. Wir prosten uns zu, schauen uns tief in die Augen und vergessen die Welt um uns herum, die Menschen, die Kellner und die ausgestopften Tierköpfe an den Wänden.

Jetzt existiert nichts als diese Liebe, diese Alchimie zweier aufeinandertreffender Energiefelder, dieses heilende Annehmen und das Aroma dieses Beaujolais Primeur in unseren Gläsern…

Unsere Hände zittern, als wir wagen, uns zu berühren. Wir brauchen keine Worte, es gibt nichts zu sagen, denn wir beide wissen, vielleicht wußten wir schon immer… Das ist es also, was zu tun ist…

«Wie wäre es mit einer Woche Urlaub in Griechenland?» höre ich mich sagen.

Du hältst inne, schaust mich an, legst deinen Kopf gedankenvoll zurück, so als wolltest du meine Absichten prüfen, und dann flüsterst du: «Ich vertraue Dir.»

Ich erröte und spüre, wie intensiv diese Intimität ist, die meine Knie zittern läßt. Ich kann die Augen nicht von dir abwenden, und ich kann meine Hände nicht von den deinen nehmen. Ich bin aufgewühlt, verzaubert...

Jetzt, da die Liebe in mein Leben getreten ist, bin ich bereit, darin zu ertrinken und mich aufzulösen.

DREI der KELCHE

Ja, Liebe wird mehr, wenn wir teilen.

Unsere Körper sind so schön... Die langen Tage am Strand, die durchtanzten Nächte... Nicht nur wir beide sind schön, alle Menschen hier sind schön, *Menschen* sind schön.

Heute morgen saßen wir mit geschlossenen Augen im Kreis zusammen und hielten uns an den Händen. Alle spürten den Energiestrom durch unsere Hände und dieses starke Gefühl der Präsenz, der Einheit, und einen tiefen Frieden. Dann begann jemand zu summen, und unsere Körper begannen, sich wie von selbst leicht zu bewegen. Eine unbekannte Kraft hatte sich unserer bemächtigt, es war die reine Verzückung. Jetzt, nachdem ich begriffen habe, was Liebe ist, werde ich nie wieder einen Vogel in einen Käfig sperren. Statt dessen werde ich mit ihm über die Bäume und in den Himmel fliegen, denn nichts außer der Liebe zählt wirklich, und nur die Liebe läßt uns fliegen.

Über dem Meer sehe ich heute überall goldene Schmetterlinge; oder sind es die Sonnenstrahlen? Eine sanfte Brise weht, und die verschiedenen Gerüche des Meeres dringen zu uns herüber, während wir Kinder der Erde an diesem Strand der Ewigkeit Steine sammeln und uns an den leuchtenden Farben erfreuen.

Als die Nacht hereinbricht, machen wir ein Feuer und singen. Wenn alle singen, wird auch meine Stimme stark und fällt in das Lied ein, bis alle Stimmen zu einer einzigen geworden sind... Dann ergreift uns die Musik vollends und wird zur reinen Spontaneität und Seligkeit. Wir *tun* es nicht! Es *geschieht* einfach... Ja, die Liebe wird mehr, wenn man sie teilt.

VIER der KELCHE

Aha, hier bin ich also wieder. Zurück in meinen alten Mustern, meinen alten «Trips». Es ist schon eine Weile her, daß ich mich selbst angeschaut habe. *Sie* war *immer* da und hat meine ganze Aufmerksamkeit absorbiert. Nun, es war ein schöner Traum. Wenn es das ist, was sie Liebe nennen, dann können sie mir damit gestohlen bleiben.

Was tue ich hier eigentlich? Bin ich etwa für eine Selbsterfahrungswoche nach Griechenland gefahren? Schon allein die Tatsache, daß ich hier bin, zeigt, daß ich nicht weiß, was ich tue. Ich treffe jemanden, verliebe mich, und eine Woche später sitze ich einsam und verzweifelt auf irgendeiner sonnigen Insel... Wozu? Vielen Dank, das brauche ich nicht. Die Sonne interessiert mich auch nicht, ich habe heute noch nicht einmal Lust mich auszuziehen...

Es ging mir wunderbar, bevor ich sie und diesen Haufen komischer Typen traf, mit denen sie herumhängt. Warum zum Teufel mußte ich mich überhaupt verlieben? Drei Nächte voller Leidenschaft, und dann fällt alles auseinander – jedesmal – wer braucht das schon?

Ich werde sie auf keinen Fall suchen, das ist sicher. Was glaubt sie eigentlich, wer sie ist? Ich bin sehr glücklich allein! Ich denke, ich werde meine Sachen packen und verschwinden, ohne eine Nachricht zu hinterlassen... Ich bin ein harter Bursche. Seltsam, daß sie nicht nach mir schaut... Inzwischen sollte sie sich eigentlich Sorgen um mich machen. Schon seit Stunden verstecke ich mich hier auf der anderen Seite des Strandes und fühle mich schlecht, und ihr ist das ganz egal! Sie ist sehr stolz...

Um so besser. Wenn sie hierher käme und mich in meinem Versteck entdecken würde, würde ich mich zu Tode schämen. Was aber, wenn sie wirklich nicht kommt? Und die Nacht mit einem anderen verbringt? Das traue ich ihr zu. Vielleicht sind sie schon miteinander im Bett...

Nein, das würde sie niemals tun. Ich glaube, sie wird bald kommen. Ich muß nur noch ein wenig länger warten. Und wenn sie nicht kommt – *was soll's?*

FÜNF der KELCHE

Sie ist nicht gekommen. Ich bin allein schuld daran, meine kleinen Eifersüchteleien, meine «Trips», meine ewige Unzufriedenheit.

Wieder einmal habe ich die Milch verschüttet und kann niemand anderen dafür verantwortlich machen. Noch vor drei Tagen war ich sicher, dieses Mal wirklich zu lieben! Was für ein Narr bin ich doch gewesen… Aber heute ist Montagmorgen, und ich kann meine Illusionen klar sehen: die Illusion, daß ich lieben kann, daß irgend jemand lieben kann, die Illusion, daß uns ein anderer glücklich machen kann, daß es einen Weg heraus aus diesem Jammertal, dieser Angst und Verzweiflung, dieser furchtbaren Einsamkeit gibt, einen Weg heraus aus dieser vergänglichen, kurzlebigen Welt, wo eine Blume stirbt, sobald du sie berührst, und wo die Liebe verfliegt, kaum daß du den ersten Geschmack davon auf der Zunge hattest. Mein Gott, was für ein Ort…

Ich bereue, bedauere, daß ich so dumm gewesen war, meine ganze Energie an die «Liebe» zu verschwenden, daß ich auf ein hübsches Gesicht hereingefallen bin, denn nun sitze ich da, und mir ist gar nichts geblieben, außer einem Schmerz in meinem Herzen und diesem bitteren Geschmack der Reue, ganz zu schweigen von dem steifen Hals und dem Magengeschwür…

Ich glaube, ich muß mich in die Stille zurückziehen. Ich fühle, daß ich mich selbst, daß ich meine Seele verloren habe. Man kann es mir ansehen: Ich bin von Dunkelheit umgeben... Vielleicht sollte ich mir ein nettes Kloster in Thailand suchen. Betteln gehen, Reis essen und vor allem keine Frauen, die einen nur in Schwierigkeiten bringen...

Pst... Wer wagt es, mich in meiner Verzweiflung zu stören? Laßt mich in Ruhe, laßt mich in meinem Unglück ertrinken, denn das ist alles, was ich verdiene!

Aber, mein Lieber, was ist mit den anderen Kelchen? Jenen, die hinter dir stehen? Kannst du sie nicht sehen?

Bitte erzähle mir nichts von Kelchen; ich werde nie mehr einen Tropfen daraus trinken.

Aber warum willst du über die Vergangenheit jammern, wenn deine ganze Zukunft noch vor dir liegt? Sei so gut, dreh dich um und schau, was da ist, anstatt über das Vergangene zu weinen. Da stehen immer noch zwei Kelche... Direkt hinter dir, und sie warten auf dich! Du könntest sie aus Versehen umstoßen, wenn du sie dort auf dem Boden stehenläßt...

Wenn hinter mir Kelche stehen, dann laß sie dort stehen; das ist der richtige Platz für sie. Ich bin ein für allemal damit fertig. Keine Gefühle mehr, keine Träume. Morgen werd ich mit meiner Diät aus Orangensaft und Yoga beginnen.

SECHS der KELCHE

Zwei Kinder am Strand fesseln meine Aufmerksamkeit; sie sind so anmutig in ihrer Unschuld, in ihrer Einfachheit… Erstaunt schau ich ihnen zu. Ihr Spiel ist so wahrhaftig, ihre Phantasiewelt ist von einer Realität, einer Klarheit, einer Wahrheit, die meiner realen Alltagswelt fehlt. Sie kichern und rennen. Sie halten inne, um eine Muschel aufzulesen, einen nassen Stein einzustecken, eine wilde Blume zu pflücken…

Sie sind von einer Aura des Schutzes umgeben: Das Meer, die Sonne, die Wolken lieben diese Kinder. Ihre Welt ist absolut sicher und bedingungslos gut.

Hier kann nichts Schlimmes geschehen, denn das Schlechte wurde noch nicht erfunden, es existiert nicht…

Ich erinnere mich an diesen Zustand. Ich erkenne ihn wieder. Vor langer Zeit, als ich selbst ein kleines Kind war, war diese Welt einfach gut und schön, und Vögel, Zwerge und Kinder konnten Wunder tun. Die Blumen leuchteten damals wie Diamanten, die Erde atmete, und in einem Grashalm konnte ich das Lächeln des Ganzen sehen.

Wie schön ist es, den Flug einer Fliege mit den Augen zu verfolgen, die Wolken am Himmel zu beobachten, in das Gesicht eines Freundes zu schauen. Welche Ekstase liegt doch darin, einfach zu spielen, zu atmen. Wie wundervoll ist es, zu sein, lebendig zu sein.

Heute bin ich wieder in dieser Welt; oder vielleicht habe ich sie nie verlassen. Ganz gleich, wie lange dieser Zustand anhält, ich schwöre, daß ich niemals den Tag vergessen werde, an dem ich wieder wie ein Kind wurde und durch einen kleinen Türspalt in den Garten des Lebens blickte.

SIEBEN der KELCHE

Wenn ich heute in die Wolken schaue, kann ich sehen, was immer ich will: Drachen und Ritter, Schlösser und Prinzessinnen... Ja, diese Welt ist eine riesige Projektion, die reine Illusion, ein Spiel des Bewußtseins, eine Überschneidung möglicher Welten... Diese weißen Wolken sind wie mein Leben: Sie ziehen hierhin und dorthin – ohne Zweck und Ziel, akzeptierend, in Frieden...

Und auf sie projiziere ich alles, was ich möchte!

Heißt das also, daß das alles ist, daß es nur Projektionen und Träume gibt? Ist das alles nur ein Spiel des Unbewußten, das sich dann in der Welt manifestiert?

Hier, mitten in diesem Traum, spüre ich eine leuchtende Präsenz... Ja, es *ist* alles Maya, wie von einem Schleier bedeckt – aber was ist dort *hinter* dem Schleier? Was ist jenes Licht hinter den Wänden des Himmels? Wer ist dieses eine leuchtende *Sein*, um das sich das Rad der Träume in Ewigkeit dreht? Und wer bin ich, dieser Bursche hier, der stets den Traum beobachtet? Stehe ich außerhalb des Traumes? Oder bin ich selbst ein Traum, träumend, daß ich träume? Träume innerhalb von Träumen innerhalb von Träumen… Das muß die Wirklichkeit sein… Wieso bin ich von dieser Dunkelheit umgeben? Warum bleibe ich draußen? Warum distanziere ich mich von dem Traum? Warum springe ich nicht einfach in diese Wolken hinein und löse mich auf?

Ich könnte auch in den Traum eintreten, träumen, was mir beliebt und meine Wünsche manifestieren. Und ich habe so viele Wünsche. Aus jedem Wunsch wird ein neuer Traum geboren. Manchmal wünsche ich mir, für immer mit meiner Geliebten vereint zu sein. Ein anderes Mal wünsche ich mir riesige Schutzmauern um mich herum, damit ich nicht sterben muß… Manchmal möchte ich meine inneren Monster zähmen, wie ein Dompteur seine Löwen. Dann wieder möchte ich am liebsten meine Schlange freilassen und ihr zurück in den Garten Eden folgen… Und manchmal wünsche ich mir sogar, ein reiner Lichtkörper zu sein… Aber warum bin ich von dieser Dunkelheit umgeben? Warum befinde ich mich immer außerhalb der Szene, außerhalb des Traumes? Wer ist der Träumer, dieser dunkle Träumer, der vom Licht träumt?

ACHT der KELCHE

Es ist Zeit zu gehen und nicht zurückzuschauen. Es ist Zeit, daß ich alles hinter mir lasse und neu beginne, daß ich mich auf eine neue

Suche begebe... Und diesmal muß ich allein suchen. Ich habe nichts bei mir außer dem Nötigsten.

Ein Kelch fehlt – der wesentliche Kelch, der heilige Gral meines Lebens. Ich mache mich jetzt auf, um ihn zu suchen. Ich habe in der Dunkelheit gelebt, und jetzt suche ich das Licht. Ich habe erfahren, wie Liebe sich in Haß verwandelte, wie Schmerz auf das Vergnügen folgte und die Wirklichkeit sich in Millionen von Träumen aufspaltete. Ich war sonntags betrunken und erwachte am Montag mit einem Kater. – Ich habe das Spiel durchschaut. Von nun an werde ich nüchtern bleiben. Ich werde in der Nacht abreisen, wie so viele vor mir, ungesehen werde ich mich still davonmachen, und bald werden sie mich vergessen haben.

Ich suche die Wahrheit jenseits aller Lügen. Ich suche nach dem Licht, das meine Dunkelheit vertreiben wird; nach dem Wasser, das meinen Durst löschen kann; nach dem Wein, der keinen Kater zurückläßt; nach dem Frieden, in dem meine Sorgen sich auflösen; nach der Einfachheit und Schlichtheit, die meinen Geist zur Ruhe kommen lassen.

NEUN der KELCHE

Ich sitze hier, tue nichts; das Gras wächst ganz von selbst... Ja, mein Eingreifen ist gar nicht notwendig. Es erzeugt nur Verwirrung, so daß ich schließlich nicht mehr sehen kann, was tatsächlich *ist*.

Ich sitze hier im *Zazen* und fühle, daß «ich bin». Plötzlich steigt ein unbekanntes Glücksgefühl, ein tiefer Frieden in mir auf, und ein Lächeln erscheint auf meinen Lippen…

Diesen Zustand habe ich nicht aus einem Bemühen oder einem Wunsch heraus *erreicht*. Ich habe ihn nicht erreicht, ich habe ihn nicht kreiert, ich habe ihn nicht projiziert. Ich habe einfach nur beobachtet, wie er in meinem Innern aufstieg, wie er in einem Moment der Stille, des Nichtstuns und der Bewußtheit aus der Tiefe meiner Erfahrungswelt hervorkam. Jetzt ist das Gefühl hier. Es nimmt mich in seinen Bann, es füllt und erfüllt mich – «ich bin».

Ich fühle mich rund, vollständig, zufrieden, einfach indem ich hier sitze und die Wand anschaue.

Meine Ängste und meine Höllen haben sich durch dieses einfache Erwachen aufgelöst.

In dem Moment, in dem ich meine Augen öffnete, war alle Dunkelheit verschwunden!

Als ich meine Verteidigungsmechanismen aufgab, sah ich, daß es gar kein Gefängnis gibt und daß niemand da ist, der mich angreifen will. Ich bin allein, aber nicht einsam. Zu sein ist mehr als genug.

ZEHN der KELCHE

Oh, der Regenbogen… Der Sturm ist vorbei, und die Wolken haben sich verzogen. Ich kann jetzt sehen, wie schön die Welt ist. Der unendliche Himmel, dieses frische, grüne Gras, die sanften Hügel, diese wunderschöne Frau, mit der ich zusammenlebe, und dieses kleine Haus auf dem Land.

Wie einfach ist es doch, ein Mensch, einfach menschlich zu sein.

Das ist die Erde, unser Garten der Freude. Das ist die Liebe, unsere einzige Erfüllung. Das ist das Mysterium: die leuchtende Sonne, die spielenden Kinder, das Summen der Bienen, der Gesang der Grillen, das dunkle Brot, das wir backen, die Liebe und der Frieden, die wir fühlen…

Ich bin so froh, daß die Reise hier endet, denn jetzt können wir für immer glücklich so weiterleben…

Pst… Mein Lieber, die Reise endet *nicht* hier. Sie geht weiter. Hast du vergessen, daß die Münzen noch auf uns warten? Du mußt noch zehn weitere Karten durchleben, zehn weitere Erfahrungen machen – dann kannst du aus dem Spiel aussteigen.

Wer will denn aus dem Spiel aussteigen? Es ist so schön hier; ich habe alles, was ich brauche. Ich besitze mehr, als ich mir je erträumt habe. Und meine Frau, meine Kinder? Sie brauchen mich… Und wer wird die Rosen pflegen, die Artischocken ernten, wenn der Frühling kommt? Wenn ich das Gras nicht mähe, werden wir bald Vipern vor der Tür haben.

Natürlich kannst du dein Gras mähen, deine Frau lieben und deine Rosen pflegen, aber es ist auch Zeit, daß du die Münzen annimmst und mit deiner Arbeit beginnst.

Meine Arbeit?

Dein Buch.

Ah, das.

Du kannst in diesem Haus bleiben und hier schreiben. Du kannst Karten spielen. Du kannst meditieren, und *daraus* wird dein Buch entstehen. Die Reise wird weitergehen, aber sie wird nun auf einer völlig anderen Ebene weitergehen. Es wird eine Reise nach innen sein, eine Reise in deine Seele, eine Reise zur Quelle deines Wesens. Sie wird dir viel Spaß machen, das verspreche ich dir.

DIE MÜNZEN

Eine Hand kommt aus den Wolken und bietet eine leuchtende Münze aus reinem Gold dar.

AS der MÜNZEN

Sie ist vollkommen rund, sie ist vollkommen – ganz. Das Schwert, der Stab und der Kelch waren immer nach außen gerichtet. Sie dienten dazu, zu geben oder zu erhalten, zu zerschneiden, zu durchdringen oder zu empfangen und erfüllt zu werden.

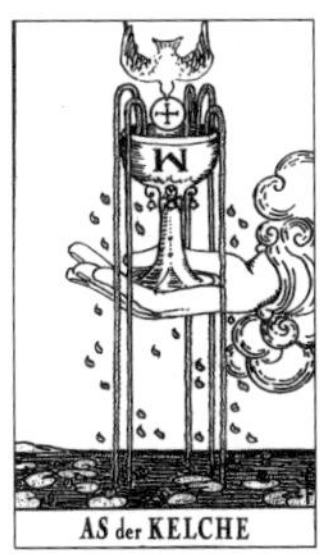

Diese Münze hier in meiner Hand fühlt sich anders an. Ich kann nichts damit anfangen, ich kann sie nicht *benutzen*. Diese Münze existiert *einfach* – als Energiereservoir, als Zentrum, als Samen, als ein perfektes Ganzes – und sie fordert mich auf, sie lockt mich, mit ihr zu schwingen, selbst so zu werden wie sie: ein stilles Energiereservoir, eine Präsenz.

Oder – vielleicht kann ich *viele* Dinge damit tun. Diese Münze ist ein magisches Werkzeug. Ich kann mich damit auf die Planeten einschwingen. Mit ihrer Hilfe kann ich mich in Gaya verwurzeln, kann mich heilen und reinigen.

Diese Münze ist das Endprodukt der Alchimie des Lebens. Aus der Materia Nigra der Schwerter haben wir Schritt für Schritt reines Gold extrahiert. Wir haben den Kampf, die Suche und die Tränen in Bewußtsein, Energie und Licht umgewandelt. Es ist eine Kristallkugel, durch die wir für einem Moment die Zeit verlassen und uns in andere Zeiten schleichen können.

Es ist ein Geschenk, das uns aus dem Himmel gereicht wird, eine uranische Erkenntnis, ein *Satori*, die Saat der Bewußtheit, die hier auf der Erde Frucht tragen und den Planeten reinigen soll. Es ist eine Botschaft der Außerirdischen…

Diese Münze ist auch das Produkt großer Geschicklichkeit und sorgfältiger Handarbeit. Sie wurde durch ständiges Üben, durch Hingabe und Verehrung geschaffen. Sie ist das goldene Mysterium, das Kind der Sonne im Leib der Mutter…

Die nächste Stufe meiner Arbeit, dieses Buches, das ich hier schreibe, beruht auf Intuition, auf den Erkenntnisblitzen, die aus dem Himmel kommen. Ich möchte Samen in die Erde des Seins pflanzen, in den Boden des alltäglichen Lebens, in den Garten des Meisters, und ich werde diese Samen mit meiner Vorstellungskraft bewässern und warten. Denn alles, was zu uns kommt und bedeutsam ist, kommt von selbst.

Bald werden kleine Blättchen anfangen zu sprießen, werden neue Einsichten, neue Ideen wachsen, denn die Wurzeln reichen tief hinunter und ziehen ihre Nahrung aus meiner Erfahrung. Nach und nach erscheinen die ersten Knospen, und bald werden die Blüten ihren Duft verströmen. In einiger Zeit, so hoffe ich, werden wir die Früchte essen können.

Diese Früchte werden wiederum neue Samen hervorbringen, wie diesen einen, den ich hier in meiner Hand halte, und so wird es wohl bis zum Ende aller Zeiten weitergehen.

Das ist also das Wunder, das einzige Wunder: Aus einem kleinen Samenkorn wächst der Baum heran und beginnt zu blühen. Aus einer kleinen Eingebung entsteht ein neues Spiel, ein neues Buch. Aus einem kleinen Leben, irgendeinem Leben, schmecken wir das Aroma allen Lebens in seiner Herrlichkeit, seiner Schönheit, seinem ewigen Glanz.

ZWEI der MÜNZEN

Was soll ich schreiben? Wie soll ich beginnen?

Ich sollte vielleicht mit dem Leser anfangen. Ich glaube, daß ich zwei Arten von Lesern habe: die mehr traditionell, esoterisch Orientierten und die Jüngeren, die auf der Suche nach neuen Erfahrungen sind... Folglich wird es auch zwei Arten von Verlegern geben... Aber das würde bedeuten, daß ich zwei Arten von *Büchern* schreiben müßte, aber es gibt doch nur einen Autor von meiner Sorte – halb *New Age*, halb traditionell. Mmh...

Vergiß die Leser; was für ein Buch möchtest *du* schreiben?

Nun, es gibt zwei Möglichkeiten. Ich könnte ein vollkommen «freies» Buch schreiben. Ich könnte alle Phantasiegeschichten über die Karten niederschreiben, könnte alles offenlassen und auf Anleitungen verzichten. Das heißt, das Kind ins tiefe Wasser zu werfen, um ihm das Schwimmen beizubringen… Die andere Möglichkeit wäre ein Anleitungsbuch, in dem zu jeder Karte eine bestimmte Erklärung gegeben wird, so daß der Leser einem bestimmten Muster folgen, etwas lernen und Schritt für Schritt ein bestimmtes Ziel erreichen kann. Ich finde beide Möglichkeiten gut, aber es sind wirklich zwei ganz verschiedene Ansätze…

Hör doch einfach auf, dir Gedanken über die Art des Buches zu machen und fange an, spontan niederzuschreiben, was dir in den Sinn kommt…

Gut, aber sollte ich mit einer Geschichte über eine bestimmte Karte beginnen und dann die mehr theoretischen Kapitel folgen lassen, oder soll ich mit einer schönen Einleitung anfangen und dann die Geschichten niederschreiben?

Fang doch einfach mit einer Geschichte an.

Gut, beginnen wir also mit der Geschichte. In meiner Schublade liegen schon zwei, eine über den *Magier* und eine über den *Narren*. Welche von beiden sollte ganz am Anfang stehen?

Ich glaube, die über den *Magier*.

Soll ich auf italienisch oder auf englisch schreiben? Soll ich mit der Schreibmaschine oder mit der Hand schreiben? So viele Entscheidungen müssen noch getroffen werden, bevor ich wirklich anfangen kann…

So, wie fange ich an? Wie soll ich jemals anfangen?

DREI der MÜNZEN

Jetzt ist alles da. Mit einem Mal hat sich alles gefügt: Ich bin mir im klaren über das Konzept des Buches. Ich habe den richtigen Verlag gefunden, der Vertrag ist unter Dach und Fach, und einen Vorschuß habe ich auch bekommen.

Es ist ein gutes Gefühl, anerkannt zu werden, geschätzt zu werden, die Räume eines Unternehmens, einer Organisation zu betreten und eine eigene professionelle Rolle im Ganzen zu spielen. Es erinnert mich an meine Zeit an der Universität.

Ab heute bin ich offiziell «der Autor». Das ist ein guter Anfang. Ich kann mich schon sehen, wie ich Exemplare des Buches auf der Frankfurter Buchmesse signiere…

Nachdem der Vertrag abgeschlossen war, fuhr ich nach Hause, zog meine bequemen Kleider an, die, die ich immer anziehe, wenn ich schreibe oder meine Wohnung in Ordnung bringe, und machte mich an die Arbeit. Nun nimmt das Konzept allmählich Formen an. Überall liegen Notizen herum, und ich denke, daß ich bis heute abend die Einleitung fertig haben werde.

Ja, das ist wirklich meine Arbeit, die Arbeit, für die ich bestimmt bin! Es wurde auch Zeit, daß mich jemand «entdeckte», nach all diesen Jahren im Untergrund…

VIER der MÜNZEN

Schau Mama, was für ein großartiger Autor ich bin!

Schau Mama, ich habe schon vier Kapitel geschrieben!

Schau Mama, ich bin einer der Besten auf meinem Gebiet!

Schau Mama, mein Herzchakra öffnet sich...

Ich meditiere jetzt regelmäßig. Es ist das erste, was ich am Morgen tue – um vier Uhr morgens. Wenn ich es vergesse, fühle ich mich schuldig. Ich brauche es, um am Buch arbeiten zu können, wißt ihr?

Aber wenn ich in den Spiegel schaue, sehe ich die Spannung und die Spuren der schlaflosen Nächte in meinen Augen. Und meine Körperhaltung... vornübergebeugt, angespannt, sehr angespannt. Was habe ich zu verteidigen? Worüber mache ich mir Sorgen? Es beunruhigt mich, daß ich jetzt eine Arbeit tun muß, eine Position zu verteidigen habe, ein *Image* kultivieren muß: der Autor. Es ist solch eine Last, jemand sein zu müssen! Aber was kann ich sonst tun? Dies ist die Arbeit, die ich gewählt habe. *Hic Rhodus, hic salta!*

Ich mache diese Arbeit gut, sogar ausgezeichnet. Oder etwa nicht? Meine Arbeit ist gut organisiert; alles läuft gut. Ich kann schon sehen, wie das Buch in den Schaufenstern liegt, mit einer Farbfotografie von mir, auf der ich dem Käufer direkt in die Augen schaue. Genug geträumt. Ich muß das 5. Kapitel beginnen.

FÜNF der MÜNZEN

Ah, das fünfte Kapitel…! Die fünf Münzen konnte ich nie einsammeln…

Mitten im fünften Kapitel passierte das Drama: Ich kam plötzlich nicht weiter. Ich fühlte mich blockiert bei der Arbeit, und auch meine Liebesbeziehung war festgefahren. Beides gleichzeitig. Ja, zwei Alpträume auf einmal: der «Schreibblues» und die Ballade der festgefahrenen Beziehung, zum ersten Mal gleichzeitig in einem kleinen Landhaus…

Es ist etwas Seltsames um die Nummer fünf in diesem Spiel.

Alle Karten mit der Nummer Fünf spiegeln eine Krise, eine Sackgasse. Etwas Neues, etwas *anderes* muß geschehen, damit das Spiel weitergehen kann und der Energiefluß wieder in Gang kommt.

Bei den Schwertern mußte ich die Waffen aufsammeln und den Platz verlassen – aber auf der Karte Nummer Fünf hatte ich das noch nicht getan. Ich war blockiert und schaute im Zorn zurück.

Bei der Fünf der Stäbe gab es auf einmal so viele «Ichs», die miteinander kämpften. Ich brauchte Hilfe und eine klare Richtung, aber ich wußte nicht, welchem Ich ich folgen sollte. Ich war wiederum blockiert und trat auf der Stelle.

Bei der Fünf der Kelche hätte ich nur meinen Kopf drehen müssen, um zu sehen, daß die Liebe da war. Aber ich konnte es nicht, denn ich zog vor, in meinem Elend zu ertrinken. Ich war blockiert, weil ich meine Gefühle dramatisierte.

Und jetzt? In was für eine Situation habe ich mich da gebracht! Ich bin der Typ auf der linken Seite des Bildes, der mit den Krükken, der vor sich hinjammert und dessen Augen blind für die ihn umgebende Schönheit sind. Es ist offensichtlich, daß ich zuviel gearbeitet habe…

Zu allem Überfluß gefällt mir das, was ich hervorgebracht habe, nicht. Es gefällt mir kein bißchen. Es ist *nicht* originell und gleichzeitig *sehr* prätentiös. Wie kann ich es wagen, über Meditation, über Liebe zu sprechen. Was weiß ich schon von diesen Dingen? Was für eine Meditation habe *ich* erfahren? Ich schreibe über Meditation und bin gleichzeitig depressiv. Ich spreche von Liebe und bin voller Angst. Ich klammere und bin bedürftig…

Siehst du? Sie schaut mich noch nicht einmal an. Wahrscheinlich hat sie genug von diesem Bettler. Wie konnte es nur geschehen, daß ich mein Königreich und meine Liebe verlor, indem ich nur eine weitere Karte umdrehte?

SECHS der MÜNZEN

Dann lernte ich den Trick. Ich begriff, daß *ich* mir *selbst* die Liebe und Aufmerksamkeit geben kann, die ich brauche. Ich kann mich selbst nähren, meine vielen Selbsts, die nach Anerkennung, nach Liebe hungern und auch am Spiel teilnehmen möchten.

Die Vergessenen, die Verdammten, die Zurückgewiesenen, der Bettler, der Hilflose, der Kranke... Ja, ich kann meinem kleinen hungrigen Selbst etwas geben und dem kleinen Hilflosen in mir helfen. Ich kann mein inneres Kind heilen, wenn es krank ist... Indem ich mich selbst nähre, entdecke ich, daß ich reich bin. Wir sind hier zu dritt: der Bettler, der seinen Anteil erhält, der Hilflose, der noch nicht einmal darum bitten kann, aber da ist auch der Wohltäter, der seine Gaben an beide gerecht verteilt. Ich bin jeder dieser drei. Indem ich gebe, entdecke ich, daß ich reich bin. Wenn ich meine Bedürfnisse ernst nehme, werden sie erfüllt.

Ich kann mein eigener Wohltäter sein und allen Teilen von mir selbst die gleiche Liebe geben. Ich kann mich selbst akzeptieren, wie ich bin, wie ich wirklich bin, mit allem, was dazugehört. Ich kann meine Gefühle annehmen, ganz gleich, welcher Art sie sind. Ich kann mein inneres Kind ausführen und ihm ein Essen im Restaurant spendieren, und ich kann ein bißchen Geld sparen, um Herrn Hilflos zu versichern, daß wir immer genug zu essen haben werden.

Allmählich beginne ich über dem ganzen Spiel zu stehen, eine neue Gestalt wird sichtbar. Die Gäste sind ruhig und zufrieden, denn der Gastgeber ist in sein Haus zurückgekehrt. Ich sitze wieder an meinem Schreibtisch und fange ganz einfach wieder an zu schreiben. Es sieht so aus, als sei die Krise überstanden.

SIEBEN der MÜNZEN

Ah! Ich bin fast fertig! Das Buch wächst, und es macht Spaß, meine Arbeit durchzuschauen und zu sehen, wie die überarbeiteten Kapitel sich nun in Reinschrift auf meinem Schreibtisch stapeln… Es ist erstaunlich: Langsam, langsam, Tag für Tag, nahm meine Arbeit Gestalt an.

Jetzt liegt das Ergebnis vor mir; ein Buch, ein Objekt, etwas, das eigenständig existiert, ein kleines Ding, das bald seine eigene Reise in der Welt antreten wird. Zur Zeit denke ich über den Titel nach, aber mir fällt nichts ein…

Ich lese die Kapitel durch, so als würde ich sie zum ersten Mal lesen. So, das habe ich also aus meinem Leben gemacht… In diese Richtung hat sich also mein Leben entwickelt…

Die Trauben sind verschwunden, aber der Wein ist da, tröste ich mich selbst. Ich fühle mich ein wenig traurig, ein wenig müde. Bald werden wir uns endgültig trennen müssen. Das Buch wird seinen eigenen Weg gehen, und ich werde allein zurückbleiben, allein mit mir selbst, ohne dieses Kind. Ein weiteres Kapitel meines Lebens wird beendet sein.

Die Blüten sind aufgegangen, und bald werden die ersten Früchte reifen. Es war eine schöne Arbeit, wenn auch manchmal hart, und ich bin froh, daß ich sie getan habe. Jetzt kann ich mich entspannen, kann für einen Moment ausruhen und diese Zeit noch einmal an meinem geistigen Auge vorüberziehen lassen: die stürmischen Tage, die Tage, als kein Regen fiel; dann jene Tage, als es in Strömen goß, die ersten Knospen, die schönen sonnigen Tage, das Öffnen der Blüten, der Duft...

Ich bin müde, glücklich und zufrieden. Ich fühle, daß ich gereift bin. Vielleicht werde ich auch einfach alt.

ACHT der MÜNZEN

Ich feile an Details herum und gehe völlig in meiner Arbeit auf. Das fühlt sich sehr gut an. Es ist keine Mühe. Ich plane nicht und halte nicht inne. Die Arbeit will einfach getan sein, und ich tue sie.

Nein, es ist eher so, daß die Arbeit, das Buch, das Lied, die Botschaft zu mir gekommen sind und von mir Besitz ergriffen haben. Die Arbeit führt mich, nicht umgekehrt.

Es existiert nichts anderes mehr als dieser Fluß der Kreativität, dieser Brennpunkt, dieser Energiekreis. Meine Hände, meine Augen, mein Geist tun spontan, was zu tun ist. Dann ist alles in Ordnung, fühlt sich richtig an und fügt sich.

Ich genieße es wirklich, mich durch diese Münzen hindurchzuarbeiten. Es geht sehr schnell. Der Text fließt; ich habe keine Zeit, zurückzuschauen und noch einmal nachzulesen. Das ist auch nicht nötig. Ich weiß, daß es gut ist. Nur noch diese Arbeit, dieser Augenblick, dieser Moment existiert.

In diesem Moment verschmelzen Wirklichkeit und Fiktion. Der Archetypus manifestiert sich, Tarot und Leben werden eins, denn *ich* bin in diesem Augenblick die Acht der Münzen. Diese Geschichte ist real! Das Leben schreibt mein Tarot, und der Tarot schreibt mein Buch! Draußen im Garten singt das Leben durch die Vögel, und hier im Zimmer spielt es Tarot.

Es ist ein reines Vergnügen, eine reine Freude, wenn Arbeit zum Spiel wird, wenn das Spiel zur Hingabe wird und die Hingabe zu endloser, köstlicher Freude.

NEUN der MÜNZEN

Heute ist alles, so wie es ist, perfekt und ganz: ein tiefes Gefühl von Vollendung, Harmonie und Frieden.

Ich gehe hinaus in den Obstgarten; die Trauben reifen; sie sind schon leuchtend rot. Sie werden bald eine blaue Farbe annehmen und ihren Duft verströmen. Dieses Jahr wird der Wein ein wunderbares Bouquet haben. Ich lasse meinen Blick über das Land schweifen – es ist ein zeitloser, warmer Nachmittag. Die Natur ist so ein guter Lehrmeister. Es gibt keine Eile, keine Hektik. Alles ist total präsent. Was ist, ist. Alles ist überfließend. Die gesamte Natur lebt im Überfluß. Schon auf diesem kleinen Fleckchen Erde kann ich Millionen von Vögeln, Blumen, Pflanzen, Insekten sehen, die alle mit dem einen Lebensstrom, dem einen Sein verbunden sind, die reifen, fließen und überfließen.

Es gibt keine Eile, kein Ziel, nichts zu tun. Es gibt auch nichts zu verstecken. Alles zeigt sich, manifestiert sich. Es ist alles hier – Tag für Tag.

Es gibt eine Zeit zu säen und eine Zeit zu ernten, eine Zeit zu sterben und eine Zeit, geboren zu werden. Es gibt für alles eine Zeit; alles kommt dann, wenn die Zeit dafür reif ist. Das, was kommen kann, wird kommen. Was geschehen soll, geschieht.

Ich höre von weitem ihr Lachen, wie den Ruf eines Vogels. Sie ist auch herunter in den Garten gekommen, meine schöne Frau. Sie hat gerade die Blumen gegossen, und jetzt will sie sich einen Moment ausruhen. Heute trägst du das Haar ganz anders – nach hinten gekämmt und zu einem Knoten geschlungen, so daß dein ganzes Gesicht frei ist… Seit so vielen Jahren liebe ich dich, flüstere dir immer wieder neue Namen ins Ohr, sage dir süße Dummheiten, damit ich mit diesem Mysterium spielen kann, dem Mysterium der Nähe zu einem anderen Menschen, dem Mysterium der Gemeinschaft, dem Mysterium des Wechselspiels zwischen Alleinsein und Zusammensein, dem Mysterium zweier Menschen, die eins sind, ohne ihre Identitäten zu verlieren; dem Mysterium dieser Achtung, dieser Annahme dessen, was ist – in den Sternen, in den Bäumen, in uns… denn du, meine Liebe, bist wie die Rosen und die Schmetterlinge, die alle Kinder zu fangen versuchen, bis sie erwachsen werden und lernen, sie sein zu lassen.

Wir lassen einander sein, was wir sind. Das ist mehr, als ich je zu hoffen wagte.

ZEHN der MÜNZEN

Endlich bin ich zu Hause angekommen! Das ist ein schönes Ende dieses Tarotspiels, in der Tat.

Eine gute Arbeit. Ich habe meine Aufgabe erfüllt, habe einen Teil meiner Geschichte vollendet. Ich habe einen Kreis, eine Gestalt geschlossen und betrachte sie nun aus einer neuen Perspektive der Erfüllung mit Gleichmut und Ruhe. Ich schaue mich um und sehe die gleiche Welt, in die ich hineingeboren wurde. Hier habe ich gelebt, habe mich auf den Weg gemacht und mit meiner Suche begonnen; in diesem wunderschönen Garten habe ich ohne Grund und ohne Notwendigkeit gelitten. Und von hier wollte ich fliehen! Aber ich war immer hier, war immer zu Hause.

Wenn ich zurückschaue, kommt ein Lächeln auf meine Lippen: welch ein *Traum* war dieses Leben doch! Welch eine schöne Geschichte über Messer, Stöcke, Becher und Münzen, was für ein wunderschönes Drama, was für ein Spiel, ein Spiel des Tarot…

Ich war immer hier, da, wo ich immer gewesen bin. Ich träumte nur – von Helden und Prinzessinnen, von Siegen und Niederlagen, von Zaubereien und von Schätzen.

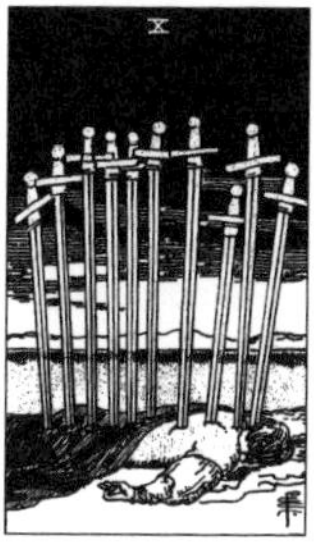   

Träumend verlor ich mich im Dschungel, suchend durchstreifte ich den Wald, fand den Garten und betrat das Heim. Ich war immer zu Hause, ich träumte nur, daß ich es verlassen hätte. Es ist ein friedliches Erwachen aus einer Reihe schöner Träume. Ich schlage die Augen auf und sehe, daß die Wirklichkeit noch viel bunter ist als jeder schöne Traum.

Diese Hügel, dieser Himmel, diese Wolken habe ich immer gesehen, doch jetzt kann ich sie zum ersten Mal wirklich sehen… Ich war die ganze Zeit dieses Wesen… Doch Ulyssis kann erst heimkehren, nachdem er um die ganze Erde gereist ist. Ich glaube, mein Vater hatte recht, als er vor langer Zeit sagte: «Wenn du den Morgen sehen willst, mußt du die Nacht aufbleiben.»

Die Hofkarten

Spiele, die man so spielt

Es ist leicht zu erraten, daß die Hofkarten Menschen in ihren sozialen Rollen repräsentieren, daß sie Persönlichkeiten spiegeln, die sich in sozialen Wechselbeziehungen engagieren. Die Gestalten auf den Hofkarten sind im wesentlichen soziale Produkte; es geht um ihre Beziehungen zueinander. Sie spiegeln alle Beziehungs- und Familienmuster, die zwischen Menschen möglich sind.

Da sie so gern mit anderen in Beziehung treten, werden wir sie in diesem Kapitel in vielen verschiedenen Kombinationen aufeinandertreffen lassen und werden beobachten, was dann geschieht. Auf diese Weise können sie verschiedene Aspekte ihrer selbst zeigen, und wir können uns noch besser mit dem Spiel vertraut machen, das heißt, damit, wie man intuitiven Tarot wirklich spielt.

Wir werden uns zunächst jede Karte einzeln betrachten und sie dann in verschiedene Umfelder stellen, um zu sehen, wie die Gestalten ihr Wesen verändern, je nachdem, in welchem Kontext sie stehen. Das gilt natürlich für alle Tarotkarten, doch die Hofkarten bieten sich an, einfache und doch bedeutungsvolle Kartenkombinationen darzustellen.

Versuche, die auf den folgenden Seiten vorgestellten Kombinationen der Hofkarten selbst zu interpretieren, und versuche, auch eigene Kombinationen zu legen. Das ist mit Sicherheit eine großartige Übung, um deine Vorstellungskraft anzuregen und dich auf deinen eigenen inneren Märchenerzähler einzustimmen. Wenn du Intuitiven Tarot spielen willst, wirst du auf keinen Fall ohne ihn auskommen!

Wie bei den kleinen Arkana fangen wir mit den Schwertern an, gehen dann über zu den Stäben, den Kelchen und den Münzen, wobei wir uns die Karten in der Reihenfolge Bube, Ritter, Königin und König betrachten.

DIE SCHWERTER

BUBE der SCHWERTER

Ich höre den Feind kommen… Was soll ich tun? Oder sind es die Vögel? Soll ich weglaufen oder wie ein Mann kämpfen? Oder ist es vielleicht besser, das Schwert sinken zu lassen und freundlich zu reagieren?

Was es auch sein mag, das auf ihn zukommt – der Bube der Schwerter ist grundsätzlich ambivalent; das sehen wir an seiner instabilen Haltung. Er weiß nicht, ob er kämpfen oder flüchten soll, ob er sich dem Leben stellen oder davor wegrennen soll. Stümperhaft und ungeschickt hält er sein Schwert mit beiden Händen; fast kann man den Schweiß auf seinen Fingern ahnen. Seine Augen sind angespannt und ängstlich; sie schauen etwas melancholisch drein, zeigen eine geheime Sehnsucht.

RITTER der SCHWERTER

BUBE der SCHWERTER

Er hatte nicht den Mut, seinem großen Bruder in den Krieg zu folgen. Vielleicht war er zu jung, oder er war zu dünn, um den Panzer zu tragen, vielleicht ist er aber auch der Einberufung durch eine legale Ausrede entgangen. Aber eines Tages, oh ja, eines Tages wird er erwachsen sein, und dann wird er allen zeigen, was für ein großer Kämpfer er ist.

KÖNIGIN der SCHWERTER

BUBE der SCHWERTER

Armer Bube! Schaut, wie er sich verhält, wenn seine Mutter in der Nähe ist! Sie kommandiert ihn herum, kritisiert ihn ständig und droht ihm. Doch gleichzeitig ruft sie ihn, winkt ihn mit ihrer schönen Hand zu sich; vielleicht möchte sie ihn einfach nur streicheln. Und das macht seine Ambivalenz aus: Er kann weder einfach weggehen, um auf Rache zu sinnen, noch kann er seiner Mutter wirklich vertrauen. Will sie wirklich zärtlich sein, oder wird sie plötzlich ausholen und ihn schlagen, wenn er es wagt näherzukommen

Hier können wir sehen, wie unser Held dem Ruf eines wunderschönen Mädchens widersteht, wie er vorgibt, in die andere Richtung zu schauen und doch sein Ohr dem verlockenden und gefährlichen Lied dieser Sirene nicht verschließen kann. Sein ganzer Körper fühlt sich zu ihr hingezogen, so als sei er von ihrer Energie magnetisiert.

RITTER der SCHWERTER

Am Himmel braut sich ein Gewitter zusammen; wir hören fernes Donnergrollen; ein starker Wind bläst. Der größere Bruder des Buben, der Ritter, ist ganz das Gegenteil unseres Kleinen. Er ist mutig, gerade heraus und steuert immer direkt auf sein Ziel zu. Was für ein Mann, was für ein Kämpfer er ist!

Seine Augen sind scharf wie sein Schwert, und er ist so schnell wie sein Pferd, wenn es wild wird und in scharfem Galopp davonprescht. Wer könnte solch einem Mann Widerstand leisten? Wer würde sich nicht vor ihm fürchten, wenn schon sein Pferd so vor ihm erschrecken kann.

Genau das aber ist seine Schwäche: Er könnte die Kontrolle über sein Pferd verlieren, weil er es vielleicht nicht mehr zum Anhalten bewegen kann. Wenn er bei dieser Geschwindigkeit die Zügel plötzlich zurückreißen muß, wird er vornüber vom Pferd stürzen und sich den Hals brechen.

Wir wollen ihn ein wenig auf seinem scharfen Ritt begleiten.

Anfangs, wenn er dem Buben begegnet, gibt es keine Probleme. Er stößt ihn einfach rasch beiseite und galoppiert weiter.

Auch der Ritter der Stäbe stellt für ihn kein Hindernis dar. Ihn brüllt er im Vorbeigaloppieren nur einmal kurz an, weil er sich seiner Meinung nach nicht genug rechts hält.

Schließlich wird er den freundlichen Portier des Theaters niederrennen, in die Garderobe der Revuetänzerin eindringen und sie vergewaltigen, bevor sie noch ihre Nase zu Ende pudern konnte. Aber was wird er, ein Meister des Kampfes, tun, wenn er auf seinem Wege einem Zen-Meister begegnet?

Der Ritter-Samurai auf der rechten Abbildung greift an. Seine wilde Entschlossenheit treibt ihn vorwärts, und sein Wille verleiht ihm Kraft. Alles an ihm ist scharf, zielgerichtet; er ist wie ein Pfeil, der unweigerlich sein Ziel erreichen wird.

Betrachten wir uns nun den Zen-Meister. Er ist entspannt, bewegungslos und unbewegt, und doch ist er bereit. Sein Kopf befindet sich über den Wolken, er kann klar und weit sehen. In der linken Hand hält er mühelos ein großes Schwert; er sitzt vollkommen still da. Er hat etwas Feminines, Weibliches, seine Kraft zeigt sich in Empfänglichkeit und Passivität. Er beherrscht die Kunst des Wartens und Antwortens. Ja, er sieht tatsächlich so aus, als würde er den Ritter willkommen heißen. Er stellt einen Energiekontakt her. Er ist bereit, alles zu spiegeln, was ihm entgegengebracht wird. Er ist bereit zum Frieden, und er ist bereit für den Krieg – und gleichzeitig ist er weder das eine noch das andere; er ist jenseits von Krieg und Frieden. Er ist vollkommen bewußt. Der Ritter-Samurai greift an, aber der Zen-Meister beherrscht die Situation. Seine Wahrnehmung ist nicht bewölkt, seine Bewußtheit ist vollkommen.

KÖNIGIN der SCHWERTER

KÖNIGIN der SCHWERTER

Sie ist eine starke Frau, die sich ihrer Kraft und Macht bewußt ist, und sie ist bereit für alles, was das Leben bringen mag – sie weiß, daß es nicht nur Rosen sein werden.

Sie hat noch auf die alte, harte Weise gelernt, und sie glaubt, daß das die *einzige* Art zu lernen sei. Sie ist unflexibel, dogmatisch, autoritär und trocken. Doch sie ist auch geradeheraus, klar und direkt. Man kann sich auf sie verlassen. Sie meint, was sie sagt.

Hier sitzt sie an einem Sonntagnachmittag beim Tee mit ihrer Schwiegertochter von den Stäben, sie kritisiert sie, beschwert sich, vergleicht. Die jüngere Frau schaut nervös aus dem Fenster, vielleicht kommen ja ihr Mann oder ihre Kinder und erlösen sie von der lästigen, allwöchentlich sich wiederholenden Routine…

Hier sehen wir die Königin mit ihrem Gemahl. Sie passen gut zusammen. Nach dreißig Jahren Ehe sind sie einander sehr ähnlich geworden: die gleichen zusammengepreßten Lippen, der traurige Zug um den Mund, die starren Augen und der gleiche besorgte Blick – er ist allerdings im Laufe der Jahre etwas femininer geworden und sie etwas maskuliner. Sie sind gleichermaßen geschickt, wenn es ums Verteidigen geht; sie sind beide stets bereit zu kämpfen.

Nach außen hin ist natürlich er der Boß: Er sitzt als Regent auf seinem Thron und blickt über seinen Hofstaat; er leitet seine Geschäfte, fällt Urteile, bestraft und begnadigt, wie es ihm beliebt, während die Königin einfach nur passiv dazusitzen scheint. Ihr Thron ist etwas kleiner und seitlich gestellt, aber wir können fast ihr Brummeln hören: Sie sagt ihrem Gatten, was er zu tun hat, nörgelt an ihm herum und schimpft hinter seinem Rücken über ihn… Der König sieht nervös und angespannt aus, aber er hält die Dinge unter Kontrolle; er ist ein Meister darin, alles zu kontrollieren – die Menschen um ihn herum, seine Gefühle, sich selbst. Armer Bursche! Er ist bis an die Spitze aufgestiegen, nur um festzustellen, daß er hier oben ein Pantoffelheld ist!

KÖNIG der SCHWERTER

KÖNIG der SCHWERTER

Hier sehen wir ihn allein. Er ist der Richter, der Staatsanwalt, der Professor der Chirurgie, der Bischof, der theoretisierende Physiker, der akademische Philosoph, der kleinliche Tyrann, der «Status-quo-Politiker», der ernste Polizeichef…

Er ist die einzige Gestalt der Hofkarten, die uns geradewegs in die Augen blickt. Die anderen Gestalten der Hofkarten interessieren ihn nicht, er leidet an einem Überwertigkeitskomplex und ist ständig auf der Hut. Er ist ein gefährlicher Mann, denn seine Härte kann jederzeit in Grausamkeit umschlagen, wenn er seinen Status bedroht sieht oder glaubt, seine Stellung und seinen «amerikanischen Frieden» verteidigen zu müssen.

Wenn er auf der Couch seines Analytikers liegt, darf er seine kindlichen Züge zeigen. Er darf seine Verletztheit und Traurigkeit offenbaren, und er versucht, sein Schluchzen zu unterdrücken, der arme Bursche. Der Analytiker macht sich an seiner Pfeife zu schaffen und lächelt, während er dem König zuhört, denn er weiß, daß selbst Könige der Schwerter ein Herz haben, wenn sich nur jemand die Zeit nimmt, ihnen zuzuhören…

Hier sehen wir Julius Cäsar und Brutus in ihrer besten Rolle; es geht um Vatermord. (Der folgende Text ist ein Auszug aus der Interpretation dieser beiden Tarotkarten, die ein Teilnehmer bei einem Tarot-Workshop in Italien gab.)

«Oh, das sind ja tatsächlich mein Vater und ich! Aber ich möchte trotzdem eine Geschichte daraus machen. Der König ist also Julius Cäsar, der Diktator, der Feldherr, der seine Macht durch das

Schwert festigte und sich zum absoluten Herrscher machte. Der Bube ist Brutus, sein Adoptivsohn, hin- und hergerissen zwischen Liebe und Haß, zwischen Anhänglichkeit und Wut. Brutus' Konflikt erreicht einen Höhepunkt, als er den Mann töten will, der ihn geliebt hat und den er noch immer liebt. Warum?

Weil Brutus' Liebe von jener Art ist, die Cäsar ihn gelehrt hat. Es war keine wirkliche Liebe, es war Autorität, Macht und das Gesetz des Schwertes. Brutus hat zweifellos seine Lektion gut gelernt: Indem er ihn tötet, führt Brutus Cäsars Lehre nur bis zu ihrer letzten Konsequenz. Er ist nur der Lehrling, der Schüler, und der Mordanschlag, den er ausführt, ist nichts anderes als seine Prüfungsarbeit!

Und so geht es immer weiter: Brutus tötet Cäsar, er wird selbst Cäsar, und dann kommt ein anderer Brutus, der ihn tötet und wiederum Cäsar wird. Das Karma wird von Generation zu Generation weitergegeben, und so wird es endlos weitergehen, bis Brutus in der Lage sein wird, Cäsar zu vergeben, ihn vollkommen zu vergessen und das Schwert niederzulegen, das Cäsar ihm gegeben hat. Bevor das nicht geschehen ist, wir die Kette der Gewalt nicht abreißen.

Der Bube der Schwerter hat also in der Tat die Möglichkeit zu wählen. Will er das Spiel seines Vaters wiederholen, will er seinem Vater das gleiche antun, was jener seinem Vater antat, oder will er hier und jetzt damit aufhören, das Schwert sinken lassen, die Hintergründe verstehen und diesen Wahnsinn beenden? Ich fühle, daß ich bereit dazu bin…»

DIE STÄBE

Die Stäbe sind gesunde, sportliche, sonnige Leute. Es geht ihnen um den Körper, um Handlung. Sie sind freier als die Schwerter, weicher und doch viel ausdrucksstärker, denn es genügt ihnen, ihre Kraft zu spüren. Sie haben es nicht nötig, sie anderen aufzuzwingen.

BUBE der STÄBE

Das ist ein netter Junge, lebendig, warmherzig und mutig. Er versteht es, mit seinen Händen zu arbeiten; er ist ein guter Läufer, und er genießt es, im Freien zu campen. Im Gegensatz zum Buben der Schwerter, der ewig ein Jugendlicher bleibt und wahrscheinlich ein

Spätzünder wird, ist der Page der Stäbe seinem Alter ein wenig voraus und freut sich darauf, erwachsen zu werden.

BUBE der STÄBE

RITTER der STÄBE

Er beneidet seinen älteren Bruder, den Rennfahrer, den er bald zu übertrumpfen hofft. Manchmal schlägt er wirklich ein bißchen über die Stränge, wie damals,

BUBE der STÄBE

KÖNIG der SCHWERTER

als er das Fenster des Klassenzimmers einwarf und den Rektor sehr zornig machte, oder, als man ihn mit heruntergelassenen Hosen im Garten erwischte.

wo er die Größe seines Pimmels mit der seines befangenen Spielkameraden verglich…

RITTER der STÄBE

Das muß wohl der Held unserer Geschichte sein. Unser braver Cowboy wurde Sheriff. Er kämpft für die Gerechtigkeit, beschützt die Schwachen; er ist der Eroberer des heiligen Landes, der Mitgestalter einer zukünftigen Gesellschaft, der Kreuzfahrer, der für viele gerechte Dinge sein Leben einsetzt…

RITTER der SCHWERTER

RITTER der STÄBE

Anders als der Ritter der Schwerter, der seine Verbindung mit der Erde verloren hat und ohne nach links oder rechts zu schauen wild vorwärts stürmt, ist der Ritter der Stäbe gut geerdet. Sein Pferd wird ihn niemals abwerfen. Er liebt sein Pferd, so wie er seinen eigenen Körper liebt. Er sorgt dafür, daß es seinem Tier gut geht. Er ist ein guter Reiter, aber er treibt sein Pferd nicht bis zur Erschöpfung.

Er konkurriert *gern,* aber er versteht es auch, seine Energie einzuteilen; und er kann warten. Er kann seine Energie auch einfach spüren und in sich behalten und muß sie nicht immer in Kämpfen abreagieren.

Hier sehen wir, wie er sich von seiner Prinzessin verabschiedet, denn er ist gerade dabei, wieder einmal in einen gerechten Krieg zu ziehen.

KÖNIGIN der STÄBE

RITTER der STÄBE

«Leb wohl, meine Prinzessin, leb wohl, meine Liebe. Ich werde dich für immer in meinem Herzen tragen», flüstert er, während er die Zügel seines nervösen, reinrassigen Schlachtrosses anzieht. Sie schaut ihn still an und versucht, sich sein Gesicht und diesen Augenblick für immer einzuprägen, denn es könnte das letzte Mal gewesen sein, daß sie ihren Geliebten sieht. Sie schenkt ihm ein letztes schwaches Lächeln, aber ihre Augen bleiben ernst und nachdenklich, während sie ihm eine Blume zuwirft und beobachtet, wie er am Horizont verschwindet. Doch schaut, wie das Gesicht unseres Ritters sich verändert, wenn er zu seinem Vater, dem König, reitet, dessen Aufmerksamkeit immer schwer zu erlangen war.

Auch diesmal ist die Begegnung sehr unergiebig: Der alte Mann sitzt brummelnd, mit geballter Faust, auf seinem Thron, ist unfreundlich wie immer und schaut in die andere Richtung. Von seinem Vater kann unser Ritter nichts erhoffen.

Tief im Innern ist der König wahrscheinlich eifersüchtig auf die Jugend und Schönheit des Ritters. Er selbst war auch ein guter Reiter, bevor er sich einmal auf der Pirsch einen Wirbel ausrenkte. Jetzt muß er sich bei jeder Bewegung in acht nehmen. Das ist auch der Grund, weshalb er so steif dasitzt... Aber nun wollen wir einmal die Positionen der beiden Karten vertauschen

und sehen, was geschieht, wenn der König und der Ritter sich zusammentun und kooperieren, anstatt zu konkurrieren.

Nun schickt der General seinen Captain an die Front, der Trainer bereitet den Champion auf die nächste Runde vor. Er hat die Strategie ausgearbeitet, hat ihm präzise Anweisungen gegeben und ihn ermutigt und bestärkt: Jetzt liegt es am Ritter, sich im Kampf zu beweisen.

KÖNIGIN der STÄBE

Wieviele verschiedene Seinsebenen können wir in dieser Königin entdecken… Sie ist erdverbunden, solide und zentriert. Sie ist eine gute Hausfrau, eine beständige Mutter, eine verläßliche Krankenschwester – und sie ist die beste Köchin weit und breit. Sie ist eine geduldige Gärtnerin, die sich auf die Rhythmen der Natur versteht, aber sie ist auch die Königin des Waldes, sinnlich, magisch und fruchtbar. Was auch immer sie berührt, wird wachsen: Der trockene Holzstab beginnt in ihrer Hand zu sprießen, und aus ihrer Krone wachsen frische grüne Blätter hervor.

Sie liebt den Phallus, sie kennt die Geheimnisse der Sexualität. Ihre Lust ist mit der praktischen Seite verknüpft. Sie ist am Leben, an der Fortpflanzung, an den Zyklen des täglichen Lebens interessiert.

Sie ist aber auch die Hexe, die Jüngerin der großen Mutter, die Geliebte von Dionysos und Pan. Ihr solltet sie sehen, wenn sie nach getaner Arbeit mit ihrer schwarzen Katze, auf dem Besen sitzend, durch den Kamin fliegt, um ihre Freundinnen beim Hexensabbat zu treffen… Wenn unsere Königin auf die anderen Hofgestalten trifft, stellen wir fest, daß es nicht einfach ist, mit ihr in Beziehung zu treten, denn sie ist sehr stolz.

Hier sehen wir, wie sie von zwei anmutigen Buben hofiert wird.

BUBE der MÜNZEN

KÖNIGIN der STÄBE

BUBE der KELCHE

Der Bube der Münzen wird schlichtweg ignoriert – sie ist offensichtlich nicht an seinem Geschenk interessiert –, aber auch der Bube der Kelche hat bei ihr kein Glück. Obwohl sie ihm zumindest den Kopf zuwendet, zeigt ihr Gesicht einen gelangweilten, überheblichen Ausdruck: Was will denn dieses *Kind* von ihr? Er soll einfach den Fisch für die Katze dalassen – die sehr hungrig aussieht und gerade aufgewacht ist, als sei sie von dem Geruch elektrisiert – und wieder verschwinden.

Wenn wir sie jedoch beobachten, wie sie mit ihrem Gemahl, dem einzigen, den sie als ihresgleichen anerkennt, im Garten sitzt,

sehen wir auf einmal, wie stark und voller Energie sie ist. Ihre Augen sind von seinem Blick gefangen, ihre Haltung drückt irdischen Frieden und gleichzeitig eine Bereitschaft zum Handeln aus. Aber – was macht der nervöse König mit seiner Faust? Warum beginnen seine Unterlippe und sein Kinn steif zu werden? Hat Ihre Majestät auf irgendeine Weise Seine Majestät herausgefordert?

KÖNIG der STÄBE

KÖNIG der STÄBE

Hier kommt der Boß, der gute Vater, der beständige Ernährer, verläßlich, zuverlässig und verwurzelt. Er ist der Schöpfer, der den Boden bereitet. Er ist der Reformer, der selbstverwirklichte Individualist. Er bezieht seine Macht aus seinem Charisma, aus seiner einzigartigen Energieausstrahlung und nicht von irgendeiner Institution, die er vertritt.

KÖNIG der SCHWERTER

KÖNIG der STÄBE

Der König der Schwerter mußte sehr viel Mühe darauf verwenden, seine Macht zu erhalten. Wir konnten die gespannten Augen und verkniffenen Lippen unserer Pinochets und Jaruszelskis auf seinem Gesicht sehen. Nicht so der König der Stäbe. Er hat es nicht nötig, seine Herrschaft mit Gewalt aufrechtzuerhalten, denn sie wird durch positive Handlungen und durch seinen Mut zur Herausforderung legitimiert. Der König der Schwerter ruft Angst in seinen Untertanen hervor, während der König der Stäbe von ihnen unterstützt wird.

BUBE der STÄBE

KÖNIG der STÄBE

Hier unterweist der große Musiker einen Schülcr in der uralten Kunst des Flötenspiels. Er lehrt ihn, wie er sein Instrument halten muß, um ein perfektes Gleichgewicht zu erreichen. Der Jüngling versucht jetzt, ihn zu imitieren und legt seine Finger unter den aufmerksamen Augen seines Lehrers in der vorgegebenen Haltung auf die Flöte.

KÖNIG der MÜNZEN

KÖNIG der STÄBE

Plötzlich sehen wir Neid und Eifersucht in den Augen Unserer Majestät aufleuchten, denn der König der Münzen ist hinzugetreten. In ihm sieht der König der Stäbe offensichtlich jemanden, der mehr als er selbst hat. Sein entspannter Nachbar besitzt *Autorität*, nicht einfach Macht, und eine innere Zufriedenheit, von der der König der Stäbe nur träumen kann.

Wir sehen nicht die geringste Anspannung auf dem Gesicht des Königs der Münzen. Er muß nichts beweisen, denn er *ist* überlegen, und seine Überlegenheit resultiert nur daraus, daß er aufgehört hat, sich mit irgend jemandem zu vergleichen! Die Macht des Königs der Stäbe hingegen bleibt immer relativ, denn sie beruht auf dem Vergleich. Die ausgesprochene Einfachheit und wahre Aristokratie seines glücklichen Nachbarn macht den König der Stäbe verrückt «Wie kann er es wagen, sich so entspannt zu geben, wenn ich die ganze Zeit so angespannt bin? Was ist sein Geheimnis, wieso muß er sich keine Sorgen um sein Königreich machen? Wie kann er seiner selbst so verdammt sicher sein?»

DIE KELCHE

Nette, sanfte Leute, diese Kelche: Sie kennen sich aus mit Gefühlen; sie sind herzorientiert; sie besitzen die Fähigkeit zu lieben. Als Familie wirken sie allerdings ein wenig verbindungslos. Jeder scheint seinen eigenen Kelch zu erheben und sich nach jemandem umzuschauen, dem er zuprosten kann – aber sie begegnen sich nicht wirklich.

Stellen wir uns einmal einen Familienabend zu Hause vor.

KÖNIG der KELCHE

KÖNIGIN der KELCHE

Auf seinem bequemen Lieblingssessel sitzend betrachtet Daddy sich ein Kammerkonzert auf Video und läßt sich von der Musik und seinem Brandy aus seiner Umgebung entführen.

Mama bereitet Tee in einem alten Samowar zu; dann räkelt sie sich auf dem Sofa und träumt von exotischen Ländern und dunklen Prinzen.

BUBE der KELCHE

RITTER der KELCHE

KÖNIGIN der KELCHE

Die Kinder rennen durcheinander. Der Kleine spielt ganz für sich Theater und probiert die verschiedensten Rollen aus. Der ältere Junge versucht, die Aufmerksamkeit seiner Mutter auf sich zu ziehen, aber zwischen ihnen liegt ein Ozean, und er weiß nicht, an welcher Stelle er ihn überqueren soll.

Betrachten wir uns die Hofkarten der Kelche einmal einzeln.

BUBE der KELCHE

Hier sehen wir den Kleinen, einen ausgesprochen hübschen Jungen, Mamas Liebling, und doch schnell, intelligent und unabhängig. Er ist freundlich und stets bereit zu spielen – aber man muß aufpassen: Er ist auch sehr durchtrieben. Er ist ein Geliebter, ein Musiker, ein Poet, aber auch ein Schauspieler und ein Zauberlehrling. Man kann nicht voraussagen, was er als nächstes tun wird. Er ist Merkur, der Botschafter Gottes; er ist der Geist in Aladins Lampe.

Die meisten Hofgestalten wissen nicht so recht, was sie von diesem Jungen halten sollen: Einige ignorieren ihn einfach…

Aber wenn er einen Freund findet, ist er sehr offen und loyal.

Seine Wärme und sein Humor sind ansteckend, und der Freund muß seine Verteidigungsmechanismen fallen lassen. Er öffnet sein Visier und beginnt unter seinem Helm ebenfalls zu lächeln. Sogar sein Pferd ist glücklich, vielleicht hat es unseren Buben erkannt…

Stellen wir ihn nun neben den Buben der Schwerter. (Der folgende Text stammt von einem Teilnehmer eines Tarot-Trainings in Italien.)

BUBE der KELCHE

BUBE der SCHWERTER

«Dies sind zwei verschiedene Teile von mir, die ich oft spüre, wenn ich mit anderen Menschen in Beziehung trete, zum Beispiel auf einer Cocktail-Party. Der Bube der Kelche ist die Seite, die ich nach außen hin zeige. Er ist freundlich und charmant. Die Geste, mit der ich mir an den Gürtel fasse, soll Lässigkeit und Stolz demonstrieren. Ich trage meine besten Kleider und sehe aus, als ob ich wirklich meinte, was ich sage: Mein Kelch ist voll. Doch der andere Teil meines Selbst traut seinen Ohren nicht: Was für eine Verstellung!

Ich fühle mich hier unbehaglich, befangen. Diese ganzen Nettigkeiten sind nichts als eine Maske, unter der ich mich verstecken kann. Hier sind eine Menge Leute, die ich nicht ausstehen kann. Ich warte nur darauf, daß der eine oder andere von ihnen zu mir herüberkommt, damit ich ihm zeigen kann, was für ein Idiot er ist… Was wollen diese Leute überhaupt von mir? In Wirklichkeit fühle ich mich deprimiert…»

RITTER der KELCHE

Das ist ein echter Gentleman. Er hat ein reines Herz und untadelige Manieren. Er ist kein rauher Cowboy wie der Ritter der Stäbe: Selbst inmitten seiner aufregendsten Abenteuer findet er immer wieder Zeit, sich bei einem Drink zu entspannen und auf seine teure Garderobe zu achten.

Manche Leute finden ihn ein wenig überspannt und sein Pferd übertrieben geschniegelt, aber wenn es um Stil geht, findet er kaum seinesgleichen. Er läßt sein Pferd nur trotten; nie würde er in wildem Galopp daherpreschen wie der Ritter der Schwerter.

Hier stehen sich Gewaltlosigkeit und Gewalt gegenüber wie Mahatma und die Engländer oder wie Chico Mendes und die Großgrundbesitzer am Amazonas.

RITTER der KELCHE

KÖNIG der SCHWERTER

Hier sehen wir unseren wohlerzogenen Diplomaten, wie er die besten Wünsche seiner Regierung überbringt, aber er muß feststellen, daß der König sich bereits für den Krieg entschieden hat.

RITTER der KELCHE

KÖNIGIN der KELCHE

Hier interviewt der Reporter aus dem Showbusiness den neuesten Hollywoodstar,

RITTER der KELCHE

KÖNIGIN der MÜNZEN

und hier sehen wir, wie unser Ritter sich zögernd zu einer Seherin mit einer Kristallkugel begibt, um nach seiner Traumgeliebten zu fragen und zu erfahren, wann er sie endlich treffen wird.

KÖNIGIN der KELCHE

KÖNIGIN der KELCHE

Sie ist die Geliebte, die Frau voller Gefühle, leidenschaftlich und doch zerbrechlich, emotional, sensibel und verträumt. Sie ist eine Nymphe, die unsere Seelen verzaubern kann; sie ist Pandora, die ihr Schatzkästlein öffnet; sie ist Penelope, die auf die Rückkehr des Odysseus wartet. Sie ist die weiblichste und zarteste Gestalt unter den Hofleuten und auch die introvertierteste und geheimnisvollste. Sie drückt sich kaum durch Worte aus. Sie spricht durch ihre tiefen, wasserblauen Augen. In ihnen spiegeln sich Freude und Leid, und in ihrer Stille muß ihr Geliebter nach seiner Antwort suchen. Wenn wir unsere Königin und den Buben der Stäbe zusammentreffen lassen,

BUBE der STÄBE

KÖNIGIN der KELCHE

dann haben wir Pinocchio, das hölzerne Bengele, und seine blaue Fee, die ihm schließlich helfen wird, sich in einen echten, menschlichen Jungen zu verwandeln.

Der Abend hatte sehr nett begonnen, die beiden Damen hatten plaudernd beisammen gesessen und am Portwein genippt. Aber die Königin der Kelche hatte einen zuviel. Ihre Sprache wurde ein wenig unsicher, und jetzt sitzt sie einfach da und stiert die Flasche an, während ihr Körper immer tiefer in der Couch versinkt.

Die Königin der Stäbe kann ein solches Verhalten nicht akzeptieren – das ist nicht ihr Stil –, und sie schickt sich an, in die Küche zu gehen und etwas Kräutertee für ihre Freundin zuzubereiten.

Hier sehen wir den zähen japanischen Politiker, der alle Konkurrenten aus dem Feld schlägt, der seinen Bezirk unter Kontrolle hat und sich dem Parlament und den Medien stellt. Er ist ein harter Bursche, formell und autoritär und stets bereit zu kämpfen.

Neben ihm, ziemlich im Hintergrund, in seinem Schatten, sitzt seine Lieblingsgeisha in einen blauen Seidenkimono gehüllt mit kunstvoll aufgestecktem Haar. Sie versteht sich auf die Kunst des Wartens und überläßt ihm den Platz im Rampenlicht. Aber sie weiß, wie der Premierminister wirklich aussieht, wenn er von seinem Podest herabsteigt…

KÖNIG der KELCHE

Auf den ersten Blick wirkt der König der Kelche ziemlich ernst und steif mit seinen vorstehenden Augen und seinem vorgeschobenen Kiefer. Er ist der Akademiker, der Philosoph, der berühmte Arzt, der Pharmazeut – beachtet den Mörser in seiner Hand –, er ist Rhetoriklehrer und Professor der Ästhetik.

Er achtet peinlich genau auf sein Aussehen und sein Image; er achtet darauf, daß seine Garderobe stets auf dem neuesten Stand ist und daß die Accessoirs zueinander passen.

Lassen wir uns jedoch nicht durch den äußeren Anschein zum Narren halten und betrachten wir uns den Hintergrund des Bildes. Dort sehen wir gefährliche Wasser, blaugrüne Strudel, stürmische Gefühle. Ein Schiff wird von riesigen Wellen hin und her geworfen, und aus den Tiefen seiner ozeanischen Seele erhebt ein Meeresungeheuer den Kopf… Was verbirgt seine Majestät? Sein Thron scheint über all dem leicht dahinzutreiben, und der König behält seine Pose bei: Doktor Freud gleitet anmutig über sein Unbewußtsein hinweg.

Hier sehen wir eine Szene in einem exklusiven englischen Club.

KÖNIG der KELCHE KÖNIG der MÜNZEN

Es ist Nachmittag, und zwei sehr britische Gentlemen sitzen bequem in ihren Lehnstühlen, rauchen Pfeife und erzählen einander Geschichten über ihre Abenteuer in Übersee.

Admiral *Cups* hat in der Marine Ihrer Majestät gedient und erzählt unglaubliche Geschichten über gesunkene Schiffe und exotische Inseln. Colonel *Pentacles* lächelt, und während er vorgibt, andächtig zu lauschen, bereitet er sich innerlich darauf vor, seine eigenen unglaublichen Geschichten über seine Safaris in Afrika und die vielen Expeditionen im indischen Dschungel zu erzählen.

KÖNIG der SCHWERTER KÖNIG der KELCHE

Aber schaut euch Admiral Cups einmal an, wenn er auf dem Zahnarztstuhl liegt und darauf wartet, daß die Betäubungsspritze zu wirken beginnt, kurz bevor sein Weisheitszahn gezogen werden soll. Seht ihr seinen schmerzenden Kiefer? Er versucht, ganz gelassen auszusehen, denn er glaubt, daß der Zahnarzt ihn beobachtet, aber in Wirklichkeit hält er sich mit beiden Händen krampfhaft am Stuhl fest.

Doktor *Swords*, der Zahnarzt, beachtet ihn aber gar nicht. Er richtet seine Instrumente her und wirft einen selbstzufriedenen Blick in den Spiegel, bevor er sich hinunterbeugt, um seinen Job zu erledigen.

RITTER der MÜNZEN

KÖNIG der KELCHE

Armer König; wie langweilig ist es doch, Galerist zu sein... All diese unfähigen Jungens, die sich selbst für Michelangelos halten und ihn ständig belästigen. Heute meint jeder, ein Künstler zu sein, aber ich habe noch nicht einmal Lust, einen Blick auf seine Arbeiten zu werfen.

Armer Ritter; wie schwer ist es doch, Künstler zu sein. Man muß hierhin und dorthin rennen, zu diesem Galeristen und jenem Kritiker, der normalerweise auch noch völlig desinteressiert ist. Er hält wirklich eine wunderschöne Münze in der Hand, er hat großartige Arbeit geleistet. Aber er wirkt so defensiv, er kann seine Arbeit nicht verkaufen. In Zukunft wird er sich einen Agenten nehmen müssen.

DIE MÜNZEN

Das sind die *beautiful people*. Sie sind reich, entspannt, erdverbunden und erfüllt. Außer dem Ritter, der so etwas wie das schwarze Schaf der Familie ist, sind sie alle zentriert, bewußt und meditativ. Sie kämpfen nicht wie die Schwerter, und konkurrieren nicht wie die Stäbe, aber sie dramatisieren auch nicht wie die Kelche. Sie sind einfach – sie haben es nicht nötig, etwas zu beweisen.

BUBE der MÜNZEN

Das ist mit Sicherheit der Schönste der Hofleute: schlank, gebildet, einfach und doch höchst elegant gekleidet. Er hat die Hände eines

Künstlers, die Haltung eines Schauspielers und die Ausstrahlung eines Meditierenden.

Er ist der intelligenteste Student seines Jahrgangs, der perfekte Lehrling, der junge Leonardo beim Studium der Geometrie und Malerei. Er ist auch ein begehrter Heiratskandidat, schön, intelligent und reich, aber er scheint sich nicht besonders für Frauen zu interessieren.

Als Kind war er immer wieder fasziniert von den Darbietungen der Straßengaukler.

KÖNIG der MÜNZEN

BUBE der MÜNZEN

Wie damals, als einer der Zauberer eine Münze materialisierte und sie ihm schenkte. Ungläubig hatte er dagestanden und die Münze berührt... Konnte er wirklich seinen Augen trauen?

BUBE der MÜNZEN

KÖNIGIN der MÜNZEN

Ein Bild der Verkündigung: Der Engel bringt die Botschaft, daß Maria den Heiligen Geist in ihrem Leib empfangen wird, und sie nimmt das Geschenk glücklich an und freut sich darauf, ihren Erlöser in sich zu tragen.

RITTER der MÜNZEN

RITTER der MÜNZEN

Dieser Ritter ist so etwas wie das schwarze Schaf der Familie. Während die anderen glücklich und entspannt sind, steckt er vom Kopf bis zu den Zehen in einer dicken, eisernen Rüstung. Er muß hierhin und dorthin eilen, um seine Geschenke abzuliefern; vielleicht muß er auch sein Geld im Schweiße seines Angesichts verdienen.

Sicher, er ist ein beständiger und verläßlicher Arbeiter; man kann sich darauf verlassen, daß er es schaffen wird. Sein jüngerer Bruder, der Bube, mag vielleicht ein Dichter sein, aber der Ritter ist mit Sicherheit ein praktischer Mann. Er mißt, er häuft Dinge an und er verteidigt sein Eigentum.

Man fragt sich, wie es unter seiner Rüstung aussieht, denn der Teil seines Gesichtes, den man sehen kann, wirkt weich, jung und ein wenig ängstlich. Vielleicht ist da ein kleiner Bube der Kelche in seinem Innern, dem nicht erlaubt wird, nach oben zu kommen…

Wir wollen ihn ein wenig auf seinem Ritt begleiten und ihn beobachten, wenn er mit den anderen Hofleuten zusammentrifft.

Hier treffen zwei Jockeys zweier verschiedener Teams kurz vor dem Rennen aufeinander. Bobby Pents, links im Bild, würde den Ausgang des Rennens gerne schon im voraus bestimmen und bietet seinem Gegner, Richard O'Wands, eine beträchtliche Summe Geld, wenn er ihn die Ziellinie als Ersten überqueren läßt. Aber Richard ist ein wahrer Sportsmann. Mit einem solchen Angebot gerät man bei ihm an den Falschen. Er droht Bobby Pents mit der Faust und hat nun einen Grund mehr, das Rennen zu gewinnen. Während der Bube der Münzen wie ein Engel neben einer Madonna aussah, als er auf die Königin traf,

wirkt der Ritter wie ein Postbote, der gerade ein Telegramm für Mrs. Pentacles gebracht hat: Während sie es begierig liest, bleibt er ostentativ stehen und wartet auf sein Trinkgeld.

Hier versucht der Ritter dem Buben sein Schwert abzukaufen. Das wäre genau das richtige, so meint er, um ihn in seiner Rolle als Kämpfer etwas glaubhafter aussehen zu lassen. Aber der Page ist nicht bereit, sein Schwert herzugeben, denn es ist alles, was er hat. Ohne es würde er in eine weitere Identitätskrise geraten…

Hier sehen wir unseren Geschäftsmann in einer Bar, wie er versucht, mit einer Schönheit eine Konversation zu beginnen, aber er fühlt sich befangen und deplaziert, denn er weiß nicht, wie er eine Dame ansprechen soll.

KÖNIGIN der MÜNZEN

In dieser Frau sahen wir eine Madonna, aber auch die Hüterin des heiligen Tempels, die Seherin, die vestalische Jungfrau, die Dichterin, die erfolgreiche Künstlerin. Obwohl sie oft als die Schönste unter den Königinnen gilt, ist sie nicht daran interessiert, sich mit anderen zu vergleichen. Sie weiß, daß Schönheit aus ihrem Inneren kommt und daß sie dort zentriert ist. Sie weiß um die Gezeiten des Lebens, sie kann die Schönheit dieser Erde wahrnehmen, und doch ist sie sich auch einer anderen Welt bewußt – der Welt ihrer inneren Subjektivität, ihrer friedvollen Bewußtheit.

Lassen wir sie einmal mit dem Buben der Schwerter zusammentreffen und sehen, was geschieht.

Mutter ist schwanger. (Die folgende Interpretation dieser Karten stammt von einem Teilnehmer an einem Tarot-Training in der Schweiz.)

«Der Bube, das bin ich als Kind, als ich erfuhr, daß meine Mama mit meinem kleinen Bruder schwanger war. Sie sitzt den ganzen Tag im Garten, streichelt ihren Bauch, ist glücklich und zufrieden. Sie nimmt sich noch nicht einmal mehr die Zeit, mich auszuschimpfen; ich bin ihr anscheinend ganz gleichgültig... Ich bin furchtbar eifersüchtig. Ich will ihre Aufmerksamkeit um jeden Preis – einen Kuß oder einen Streit! Aber Mama ist ganz still und erfüllt, und ich kann es einfach nicht mehr aushalten!»

Betrachten wir uns nun unsere Königin im Zusammensein mit ihrem König. Seht, was für ein schönes Paar sie sind.

KÖNIG der MÜNZEN

KÖNIGIN der MÜNZEN

Sie sind klar und entspannt. Sie leben in Frieden, in Bewußtheit. Sie sind einander zugewandt, aber es ist nicht nötig, daß sie sich direkt anschauen. Es gibt keine Kämpfe, keine Konkurrenz, keine Emotionen. Sie sind nicht voneinander abhängig wie die Schwerter, noch sind sie unabhängig voneinander wie die Stäbe und die Kelche. Sie stehen in tiefer Wechselbeziehung miteinander; es herrscht Synchronizität; sie spiegeln sich gegenseitig. Und das geschieht in Stille, in Meditation; sie sind beide erfüllt. Sie können miteinander teilen und die Gegenwart des anderen genießen, aber sie können ebensogut für sich allein stehen – und das ist sicher keine geringe Leistung für irgendeine der Hofgestalten.

KÖNIG der MÜNZEN

Mehr als das kann man nicht erreichen. Der König der Münzen strahlt inneren Frieden aus. Er ist zufrieden, erfolgreich, glücklich, selbstverwirklicht. Er bringt die Natur zum Leuchten, sie wird Teil seines Gewandes. Er ist der gute Vater, der mitfühlende Chef, der beste Ehemann, den man bekommen kann. Er ist sein eigener Meister und der anderer Menschen. Und doch spielt auch er noch ein Persönlichkeitsspiel. Er hat alles und genießt es auch – aber er muß es verteidigen. Seine Rüstung ist sehr gut unter seinem Gewand verborgen, doch auch er weiß noch, wie er jemanden treffen kann, sollte das je nötig sein. Schaut euch nur einmal seine spitzen Schuhe an…

Stellen wir nun unseren König einmal neben die anderen männlichen Majestäten.

Jeder der Könige repräsentiert den höchsten personifizierten Ausdruck einer Energie, eines Elementes, einer bestimmten Art von Erfahrung. In bezug auf menschliche Persönlichkeit sind die Könige die höchsten Karten jedes Satzes. Und doch können wir sehen, daß keiner der Könige, bis auf den König der Münzen, wirklich zufrieden ist oder durch seine Erfahrung Erfüllung findet. Jeder von ihnen weiß, daß noch mehr möglich ist, daß noch mehr kommt. Jeder bewegt sich auf den nächsten Satz zu, das heißt, auf die nächste Stufe der Erfahrung, auf den nächsten König, bis hin zum König der Münzen, der der König der Könige ist.

Betrachten wir nun jeden König als höchsten Persönlichkeitsausdruck zusammen mit der jeweiligen Nummer Zehn jedes Satzes, die die absolute Energiequalität, die «Wahrheit» jedes Satzes darstellt. Wir vergleichen die Könige und ihre Königreiche miteinander.

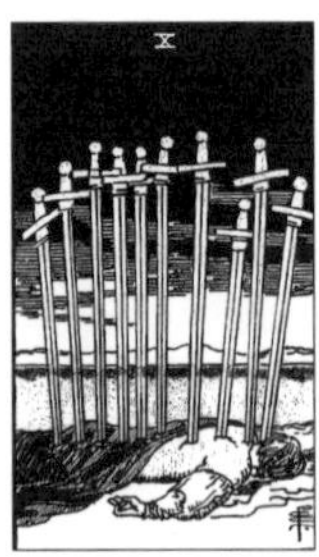

Die Herrschaft des Königs der Schwerter ist mit dem Tod verknüpft. Er ist sich bewußt, daß seine Macht auf Gewalt beruht. Sein Risiko besteht darin, daß er jeden Augenblick getötet werden kann, und das läßt ihn ein wenig paranoid werden. Er sieht überall Gefahr. Wenn er sich weiterentwickeln will, muß er den Tod hinter sich lassen, das Leben wählen und zum König der Stäbe werden.

Aber auch im Königreich der Stäbe gibt es Ärger. Die Menschen fühlen sich vom König unterdrückt, und auch er selbst empfindet seine Rolle als beengend; sein Thron engt ihn ein. Ja, er ist der erste und beste, aber was soll's? Gibt es nicht auch noch etwas anderes als Konkurrenz und Macht?

Ja, das gibt es. Es gibt Harmonie und Liebe und das Glück, das uns eine liebevolle Familie schenken kann. Aber es bedeutet eine so große Verantwortung, alles zusammenhalten zu müssen, dafür sorgen zu müssen, daß alle gut versorgt sind. Am Schluß hat der König der Kelche keine Zeit für seine eigenen Gefühle, und es kann passieren, daß seine Emotionen ihn schließlich überfluten, überwältigen. Ja, es besteht sogar die Gefahr, daß der darin ertrinkt, wenn er sich nicht bewegt.

Jetzt ist der König zufrieden. Er hat seine Erfüllung gefunden, all seine Bedürfnisse sind befriedigt worden, und seine Erwartungen haben sich erfüllt. Aber um dieses Königreich zu behalten, wird er es eines Tages verteidigen müssen, und er ist bereit dazu. Wie lange wird ihm das gelingen? Auch Könige sind nicht unsterblich, wenn sie es auch gerne wären... Ja, sein Königreich ist vollkommen, aber der König möchte es auf keinen Fall verlieren. Und er *kann* es nicht verlieren, denn wie alle anderen Hofleute ist er nur eine Persönlichkeit, repräsentiert er nur eine Rolle. Er ist nur ein König, weil er ein Königreich besitzt. Sollte er sein Königreich je verlieren, dann muß er alle Persönlichkeitsspiele transzendieren, alle Masken fallen lassen und die Hofkarten, das heißt alle gesellschaftlichen Identitäten, hinter sich lassen.

Versuche, sich ins Spiel zu bringen

Übungen und Spiele für den Leser

Ich darf dich an dieser Stelle daran erinnern, daß die Geschichten, die wir miteinander geteilt haben, die Interpretationen, die wir kreiert haben, nicht von den Karten an sich stammen, genausowenig wie die Bedeutung, die du den Worten gibst, die du hier liest, von den Buchstaben stammt, mit denen diese Worte geschrieben wurden. Auch verbirgt sich kein Geistwesen – «der Tarot» – hinter den Karten, das die Wahrheit kennt und sie mitteilen wird.

Die «Bedeutungen», die wir kreiert haben, ergeben sich aus dem *Kontext*, den *wir* gewählt haben, um die Karten zu interpretieren. Das gilt sowohl für die großen als auch für die kleinen Arkana. Dieser Kontext sind wir, du und ich, sind unsere gemeinsamen Erfahrungen und die Ebene, auf der wir die Karten betrachten und als Spiegel für unsere psychischen und spirituellen Erfahrungen benutzen wollen. Wir können sie als Kapitel unserer Lebensgeschichte betrachten.

Nehmen wir als Beispiel den *Herrscher* und den *Hohepriester*.

Bei den Beschreibungen der großen Arkana, die ich gegeben habe, repräsentierten sie die beiden Gesichter der Macht, den Politiker und den Priester, das Militär und die Kirche, und stellten die Personifizierung zweier Arten sozialer Konditionierung dar – Gehorsam und Glauben. Aber diese beiden Karten haben natürlich noch viel mehr Bedeutungen.

In einem anderen Kontext, im Verlauf einer anderen Geschichte, eines anderen Spieles, würden die gleichen Karten völlig andere

«Bedeutungen» annehmen. Während ich den *Herrscher* also als «unseren Machttrieb, unseren Eroberungsdrang, unsere Fähigkeit zu töten» beschrieb, haben wir zu anderen Zeiten keine Schwierigkeiten, ihn als einen weisen und mitfühlenden Vater zu sehen oder als die Personifizierung der Reife und Stabilität, die man braucht, um zu wachsen, wenn man in der Welt handlungsfähig sein will.

Obwohl ich den *Hohepriester* als «den Anfang unserer Heuchelei… und die Quelle unserer Selbsttäuschungen» darstellte, kann er ebensogut ein Symbol für den wahren spirituellen Meister oder die Personifizierung des inneren Führers sein. Bedeutungen ergeben sich aus dem gewählten Kontext, und der Kontext bist du, der Freund, für den du die Karten legst, die speziellen Fragen und die realen Lebenszusammenhänge. Es ist deine *Initiative*, die die Karten zu dir sprechen läßt und dir jedesmal eine neue Geschichte präsentiert; es ist deine Präsenz, dein «Sehen», dein Licht, das deine Tarotspiele mit Bedeutung erfüllt. Das ganze Spiel liegt in deinen Händen. Das ist mit Sicherheit eine große Verantwortung, aber es macht auch ungeheuer viel Spaß…

Vorbereitende Übungen

Die folgende Übung eignet sich gut, um dich auf eine Tarotsitzung einzustimmen:

Stell dich entspannt hin, die Knie sind leicht gebeugt, und die Füße stehen etwa schulterbreit auseinander. Hebe beide Arme über den Kopf und lasse sie dann gleichzeitig vor und zurück nach unten schwingen. Schwinge dabei jedesmal gleichzeitig in den Knien, und atme bei der Abwärtsbewegung der Arme laut aus. Wiederhole dies mehrere Male. Setze dich nun bequem hin. Schüttle deine Hände heftig von einer Seite auf die andere und dann auf und nieder. Schüttle sie so heftig wie möglich: Die Finger sollten hörbar aneinander schnippen. Dann halte plötzlich inne! Atme weiter und spüre die Energie in deinen Händen. Jetzt bist du bereit.

Nun ein paar Worte über das Mischen. Dein Tarotspiel ist nicht einfach irgendein Kartenspiel, das du, wenn die Karten etwas schmuddelig geworden sind und die Ecken sich verbogen haben, einfach wegwirfst. Du solltest deine Tarotkarten nicht so behandeln, als würden sie ohnehin eines Tages im Mülleimer landen. Wie ein guter Wein wird ein Tarotdeck mit der Zeit besser und reifer. Es nimmt deine Energie auf und die Energie aller Menschen, die damit in Kontakt kommen. So wird es immer mehr aufgeladen. Mische die Karten sehr sanft und vorsichtig. Du kannst die Karten auch eine nach der anderen zu drei Häufchen aufschichten und dann die drei Häufchen wieder aufeinander legen. So werden die Karten nicht beschädigt, und deine Hände haben Gelegenheit, mit jeder einzelnen Karte Kontakt aufzunehmen. Du kannst die Karten aber auch einfach auf eine saubere Unterlage legen und dann mit beiden Händen durcheinandermischen; tu es spielerisch, so wie ein Kind es tun würde, und schichte die Karten danach wieder zu einem Haufen auf.

Jetzt ist der Zeitpunkt gekommen, die erste Karte zu ziehen. Es gibt verschiedene Möglichkeiten, die Karten auszubreiten: in einer geraden Linie von rechts nach links oder in einer Kreisform. Schließe nun die Augen, atme entspannt und laß deine linke Hand langsam über die Karten wandern, bis *die Hand selbst* das Gefühl hat, eine Karte nehmen zu wollen. Bei allen in diesem Buch beschriebenen Spielen werden die Karten auf diese Weise gezogen. Das ist eines der Merkmale des Intuitiven Tarots. Auf diese Weise bekommt dein «inneres Kind» die Möglichkeit, sich durch die Sensibilität deiner Hand auszudrücken und die Karten zu wählen. Das bedeutet, daß nicht irgendwelche Karten «zufällig» auf dem Tisch erscheinen, sondern durch eine unbewußte und doch intelligente *Wahl*: Hier ist die Intelligenz des Körpers am Werk. Nach und nach erkennen wir, daß diese Hand weiß, was sie tut, und wir werden dadurch ermutigt, wirklich auf die Botschaft der Karte zu hören, denn wir haben gerade diese eine aus allen Karten des Spieles herausgezogen. Diese Art, die Karten zu ziehen, hilft uns, *bewußt Verantwortung für unsere unbewußte Wahl* zu übernehmen – und das ist es wahrscheinlich, worum es beim Prozeß der Selbsterkenntnis geht.

Freunde dich mit deinen Karten an

Mische die Karten auf deine Weise, und lege das Spiel vor dich hin, ohne die Karten auszubreiten. Nimm mit geschlossenen Augen die erste Karte von oben, und betaste sie mit beiden Händen. Laß dir Zeit, und achte darauf, daß du tief und entspannt atmest. Spürst du irgendeine Art von Energie in dieser Karte? Welcher Art ist diese Energie? Fühlt sie sich warm oder kalt an, oder spürst du sogar ein Kribbeln?

Lege die Karte an deine Stirn, während du die Augen weiterhin geschlossen hältst, atme in dein «drittes Auge», und schau dort hinein. Siehst du irgendwelche Farben, Bilder oder Formen? Hast du eine Vision, kommen irgendwelche Gedanken oder flüchtige Eindrücke auf? Würdest du gern raten, was für eine Karte es ist?

Lege die Karte nun auf dein Herz oder auf deinen Bauch, ganz wie du willst. Was geschieht nun? Kommen jetzt irgendwelche Gefühle auf? Löst diese Karte eine emotionale Reaktion in dir aus? Schickt dein Körper dir irgendeine Botschaft?

Lege die Karte nun zurück auf dein Tarottuch, und drehe sie herum – überrascht? Ist es eine ganz andere Karte, als du erwartet hast? Oder repräsentiert sie genau die Farben, Formen oder Gefühle, die du vor einem Moment noch vor deinem inneren Auge gesehen hast? Lege in diesem Fall die Karte beiseite. Wiederhole dieses Spiel mit so vielen Karten wie nötig, um ein kleines Häufchen von fünf oder zehn richtig erratenen Karten zu bekommen.

Lege diese Karten nun vor dich hin, und schaue sie dir gut an, denn dies scheinen die Energieformen zu sein, die du anziehst, die Schwingungen, auf die du eingeschwungen bist. Vielleicht handelt es sich dabei um die Gefühle, die Menschen und die Ereignisse, die dir in deinem Leben begegnen.

Ist es so? Versuche die Karten auf verschiedene Arten auszulegen – sortiere sie nach Sätzen, nach großen und kleinen Arkana, nach Hofkarten, nach Farben, nach Ähnlichkeit, nach Anziehung und Abstoßung –, und spüre, was dadurch in dir ausgelöst wird. Jede einzelne Erkenntnis kann für sich selbst richtig sein. Welche Farbe ist auf diesen Karten vorherrschend? Welche Gefühle scheinen sie auszudrücken? Handelt es sich um eine gleichförmige Landschaft, oder siehst du Gegensätze und Polaritäten? Wie fühlst du dich jetzt, während du diese Karten betrachtest? Sehen diese Karten aus wie dein Leben? Handelt es sich um verschiedene Teile deiner selbst? An wen erinnern sie dich sonst noch? Kannst du so etwas wie eine Geschichte in ihnen erkennen? Oder eine Botschaft? Wenn ja, kannst du sie in Worte fassen?

Es geht bei diesem Spiel nicht darum, zu bestimmten Schlußfolgerungen zu gelangen, sondern darum, eine Suche, einen Dialog zu beginnen, das Eis zu brechen und dich mit deinem Kartenspiel anzufreunden. Wenn du die oben genannten Fragen durchgehst, werden sie wieder andere Fragen hervorbringen, und das ist ganz gut so, denn wir haben alle Zeit der Welt, so viele Fragen durchzuspielen, wie wir wollen. Ganz gleich, ob du bedeutungsvolle Einsichten gewonnen hast oder nicht, sammle die Karten wieder ein, und vergiß diese Übung!

Vergleiche Bewußtes und Unbewußtes

Breite die Karten mit den Bildern nach oben vor dir aus, und suche die heraus, die dich am meisten anzieht, die für dich die Erfahrung dieses Augenblicks am besten ausdrückt. Wenn du sie gewählt hast, betrachte sie bewußt, gehe so tief wie möglich hinein, und nimm alles an dieser Karte wahr: ihre Farben, die Haltung der Figuren, deine Gefühle und so weiter. Frage dich auch, was die Wahl dieser Karte vielleicht über dich selbst aussagt.

Schließe dann die Augen, öffne den Mund leicht und atme entspannt ein und aus. Laß deine linke Hand über die Karten wandern, bis sie von selbst eine Karte wählt. Vergleiche nun diese Karte mit jener, die du bewußt gewählt hattest, und studiere die Unterschiede aufmerksam. Ich schlage vor, daß du dieses Spiel zuerst nur mit den großen Arkana spielst und erst später das gesamte Tarotdeck dazu nimmst.

Nun folgen einige Beispiele für Begegnungen mit verschiedenen großen Arkana, die sich tatsächlich in verschiedenen Workshops ereigneten. Die Karten auf der linken Seite sind jene, die die Teilnehmer bewußt wählten, die Karten auf der rechten Seite wurden auf die übliche Weise gezogen. Die Kommentare zu den Karten stammen von den Teilnehmern selbst.

«Ah! Ich glaubte also, ich sei die Herrscherin, wie? Die Herrscherin ist vornehm, sie hat Macht und sie genießt es; sie trägt viele Gewänder, und ihr Herz ist aus Stein. Ihr Kopf ist voller schöner Gedanken, aber sie ist kalt, sehr kalt.»

«Arme Eva. Auf der Karte *Der Teufel* ist es ihr sehr heiß; die Flammen schlagen bis an ihr Hinterteil. Sie ist alles andere als eine Herrscherin. Sie ist eine Sklavin, eine Sklavin ihrer Sexualität, ihrer Lust, aller Arten von Wünschen. Ja, ich verberge viel unter meinem schönen Gewand… Ich hoffe nur, daß der Teufel dieses steinerne Herz ein wenig erwärmt.»

«Die Herrscherin hat ihr Königreich verloren! Als ich mir die großen Arkana betrachtete, war der Turm die einzige Karte, die ich wirklich nicht wollte!»

«Das nennt man Schwarze Magie, nehme ich an. Fixiere dich auf etwas, das du nicht willst, und es wird mit Sicherheit geschehen! Ich hätte mich gern als weich und weiblich gesehen, aber ich bin in Wirklichkeit auch aggressiv… In meiner Wut liegt meine Kraft. Wenn ich sie weiterhin verleugne, wird sie mich zum Explodieren bringen.»

«Ja, mein Körper ist zu vital, um Priester zu sein. Ich habe einen wunderschönen Körper – schaut euch den Löwen an – in einem weiblichen Verstand; ein üppiger vitaler Körper ist bereit, erweckt zu werden. Der Löwe brüllt, während der Eremit vor sich hin döst. Der Löwe ist jung, und der Eremit ist alt. Der Eremit hat seinen Körper ganz vergessen, und die Frau auf der Karte *Kraft* hat ihren gerade entdeckt und genießt ihn.

Ich gebe vor, kalt und distanziert zu sein, aber ich bin sehr warm und lebendig…»

«Dieser Eremit hat Angst zu stürzen; er braucht all seine Energien und seinen Stab, um sich aufrecht zu halten… Und das ist ein mühsames Unterfangen. Er fürchtet sich vor der Dunkelheit, und deshalb braucht er seine Lampe. Er hat Angst vor dem Fallen, deshalb steht er stocksteif da, aber seine beiden Hände sind in Aktion. Er befindet sich in einem dunklen Raum, und ohne seine Gebete würde er verrückt werden. Der Narr hat ebenfalls einen Stab, aber er braucht ihn nicht. Er wird jeden Moment in den Abgrund fallen, aber er kümmert sich nicht darum, denn dieser Moment ist nicht hier und jetzt. Seine Körperhaltung ist schön. Er bewegt sich frei; er braucht keine Techniken; er hat keine Angst.»

«Ich wollte gern der Narr sein, und ich mag diese… diese Nonne dort nicht… sie ist so still, so abgehoben… Der Narr repräsentiert die Rolle, die ich spiele: glücklich, sorglos, wie ein Spielmann… Er sieht mir sogar ähnlich. Im Innern bin ich mehr wie die Hohepriesterin… Sie lädt mich ein, meine weibliche Energie an die Oberfläche kommen zu lassen und sie offen auszudrücken. Sie ist geheimnisvoll, weich, jungfräulich.»

«So versuche ich also eine Nonne zu sein, ein braves Mädchen, das zu Hause bleibt und zufrieden ist mit dem, was sie hat. Aber in Wirklichkeit wäre ich lieber wie ein Mann. Dann könnte ich reisen, fremde Länder erforschen, Herausforderungen suchen – ich bin kein Typ für das Klosterleben! Bisher überließ ich meinem Freund die Rolle des Wagenlenkers und beschränkte mich auf die unterstützende weibliche Rolle. Aber ich habe das Gefühl, daß die Dinge sich ändern werden…»

Erkenne deine Vorlieben und Abneigungen

Breite die Karten mit den Bildern nach oben aus, wähle diejenige, die dir am besten gefällt und dann die, die du am wenigsten magst. Lege sie vor dich hin, und schau sie dir gut an. Diese beiden Karten repräsentieren deine grundlegenden Polaritäten, das heißt, sie symbolisieren auch das, was du an *dir selbst* magst und nicht magst. Was kannst du von ihnen lernen? Schließe nun deine Augen, und erlaube den beiden Karten, sich in deiner Vorstellung zu treffen. Was geschieht? Eine junge Frau, die *Die Welt* am meisten und *den Herrscher* am wenigsten mochte,

beobachtete überrascht und amüsiert, daß die verführerische Tänzerin der Welt sich bauchtanzend auf den Herrscher zubewegte und mit den beiden Dynamitstäben in ihren Händen seine königlichen Gewänder aufhob und ausrief: «Ah, ich dachte, sie hätten Unterhosen an!»

Das Fragespiel

Bereite einige wichtige Fragen vor, die du stellen möchtest. Bei der Arbeit in meinen Gruppen gebe ich meinen Klienten oft einen Standardfragebogen, den sie mit ihren eigenen besonderen Fragen vervollständigen können. Hier ist er:

Liebe ich meine Mutter?
Habe ich meinem Vater verziehen?
Was bedeutet Nahrung für mich?
Was bedeutet Sex für mich?
Was bedeutet Liebe für mich?
Was für ein Verhältnis habe ich zu Geld?
Wie geht es mir mit meiner Arbeit?
Wie geht es mir mit meinem Partner?
Was fehlt in meinem Leben?
Was verberge ich vor anderen, was vor mir selbst?
Was habe ich zu lernen, was zu verlieren?

Was ist meine stärkste Seite?
Was ist meine größte Schwäche?
Was bedeutet Meditation für mich?
Was bedeutet der Tarot für mich?

Du hast jetzt die Liste der Fragen vor dir liegen und fängst an, eine nach der anderen zu Rate zu ziehen. Benutze nur ein paar Worte für jede Antwort. Schau nun die mit den Bildern nach oben liegenden Tarotkarten durch und suche nach den Karten, die deine verbalen Antworten am besten spiegeln. Schreibe jeweils den Namen der Karte neben deine Antwort. Zum Schluß ziehst du für jede Frage noch einmal eine Tarotkarte auf die übliche Weise. Diese Karte repräsentiert die Antwort aus deinem «Unbewußten», die du dann mit deiner verbalen Antwort und der Karte, die du «bewußt» gewählt hast, vergleichen kannst. Du wirst wahrscheinlich nach Ähnlichkeiten und Gegensätzen suchen, aber manchmal wirst du feststellen, daß die gleiche Karte *zweimal* auftaucht: bei der bewußten und bei der unbewußten Wahl. Das weist auf ein tiefes inneres Einverständnis hin.

Es folgen einige Beispiele aus unseren Workshops.

«Habe ich meinem Vater verziehen?»

Bewußte Antwort: Ich gebe vor, ihm verziehen zu haben. Ich bin freundlich zu ihm, aber ich hege noch immer Groll gegen ihn.

Bewußte Karte

Unbewußte Karte

Kommentar: Ich habe ihm überhaupt nicht verziehen. Tief im Innern führe ich einen totalen Machtkampf mit ihm.

«Was für ein Verhältnis habe ich zu Geld?»

Bewußte Antwort: Es ist so eine große Verantwortung, Geld zu verdienen. Ich arbeite zu hart dafür.

Bewußte Karte

Unbewußte Karte

Kommentar: Ich verberge meine Schönheit, meine Großzügigkeit und meine Verletztheit.

«Was verberge ich vor anderen?»

Bewußte Antwort: Meine Depression, meine Traurigkeit, meine Verzweiflung.

Bewußte Karte

Unbewußte Karte

Kommentar: Geld kann mir einfach zufließen, wenn ich darauf vertraue, daß das geschehen kann.

«Was bedeutet Meditation für mich?»

Bewußte Antwort: Hier sitzen, nichts tun, und das Gras wächst ganz von selbst.

Bewußte Karte

Unbewußte Karte

Kommentar: Meditation ist die größte Herausforderung für mein Ego.

Tritt in eine Tarotkarte ein

Wenn du irgendeine der Karten auf eine tiefere Weise erforschen möchtest, solltest du die Augen schließen und diese Karte in dein drittes Auge hineinprojizieren. Es ist einfacher, wenn du dir zunächst eine weiße Leinwand vorstellst und dann das Bild darauf projizierst. Laß das Licht bei jedem Einatmen lebendiger werden, bis du die Karte dreidimensional in deinem Innern sehen kannst. Laß die Leinwand größer werden, bis sie sich wie eine Tür vor dir befindet. Atme entspannt weiter, und schreite durch die Tür. Schau dich um, schau in die Augen der Gestalten, die du dort triffst, erlaube ihnen, mit dir zu sprechen; spüre die Energie, die Atmosphäre dieses Raumes; berühre und erforsche die Dinge. Geh dann in den

Hintergrund der Szene, und schau dir alles aus dieser Perspektive an. Jetzt kannst du die Tür sehen, durch die du in das Bild eingetreten bist. Bewege dich wieder auf diese Öffnung zu, und wirf einen Blick auf deinen Körper dort unten… Zähle bis zehn, nimm einen tiefen Atemzug und springe wieder hinein! Schreib dann sofort auf, was du gesehen, gehört und gefühlt hast.

Intuitiver Tarot in der Praxis

Die folgenden Protokolle stammen aus Einzel- und Gruppensitzungen.

Wie der Leser gleich sehen wird, wurden bei diesen Spielen keine *festgelegten* Legetechniken benutzt, sondern lediglich Strukturen und Gestalten, die sich spontan ergaben, während wir an einer speziellen Frage arbeiteten. Beim Intuitiven Tarot arbeiten wir ganz bewußt nicht mit den üblichen Standardlegetechniken. (Manchmal arbeite ich jedoch mit einem vorgegebenen Legemuster, wenn die Situation in der Beratungssitzung es erfordert. [Siehe beispielsweise das folgende Spiel].) Verglichen mit den offenen Spielen scheinen die festgelegten Legemuster, selbst wenn sie eine tiefe Wahrheit enthüllen, stets einen Schritt von der Situation, die sie beleuchten, entfernt zu bleiben. Wenn man mit vorgegebenen Legemustern arbeitet, neigt der Fragesteller dazu, sich ein wenig im Sessel zurückzulehnen. Er oder sie hat eine Frage formuliert, und nun trägt der Kartenleger die Verantwortung; er soll aus dem Muster der Karten eine Antwort herauslesen. Bei der Arbeit mit festen Legemustern sprechen der Fragesteller und der Kartenleger *über* eine Situation. Sie beleuchten ein Problem aus der Entfernung. Diese Tarotspiele sind wie ein Spiegel: Sie reflektieren das Leben, aber sie bleiben davon getrennt. Außerdem wird bei den vorgegebenen Legetechniken, besonders bei den traditionellen Spielen, die «Geschichte» innerhalb einer Zeitdimension erzählt. Es gibt eine Vergangenheit und eine Zukunft, eine Botschaft darüber, was geschehen wird; man versucht, weiszusagen – der Fragesteller möchte etwas über seine «Zukunft» wissen. Schließlich wurden die üblichen Tarotlegemuster von jeher zum Wahrsagen benutzt, und der Hauptzweck des Spieles lag darin, die Zukunft in bezug auf Liebe, Geld und Gesundheit vorherzusagen. Die intuitiven, offenen Spiele orientieren sich mehr an der Gegenwart. Und nur, wenn man *die Gegenwart spielt*, wird der Tarot ein Teil des wirklichen Lebens, denn dann ist der Fragesteller gezwungen, seine unterschwelligen und tieferen Gefühle, seine vielen verschiedenen Identitäten, seine Beziehungen und seine Verantwortlichkeiten anzuschauen. Er muß sich damit auseinandersetzen, welche Möglichkeiten er hat, und er muß entscheiden, welche Risiken er eingehen möchte. Hier bleibt das Tarotspiel nicht auf der Ebene des Gespräches, sondern es wird zu einer Erfahrung.

Beim Intuitiven Tarot muß der Fragesteller viel mehr Verantwortung für sich selbst übernehmen: nicht nur für seine Frage, sondern auch für alle Bereiche seines Lebens, die er sich näher anschauen will – für die Gefühle und Glaubenssätze, die er mit Hilfe des Tarots überprüfen will. Bei den offenen Spielen wird jede Karte gewählt, um eine spezielle Antwort oder Einsicht zu bekommen. Affirmationen, wie «ich liebe dich», «ich hasse mich», «ich will wirklich gesund werden» und so weiter können mit Hilfe des Tarots in diesem Augenblick bestätigt oder verworfen werden.

Bei den intuitiven Spielen wird kein Legemuster interpretiert, das bereits fertig auf dem Tisch liegt; die Interpretation *folgt* der Karte nicht, das heißt, sie entsteht nicht aus einer langwierigen Analyse heraus. Sie geschieht spontan, denn jede Karte, die umgedreht wird, wird direkt und unmittelbar interpretiert, und der Fluß der Fragen und Karten ergibt sich durch einen inneren Dialog, der jederzeit dazu führen kann, daß die Fragestellung oder die Perspektive der Problematik sich verändert. Beim Intuitiven Tarot beginnen wir, stimmen uns ein und antworten…

Wie wird es mit meiner Liebesbeziehung weitergehen?

Ursula, eine Sozialarbeiterin aus Bern, Anfang dreißig, leitet die Sitzung mit der Frage über ihre Liebesbeziehung ein. Sie möchte etwas «über die Zukunft» ihrer Beziehung wissen.

Ursula: Ich habe das Gefühl, daß diese Beziehung zu Ende geht, und ich möchte wissen, ob ich recht habe.

M.M.: Nun gut, wir wollen versuchen, diese Frage mit Hilfe eines Legemusters zu beantworten. Wir werden sieben Karten ziehen. Die erste Karte, die du wählst, steht für die Vergangenheit dieser

Beziehung, so wie du sie jetzt sehen kannst; die zweite Karte steht für die Gegenwart; die dritte für die Zukunft, denn darüber möchtest du ja etwas wissen. Danach ziehst du noch eine Karte für die persönliche Situation, mit der du im Augenblick konfrontiert bist; diese Karte wird uns sagen, was zur Zeit wirklich in dir vorgeht. Dann ziehst du noch eine Karte für «ihn», für deinen Partner, um zu sehen, wie er in dieses Bild paßt. Die sechste Karte steht für deine Hoffnungen und Ängste in bezug auf deine jetzige Situation. Die letzte Karte, die siebte, repräsentiert den wahrscheinlichen Ausgang der Angelegenheit, das heißt, das Ergebnis der gegenwärtigen Beziehungskrise.

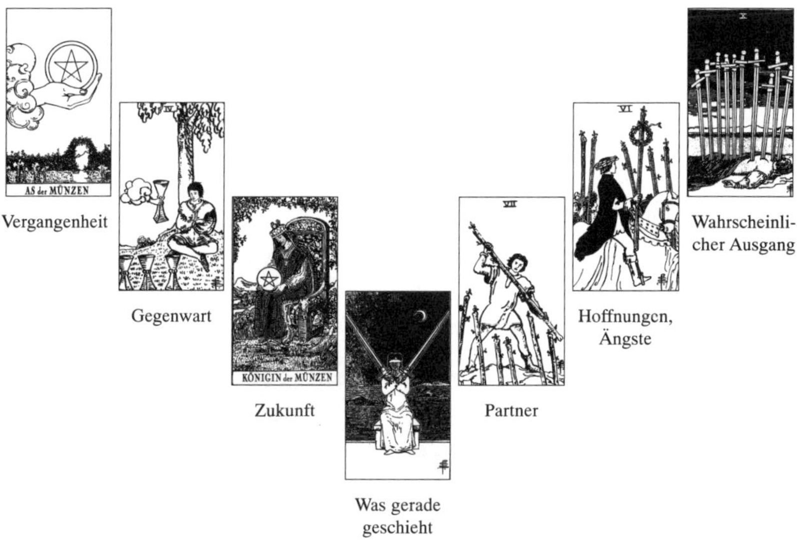

M.M.: Es ist keine Karte der großen Arkana dabei; das bedeutet vielleicht, daß es hier nicht um etwas «Bedeutendes» geht. Wahrscheinlich enthält die Botschaft nichts Neues für dich.

Ja, es sieht so aus, als bewege sich die Beziehung auf ihr natürliches Ende zu. Wir wollen jetzt die Karten der Reihe nach betrachten.

Am Anfang war alles sehr schön. Ein Zauber lag in der Luft, es war, als würde dir ein Geschenk aus dem Himmel gereicht: frisch, aufregend, geheimnisvoll. Es war ein sehr großes Versprechen…

Vergangenheit

Gegenwart

Solche Versprechen sind sehr schwer zu halten… all das ist jetzt vorbei. Jetzt spürst du nur Traurigkeit, Getrenntheit, Einsamkeit und Langeweile. Die Liebe erscheint dir jetzt wie ein Traum, und die Realität fühlt sich leer an. Du fühlst dich unerfüllt und hast keine Lust mehr, immer wieder die gleiche Speisekarte von Versprechen zu lesen…

Die Zukunft… Ich sehe dich glücklich in der Zukunft: Du bist zwar allein, aber diesmal bist du mit dir selbst zufrieden; du liebst deine Unabhängigkeit und Freiheit.

Zukunft

Was gerade geschieht

In dieser Liebesbeziehung bist du zur Zeit vollkommen blockiert. Du willst nicht sehen, du willst nicht hören und du willst auch nicht darüber sprechen… Alle drei chinesischen Affen auf einmal!

(M.M. imitiert die drei chinesischen Affen mit den Händen auf den Augen, den Ohren und dem Mund, während Ursula zustimmend nickt.)

Du möchtest einfach nur in Ruhe gelassen werden…

Ursula: Und er läßt mich nicht eine Minute allein! Stets drängt er und versucht, irgend etwas zu klären…

Partner

Was gerade geschieht

M.M.: Das kann ich sehen. Und er sieht ziemlich frustriert aus, muß ich sagen. Es sieht aus, als hätte er versucht, dich ein bißchen aufzurütteln, aber es scheint, daß er nicht sehr erfolgreich dabei war.

Nun zu deinen Hoffnungen und Ängsten. Du hoffst, daß du es allein schaffen kannst. Und das ist natürlich auch deine Angst… deine eigenen männlichen Qualitäten zu entwickeln, bis du vollkommen unabhängig von Männern bist, von diesem oder irgendeinem anderen Mann…

Hoffnungen, Ängste

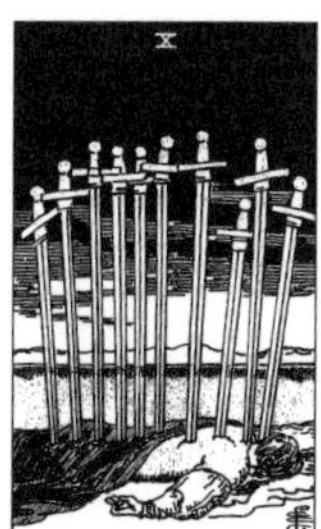

Wahrscheinlicher Ausgang

Und hier kommt das, was wir wissen wollten! Beantwortet diese Karte deine Frage? Ist es das, was du wissen wolltest?

(Ursula hat Tränen in den Augen, als sie die beiden Karten in die Hände nimmt).

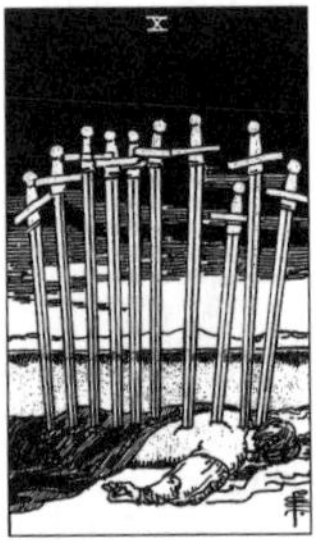

Ursula: Ist die Beziehung so festgefahren, daß sie zerbrechen muß?

M.M.: Vergiß die Beziehung – bist *du* bereit, die Blockade aufzulösen? Bist du bereit, die Augenbinde abzunehmen und ihn mit neuen Augen zu sehen? Kannst du mit deinen Schwertern irgend etwas anderes tun, als dich selbst und deine Beziehung zu zerstören?

Wie wäre es mit einem netten Streit? Oder einem gewaltigen Schrei? Und was ist mit deinen *Tränen*? Wann hast du ihm zum letzten Mal wirklich *in die Augen geschaut*? Wie lange ist es her, daß ihr miteinander *gelacht* habt?

(Jetzt laufen Tränen über Ursulas Wangen, und eine lange, tiefe Stille entsteht. M.M. sammelt die Karten vom Tisch und beginnt, langsam das Spiel von neuem zu mischen.)

M.M.: Könnte es sein, daß du diesen Mann noch *liebst*? Möchtest du eine Karte für diese Möglichkeit ziehen?

(Unter Tränen beginnt Ursula beim Anblick dieser Karte ungläubig zu lächeln und bricht dann in Lachen aus.)

M.M.: Oh ja, er ist der Mann, der dich lachen und weinen macht. Er ist der Mann, der dich im Innersten berühren und deine Gefühle an die Oberfläche bringen kann.

(Sie hört auf zu lachen und hört jetzt aufmerksam zu.)

Wenn ich du wäre... würde ich ihm das sagen!

Ursula: Was für einen Sinn hat es, ihm das zu sagen, wenn die Beziehung bereits tot ist?

M.M.: Nun, deine Gefühle sind sehr lebendig... Ziehe eine Karte für die Möglichkeit, ihm diese Gefühle zu zeigen, dafür, sich ihm wieder zu öffnen.

Ja, laß die Maske fallen, vergiß deine «Trips» und teile deine Gefühle mit ihm! Das ist das große Arkanum in deinem gegenwärtigen Spiel – das einzige, nicht wahr? Das ist die echte Chance, die du diesmal bekommst... Vielleicht ist das die Lektion, die du durch all das lernen solltest. Öffne dich für ihn, zeige ihm deine Gefühle – und zwar alle: die Traurigkeit und das Lachen, die Liebe und die Verletzlichkeit – ohne Verstellung, ohne Strategie, bis kein Schleier mehr zwischen euch ist... denn auf dem tiefsten Grund deiner Gefühle ist auch die Quelle der Liebe. Wenn du die *Zwei der Schwerter* durch den *Stern* ersetzt, beginnt sich das gesamte Muster zu verändern.

Ursula: Was meinst du damit?

M.M.: Wir können jetzt das Spiel «Ersetzen» spielen. Nimm die Karte *Der Stern* in deine rechte Hand – es ist wichtig, daß du verstehst, *was* du tust, denn es ist eine Art Ritual – und lege sie so über die *Zwei der Schwerter*, daß diese vollständig bedeckt ist. Damit zeigst du deine Absicht, die emotionale Unterdrükkung der *Zwei der Schwerter* zu überwinden und deine Gefühle wieder offen zu teilen, wie *Der Stern*. Ziehe dann mit deiner linken Hand eine Karte für das *alternative*, wahrscheinliche Ergebnis, das du in diesem Fall manifestieren möchtest.

M.M.: Nun, siehst du?

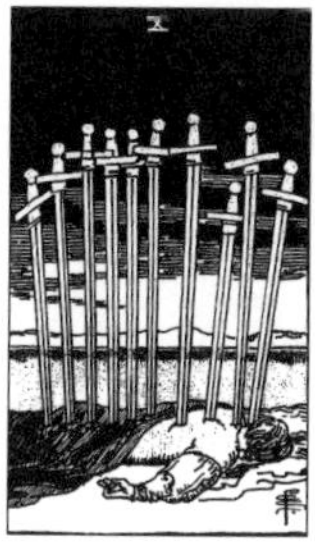

Tod und Wiedergeburt liegen nicht so weit auseinander, wie man vielleicht denkt! Ja, du kannst deine Gefühle unterdrücken, aber mit den Gefühlen unterdrückst du gleichzcitig auch deine Lust und deine Freude. Mit dem Haß verschwindet auch die Liebe, und die Zukunft sieht wie ein langes Sterben aus. Du kannst dich aber auch mit deinen Gefühlen konfrontieren und sie ausdrücken, dann wirst du dich wieder *lebendig* fühlen. Und was zunächst wie der Tod und nichts als der Tod aussah, kann zu einer Wiedergeburt werden. Es liegt alles in deiner Hand, weißt du? Genau so wie es während dieses Tarotspieles in deiner Hand lag. Deine vielen verschiedenen Zukunftsmöglichkeiten werden immer heute geboren, nicht morgen.

Wenn der Teufel rauchen will

Roberta hatte diese Einzelsitzung mit M.M. in Zürich.

Roberta: Ich habe zwei Fragen. Die erste lautet… Ich möchte wissen, ob die Karten mir sagen können, ob ich schwanger bin. Letzte Nacht träumte ich, ich würde drei Kinder bekommen. Vor einem Jahr hatte ich einen Schwangerschaftsabbruch, und ich könnte es nicht ertragen, jetzt wieder einen zu haben… Bei der zweiten Frage dreht es sich um das Rauchen.

M.M.: Laß uns einmal schauen, was dein Verstand über die Möglichkeit einer Schwangerschaft denkt.

Er denkt noch an die vergangene Abtreibung, er hat Angst. Er ist nicht einfach dagegen, diese Karte beschreibt einen Zustand der Unentschlossenheit… Und das ist die Qualität des Verstandes… Unentschieden, unsicher. Nun ziehe eine Karte für den Körper. Was fühlt der Körper?

Nun schau dir die beiden Karten zusammen an… Was siehst du?

Roberta: Der Körper fühlt sich bereit… Er ist offen dafür… Aber der Verstand kämpft dagegen.

M.M.: Genau. Ich glaube nicht, daß der Tarot dir sagen kann, ob du wirklich schwanger bist oder nicht. Solchen faktischen Dingen würde ich beim Tarot nicht trauen; er ist ein listiger Meister! Das Wesentliche hier ist die Information, daß dein Körper in Wirklichkeit schwanger sein möchte… Er *will* es tatsächlich, und dieser Wunsch ist sehr stark. Dein Körper hat dir diesen Traum geschickt… Und er wäre im Fall des Falles auch verantwortlich dafür, daß du die Pille vergessen hast und für all diese anderen Dinge, die Frauen tun, um schwanger zu werden. Beachte, daß es eine Karte der großen Arkana ist. Sage «ich will ein Kind», und ziehe eine Karte für diese Möglichkeit.

Dieser Kelch! Er ist wirklich ein Symbol für Schwangerschaft. Das sind sehr schöne Karten… Sie können dir nicht sagen, daß du «ein Baby» bekommen sollst, aber sie weisen dich darauf hin, daß dein Körper und dein Unbewußtes einer Schwangerschaft gegenüber positiv eingestellt sind. Ziehe nun eine Karte für deine Einstellung zur Abtreibung.

Es ist viel, zu viel, nein… du bist erschöpft, du hast genug davon.

Roberta: Ja, genauso fühle ich mich.

M.M.: Nun, du weißt nicht, ob du schwanger bist oder nicht, und diese Frage kann dir wirklich nur ein Test beantworten. Aber eines ist klar: Der Wunsch ist da, und der Körper sagt ein starkes «Ja» dazu.

Roberta: Es ist einfach unmöglich. Ich kann jetzt kein Baby bekommen.

M.M. Dann wirst du den Körper davon überzeugen müssen. Das wird nicht leicht sein (*M.M.* mischt die Karten erneut). Es ist seltsam, deine Fragen über die Schwangerschaft und das Rauchen haben in einer Art etwas miteinander zu tun... Der Körper will etwas, und der Verstand will etwas anderes... Und deshalb findet dieser Kampf in dir statt, der Kampf der zehn gegen die neunzig Prozent. Dein Körper ist inzwischen daran gewöhnt, das Rauchen zu genießen; er braucht es. Bei den meisten von uns ist die Atmung sehr eingeschränkt, wir atmen nicht tief genug... So bekommen wir nicht genügend Sauerstoff, und alles geschieht nur auf halber Flamme. Wir möchten also gern besser atmen, aber wir haben uns darauf trainiert, nur dann tief zu atmen, wenn wir einatmen... Der ursprüngliche Wunsch dreht sich also um das Atmen, und diesen Wunsch projizieren wir auf das Rauchen, auf diesen befriedigenden Zug an unserer Zigarette... Es ist das gleiche. Zieh eine Karte für die Frage, was dein Körper vom Rauchen hält.

Das verbotene Vergnügen! Der Körper ist stark abhängig davon. Du spürst die Anziehung des Schlechten, des Verbotenen, der

Sünde. Das ist der stärkste Feind, den du dir für einen Kampf aussuchen kannst... Willst du wirklich aufhören zu rauchen? Und... willst du wirklich nicht schwanger sein?

Roberta: Ja, ich will es wirklich.

M.M.: Wenn der Teufel rauchen will... Nun, jetzt brauchst du eine sehr starke Karte für den Verstand... Laß uns sehen, was du bekommst. Zieh eine Karte für die Frage, was dein Verstand über das Rauchen denkt.

Wow! Das ist eine starke Karte! Die Ethik, die Moral; du solltest, und du solltest nicht und so weiter... Beim Teufel geht es um «ich will», und «ich will nicht»; bei dieser gewichtigen Dame geht es darum, was sich schickt und was sich nicht schickt, was man darf und was man nicht darf... Die eine Seite unterstützt die andere dadurch, daß sie sagt, dies oder jenes ist verboten; die andere unterstützt wiederum die erste dadurch, daß sie das Verbotene tut. Sie sind beide gleich stark.

Roberta: Ja, ich habe das Gefühl, daß es hier für mich um sehr wichtige Dinge geht.

M.M.: Ja, es ist sehr intensiv. Wenn du versuchst, mit dem Rauchen aufzuhören, wird das eine sehr harte Meditation für dich sein. Du würdest sehr genau zu spüren bekommen, was der Körper und was der Verstand will... Dieser Kampf würde eine ungeheure Reibung erzeugen... Du würdest deine gesamte Energie in diesen Kampf stecken. (Spielerisch) Frage den Tarot, was du in bezug auf das Rauchen tun sollst.

Ein großes Arkanum – und eine sehr deutliche Antwort auf deine Frage! Ziehe die Möglichkeit des Todes in Betracht. Mit jedem Zug an deiner Zigarette nimmst du über neunzig bekannte krebserregende Substanzen in dich auf… Das Rauchen erhöht dein Risiko, Krebs, einen Herzinfarkt, ein Lungenemphysem zu bekommen, um das Achtfache… Was soll ich dazu noch sagen?

Roberta: Ich habe von einer neuen Technik gehört, der sogenannten Rauch-Meditation. Bei dieser Meditation geht es darum, sich des Rauchens bewußt zu werden und nicht darum, dagegen zu kämpfen. Es heißt, daß irgendwann der Moment kommt, an dem das Rauchen wie von selbst von dir abfällt… ohne bewußte Anstrengung deinerseits… wenn du diese Technik intensiv praktizierst.

M.M.: Das klingt gut. Ziehe noch eine Karte für diese Möglichkeit.

Roberta: Schon wieder ein großes Arkanum!

M.M.: Du hast vier Karten der großen Arkana für dein «Rauch-Problem» gezogen! Es scheint wirklich eine sehr wichtige Angelegenheit für dich zu sein. Ich sehe hier jemanden mit einer langen Zigarette und einem großen Feuerzeug... Es ist ein Mönch, ein Meditierender... Er ist dein «Rauch-Meditierer»!

Er sagt: «Rauche bewußt.» Vier große Arkana über das Rauchen... Was soll ich sagen? Du wirst einfach total rauchen müssen, nehme ich an.

Wenige Monate nach dieser Sitzung nahm Roberta an einem «Smoke-as-you-quit»-Programm in Rajneeshpuram, Oregon, teil und rauchte glücklich weiter, bis sie auf ganz natürliche Weise aufhören konnte. Sie ist seither Nichtraucherin geblieben.

Ich fühle mich elend

Karl ist Philosophiestudent, Anfang zwanzig und lebt in Hamburg. Es regnet. Zu Beginn der Sitzung ist Karl nervös und angespannt.

Karl: Ich fühle mich elend.
M.M.: Bitte zieh eine Karte für dieses Gefühl.

M.M.: Es stimmt. Ja, du fühlst dich elend.
Karl: Aber ich will mich nicht elend fühlen.
M.M.: Dann bist du in *großen* Schwierigkeiten. Nicht nur, daß du dich elend fühlst – Problem Nummer eins –, du willst dich auch

nicht elend fühlen und tust es doch – Problem Nummer zwei. Worüber bist du unglücklich?

Karl: Über das Leben, über mich, über alles.

M.M.: Bitte sage mir das mit einer Tarotkarte.

M.M.: Du lebst unter einem Bann. Du lebst in Illusionen, in Selbsthypnose; dein Leben ist ein Traum. Du *siehst* nicht, was real ist.

Dein Bedauern in bezug auf die Vergangenheit, deine Trauer über zerbrochene Träume und die Tatsache, daß du ständig neue Träume kreierst… Das hält dich in deinem Elend gefangen.

Schau, wie die beiden dunklen Silhouetten auf den Karten einander ähneln. Irgendwie bleibst *du* immer im Dunkeln; du hältst dich aus dem Bild heraus, siehst du? Das ist dein Elend – daß du gewählt hast, im Dunkeln zu bleiben. Die umgestoßenen Kelche sind sichtbar, aber *du* bist *nicht* sichtbar... Die Luftschlösser, die Wünsche, die unerfüllten Träume sind sichtbar, aber du nicht. Du bist unglücklich, weil du dich selbst nicht sehen kannst... Und du siehst dich nicht, weil du dich immer aus dem Bild heraushältst. Das Zentrum deines Seins bleibt verschleiert, und dein eigenes Wesen bleibt immer im Schatten, wie die Rückseite des Mondes...

Karl: Ich bin unglücklich, weil ich die Wahrheit nicht kenne. Ich habe die Maya nicht entschleiert, das ist wahr! Wo ich auch hinschaue, alles ist von Theorien, Hypothesen, Träumen zugedeckt... (Eine lange Pause entsteht). Es ist erstaunlich: Es ist genau, wie du gesagt hast. Ich habe das erst vor kurzem erkannt, aber wenn du sagst, daß ich mich immer aus dem Bild heraushalte... Ja, das bin *ich*!

M.M.: Und das gilt auch für die Philosophie! Aber jetzt kannst du das nicht tun, weißt du? Denn jetzt konzentrieren wir uns auf dich...

Karl: Was soll ich jetzt tun?

M.M.: Wie fühlst du dich jetzt?

Karl: Lustig, leicht, voller Energie... Und ein bißchen lächerlich, so als hätte mich gerade jemand in meinem Versteck aufgespürt... Ich möchte eine Karte für die Frage ziehen, was ich gegen mein Gefühl des Unglücklichseins tun kann.

M.M.: Was für ein Unglück? Fühlst du dich jetzt, in diesem Moment unglücklich?

Karl: Nein…
M.M.: Dann stelle eine andere Frage, frage nach etwas Realem.
Karl: Ich habs: Wie kann ich ein besseres Selbstbild bekommen? Nein, das ist blöde… Mein Gott, ich möchte Hilfe vom Tarot erhalten, aber ich weiß nicht, wie ich fragen soll!
M.M.: Oh, du könntest das vielleicht dem Tarot überlassen und einfach um einen freundlichen Rat bitten. Ja, zieh eine Karte dafür – für eine «freundliche Empfehlung» des Tarots…

M.M.: Die Fünf, die Sieben… Und jetzt die *Sechs der Kelche*! Warst du schon jemals verliebt?
Karl: Das letzte Mal vor drei Wochen, aber es war eine sehr kurze Angelegenheit. Nach ein paar Tagen war es vorüber…

M.M.: (sieht sehr ernst aus): Sollte es dir je noch einmal passieren, daß du dich verliebst, dann geh das nächste Mal in den Traum hinein, bleib nicht davor stehen, verstecke dich nicht in der Ecke und frage dich, ob es Wirklichkeit ist. Und falls es nur ein Traum ist, nun gut, du kannst in diesen Traum hineingehen! Wer bist du, dich in deine Träume einzumischen? Die Liebe geschieht den *Liebenden*, nicht den *Zuschauern*, weißt du? Wenn du dich unschuldig und wie ein Kind fühlst, dann urteile nicht darüber, laß es einfach zu. Es ist vielleicht das Beste, was dir passieren kann.

Bleibe nicht außerhalb des Traumes stehen; betrachte die Maya nicht von außen, und versuche nicht, sie zu verstehen, während du Zuschauer bleibst und von deinem logisch denkenden Ego innerhalb eines dicken Schädels geschützt wirst! Das nächste Mal tritt in den Traum ein, werde ein Teil davon, laß dich von dem Traum ergreifen, bis er dein Herz betört und du wieder lieben kannst wie ein Kind... Dann wirst du wissen, daß es großen Mut erfordert, diesen Traum Wirklichkeit werden zu lassen, die Liebe Wirklichkeit werden zu lassen... Viel wirklicher als jede Philosophie!

Eifersucht

Barbara ist Teilnehmerin an einer offenen Gruppensitzung in Mailand. Sie kommt in die Mitte. Sie trägt ein Mickeymaus-T-Shirt und sieht sehr deprimiert aus.

M.M.: Was können wir für dich tun?
Barbara: Laß uns einfach spielen.
M.M.: Was möchtest du spielen? Hast du etwas zu riskieren?
Barbara: Ich spiele alles.
M.M.: Unsinn! Das ist nur deine Art zu sagen, daß du eigentlich überhaupt nichts spielen willst. Es wäre sinnvoller, wenn du das Risiko eingehen würdest, dich auf ein einziges Spiel einzulas-

sen. Finde das Spiel, das deine Energie in Bewegung bringen kann... Es ist offensichtlich, daß du etwas zurückhältst. Sag uns die Wahrheit. Wie fühlst du dich jetzt in diesem Moment?

Barbara (sanft): Schrecklich.

M.M.: Sage es laut und klar, damit dich jeder hören kann.

Barbara: Ist es nicht genug, mich anzuschauen?

M.M.: Vielleicht für uns... Aber nicht für dich! Erzähle uns, was du auf dem Herzen hast.

Barbara: Ich bin eifersüchtig, unglaublich eifersüchtig; ich bin eifersüchtig auf einen Mann...

M.M.: Ah, zieh also eine Karte dafür... Wir wollen sehen, ob das stimmt oder nicht.

Ja, es ist wahr, in Ordnung. Hat dieser Mann eine andere Frau?

Barbara: Nein.

M.M.: Okay. Dann stell dir vor, er würde mit einer anderen Frau ins Bett gehen, mit einer Frau, die du absolut nicht ausstehen kannst.

Barbara: Ja, mit Paola!

M.M.: Okay. Paola. Schließe deine Augen und stell sie dir zusammen vor, stell dir vor, wie sie sich lieben. Laß dich deine Eifersucht ein bißchen spüren... (Nach einer Weile) Komm zurück. Wie fühlt sich deine Eifersucht jetzt an? Hast du sie überhaupt gespürt?

Barbara: Nein.

M.M.: Was möchtest du also jetzt?

Barbara: Nichts.

M.M.: Okay. Wenn du nichts möchtest, können wir dir nichts geben… Du kannst später wiederkommen, wenn du willst…

Einige Zeit später kommt Barbara wieder. Sie ist jetzt in anderer Stimmung.

Barbara: Was steckt hinter meiner Eifersucht? Ich bin wirklich eifersüchtig…

M.M.: Ich muß ehrlich zu dir sein. Der Tarot kann dir bei dieser Frage nicht viel helfen. Es gibt nur eine Möglichkeit zu sehen, was hinter deiner Eifersucht steckt: Du mußt total hineingehen, du mußt sie so stark wie möglich erfahren. Was immer der Tarot dir darüber sagt, wie immer du auch spielst, zum Schluß hast du einfach nur Tarot gespielt, aber du hast deine Eifersucht nicht gesehen. Du mußt hineingehen.

Barbara: Aber…

M.M.: Schau, vor fünf Jahren kam ich dazu, wie meine Freundin mit einem anderen Mann im Bett lag. Und ich kann dir sagen, was ich über Eifersucht herausfand: Es ist überhaupt nichts dahinter! Es ist alles hier, direkt *vor* dir, nicht dahinter… Es war noch nicht einmal ein pornographischer Kitzel dabei. Sie war einfach da und schlief mit dem anderen und – ja, da war eine starke Empfindung in mir… du kannst es vielleicht ein Gefühl nennen… aber es war kein Gefühl wie Eifersucht, es war mehr wie ein starkes Empfinden, *hier* zu sein, wach zu sein, eine Intensität. Später, wenn du anfängst, darüber nachzudenken, oder vorher, wenn du dir diese Möglichkeit in deiner Phantasie ausmalst… *dann* hast du das gewöhnliche Gefühl von Eifersucht, dann kannst du dich wirklich in den Bereich der drei Schwerter bringen. Aber wenn du hinschaust, wenn du in der Gegenwart bist, dann gibt es keine Angst, keine Eifersucht… Eifersucht ist in Wirklichkeit nichts anderes als die Angst, eifersüchtig zu sein, nichts anderes.

Barbara: Aber was ist mit meinem Schmerz?

M.M.: Diese Schwere in deiner Brust, dieser Schmerz, ist da, weil du wiederum deine Gefühle nährst und unterdrückst, weil du sie zurückhältst. Zuerst nährst du sie mit deiner Paranoia und dann unterdrückst du sie mit deiner Angst! Erlaube dir, diesen Schmerz zu spüren, und beobachte ihn sorgfältig. Schau ihn dir an: Er stammt nicht von dem Gefühl, das an die Oberfläche kommen will… Er stammt von deinem Bemühen, ihn *nicht* zu spüren, ihn zurückzuhalten. Ich glaube, daß alle Gefühle, daß jedes Gefühl eine mögliche Brücke zur Seligkeit ist… Es möchte hervorkommen… es möchte weinen, schreien, es möchte gefühlt werden… Wenn du ja dazu sagst, wie zu allem anderen, dann kann es ein sublimes Vergnügen werden…

Barbara: Aber warum habe ich so schreckliche Angst?

M.M.: Selbst wenn die Tarotkarten dir sagen würden, warum – würde das etwas für dich ändern? «Warum» oder «Wie» zu fragen, ist ein Trick des Verstandes, um zu vermeiden, dich selbst anzuschauen, um zu vermeiden zu sehen, wo du wirklich stehst, um zu vermeiden, die Verantwortung dafür zu übernehmen, wie du bist. (Sie weint jetzt)

Barbara: Also muß ich es einfach annehmen?

M.M.: Es sieht wohl so aus, wenn man sieht, wie du bis zur Nasenspitze drinsteckst!

Barbara (brüllt): Aber er schläft doch überhaupt nie mit jemand anderem, verdammt noch mal!

M.M.: Das ist Paranoia! (Gelächter von Seiten der Gruppe)

Barbara: Er schaut anderen Frauen immer hinterher, er spielt immer dieses Spiel…

M.M.: Und du genießt es! Gib dir die Erlaubnis, es zu genießen… Da du nun einmal entschieden hast, dieses große Problem mit Eifersucht zu haben, ist das wenigste, was du für dich tun kannst, es zu genießen.

Barbara: Wenn er es doch wenigstens einmal tun würde, mein Gott!

M.M.: Und was ist mit dir, mein Gott! Eine schöne Nacht mit jemand anderem würde dir vielleicht auch ganz gut bekommen.

Barbara: Ja, in Wirklichkeit bin ich es, die die Liebhaber hat…

M.M.: Wo ist also das Problem?

Barbara: Natürlich gibt es da ein Problem!
M.M.: Mein Gott! (Die Sitzung löst sich in Gelächter auf.)

Liebe und Psychoanalyse

Mit Hilfe der Tarotkarten entdeckt eine Psychoanalytikerin, was hinter ihrer Arbeit steckt. Maria lebt in Mailand.

Maria: Ich möchte den Leuten, die als Patienten zu mir kommen, mit Liebe begegnen… aber ich fürchte, ich bin dazu nicht in der Lage… und (sie beginnt zu weinen) ich laufe Gefahr, es allen zu sagen, wenn es wirklich stimmt, daß ich nicht lieben kann.
M.M.: Liebst du dich selbst?
Maria (flüsternd): Manchmal.
M.M.: Und deine Patienten, deine so geduldigen Patienten, liebst du sie manchmal auch?
Maria: Ich glaube, ich liebe sie sogar sehr.
M.M.: Woher kommen dann diese Tränen?
Maria: Aus meiner Angst…
M.M.: Ziehe jetzt eine Karte für die Art und Weise, wie du dich mit deinen Patienten siehst.

Hm. Schweres Kaliber. Du hast deinen Kahn wirklich vollgeladen, bis zum Rand. Jeder sitzt in deinem Boot, und das Boot ist voller müder Schwerter. Nichts als kalte Routine. So wie du es siehst, ist keine Liebe dabei, ist es reine Pflicht. Und du bist die einzige, die zu rudern versteht… niemand kann dem anderen ins Gesicht sehen…

Maria: Ich sehe nur, wie schwierig alles ist… ich schleppe mich nur noch irgendwie weiter… und ich bin diejenige, die das Boot anstößt.

M.M.: Jetzt eine Karte dafür, wie deine Patienten dich sehen.

KÖNIG der MÜNZEN

Dieser König hat eine gewisse Heiterkeit, die Früchte treten zutage… aber deine Arbeit bringt deine weibliche Seite nicht zum Tragen. In beiden Karten erscheint jemand, der mehr als andere besitzt. So wie du dich selbst siehst, bist du die einzige, die weiß, wie es weitergeht, die durchzuhalten weiß. Und so, wie sie dich sehen, bist du diejenige, die etwas zu geben hat.

Aber diese beiden Karten sind sehr verschieden. Die anderen sehen dich als einen Mann, lächelnd, verfügbar, wissend. Du siehst dich als erschöpft, als jemand, der Schwerter schleppt, die nicht einmal die deinen sind, in einem Boot, das kurz vor dem Untergehen ist…

Zieh eine Karte, ob dir diese Art von Arbeit Erfüllung bringen kann.

Maria: Erfüllung kann sie nur bringen, wenn Liebe dabei ist.

M.M.: Dann nimm eine Karte, um nachzuschauen, ob Liebe dabei ist.

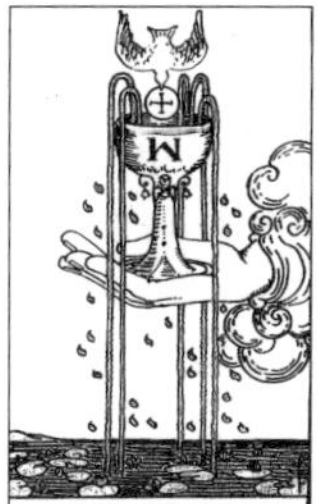

Das ist die Karte Nummer eins für die Liebe im Tarot-Spiel, für Ja… (sie lacht und weint.)

Ja, du liebst sie. Du bist sehr ehrlich… und unschuldig. Schließe einfach die Augen, und spüre in dir nach… (Sie weint immer noch, jetzt stiller. Nach einer Weile:)

Maria: Ich würde dieses As der Kelche gern etwas deutlicher fühlen, würde gern mehr darüber wissen…

M.M.: Schau dich um! Schau dir all diese Leute hier an. Einen nach dem anderen… dann suche dir jemand… gehe zu ihm oder zu ihr hin und gib deine ganze Liebe… ohne zu sprechen. Schließlich geht sie nach einigem Zögern zu ihrem Bruder und umarmt ihn sanft.

Später schrieb mir Maria folgenden Brief:

In der Nacht nach der offenen Sitzung hatte ich einen Traum. Es kamen alle möglichen Leute darin vor, alte Freunde, neue Freunde, alle durcheinander. Zu einem Zeitpunkt war ich in einem Haus, das nicht mir gehörte, zusammen mit einem alten Freund aus der Kindheit. Er war mein Mann geworden, und wir hatten zwei Kinder, aber sie waren weder meine noch seine. Ich habe ihn fest umarmt und gesagt: «Worauf es ankommt, ist, daß wir uns lieben, ob du nun mein Mann bist oder nicht… wir müssen uns einfach nur lieben.» Und plötzlich empfand ich ungeheure Freude in mir.

Ich habe es nicht eilig, mit diesem Traum aufzuhören. Ich möchte ihn mehr empfinden. Ich weiß, daß wirklich etwas in meinem Herzen passiert ist: All die alten Dinge entgleiten mir, und indem das geschieht, kommt die Freude, einfach nur mitzugehen mit dem Strom, ihn nicht mehr steuern zu wollen… Das Boot vielleicht sogar ganz zu verlassen und im Wasser selbst zu treiben…

Heute morgen habe ich angefangen, meinen Patienten (und sie sind wirklich geduldig!) über das zu berichten, was gestern abend geschehen ist, und auch über meinen Traum. Das Boot fühlt sich schon leichter an, und der König weniger steif auf seinem Thron. Und vielleicht gibt es eines Tages dann nur noch die letzte Karte, das As der Kelche…

Herzinfarkt

Zur Sitzung kommt ein 45jähriger Geschäftsmann. Zu Beginn sagt er, daß er an diese «Dinge» nicht glaubt, womit er Tarot und Astrologie meint… aber er hätte erst kürzlich einen Herzinfarkt gehabt, den er wohl inzwischen gut überstanden habe. Die Angst sei jedoch geblieben. Er möchte nun wissen, ob der Tarot ihm etwas über seine gesundheitliche Entwicklung sagen kann und wie es wohl mit seinem Herzen in Zukunft aussehen wird.

M.M.: Nun, das kann ich nicht sagen. Wenn es um den zukünftigen Zustand eines Organes geht – wie um das Herz, die Niere oder das Gehirn oder sogar um den Körper als Ganzes –, würde ich der medizinischen Prognose sicherlich mehr vertrauen als dem Tarot. Aber wenn es dir nicht um dein Herz, deinen Körper geht, sondern auch um dich, dann können wir etwas machen.

Peter: Was meinst du?

M.M.: Ich will damit sagen, daß wir uns deine Haltung, die du gegenüber deinem Leben und deinem Tod hast, anschauen können. Der Tarot kann dir vieles über dich selbst zeigen, wenn du es hören möchtest. Versuchen wir es damit: Sage laut: «Ich möchte leben», ziehe eine Tarotkarte dazu und sage dann: «Ich möchte sterben», und ziehe auch dazu eine Karte.

Peter: Ich möchte aber gern noch eine dritte Karte ziehen: «Ich weiß nicht, ob ich leben oder sterben möchte.»

M.M.: Ja…

Ich möchte leben

Ich möchte sterben

Ich weiß nicht, ob ich leben oder sterben möchte

M.M.: Ja, es sieht so aus, als ob dieser König sehr an seinem Königreich festhält… Was antwortet er auf die Frage, ob er leben möchte? Gib ihm deine Stimme.

Peter (zitiert auf theatralische Weise): «Ich möchte leben… Ich möchte mein Leben festhalten… Ich hänge an meinem Leben» (jetzt zeigt er auf die Münze in der Mitte, die der König mit beiden Händen vor seinem Herzen hält) … «ja, ich *hänge* eigentlich an meinem Herzen! Ich möchte es am liebsten konservieren, bewahren…» (lange und ernste Pause – dann mit einer tiefen und traurigen Stimme): «Mein Leben ist vielleicht klein und unbedeutsam, aber es ist *Mein* Leben. Laßt mich mein Leben leben. Keiner kann es für mich leben – und keiner kann es mir wegnehmen.»

M.M.: Und was sagt dieser König (*König der Schwerter*) zum Sterbenwollen? Sprich für ihn.

Peter: (Ohne zu zögern): «Ja, ich will sterben. Ich fühle mich schuldig, und die Strafe ist der Tod. Ich bin es nicht mehr wert zu leben…»

M.M.: Wer ist er?

Peter: Ich bins… oder ein Teil von mir, der, der mich ständig zwingt, sämtliche Pflichten zu erfüllen, alle Termine einzuhalten, der mich ohne Gnade antreibt, der nur Arbeit kennt und sich Sorgen über alles macht. Der ist einfach zu viel für mich!!…

«Du mußt. Du hast deine Verpflichtungen» … Ich halte das nicht mehr aus – der bringt mich um. Ich will sterben.

M.M.: Diese Karte (*Zwei der Münzen*) ist erstaunlich. Sieht aus wie Hamlets Monolog: Sein oder Nichtsein. Wiederhole bitte noch einmal deine Frage, und schau die Karte an.

Peter (sehr langsam): Ich weiß nicht, ob ich leben oder sterben möchte.

M.M.: Wie klingt das?

Peter: Es klingt absurd. Ich glaube es nicht.

M.M.: Es klingt falsch.

Peter: Jaaa…

M.M.: Es ist falsch. Es ist ein Trick. Derjenige, der hier stöhnt und sich beklagt, daß er nicht weiß, ob er lieber leben oder sterben möchte, gerade er ist lebendig, und es geht ihm gut! Und er wird eigentlich nicht um seine Meinung gebeten, sie ist unnütz.

Ja, vielleicht verschwendet er sein Leben damit, auf den Tag zu warten, an dem er sich entscheidet, ob er nun eigentlich leben will oder nicht – aber er hat sein Leben bereits, er lebt ja! Hamlet kann sich diese Frage stellen, weil er ist, weil er völlig lebendig ist. Fragen zu stellen, ob du leben willst, während du ja die ganze Zeit lebst…? Hast du denn irgendeine Wahl? … Außer dich auf der Stelle zu töten… Aber daran bist du eigentlich nicht interessiert. Also?

Peter (lacht): Also, es ist wohl besser aufzuhören, Fragen zu stellen und anzufangen zu leben?

(Pause)

Richtig…

M.M. (mischt die Karten neu): Gut. Zieh jetzt eine Karte für deinen Kopf und eine für dein Herz.

Herz

Kopf

Ich sehe keine Schwierigkeiten mit deinem Herzen. Es möchte leben, es ist offen, da sind keine Hindernisse…, es ist wiedergeboren worden. Der Herzanfall war wie ein kleiner Tod, dem eine Wiedergeburt folgte. Und dein Herz ist jetzt neu, offen, es kann jetzt singen, es kann den Atem des Lebens wieder durchfließen lassen. Aber der Kopf denkt immer noch an den Tod, der ihn bei dem Herzinfarkt bedrohte. Siehst du? Das Herz ist an neuem Leben interessiert, und der Kopf hinkt hinterher und ist durch die Erinnerung immer noch wie hypnotisiert. Der Anfall hat deinem Kopf deutlich gemacht, daß er völlig hilflos ist in dieser Situation, und das ist ja eine Demütigung für ihn, weil er immer glaubte, er sei der Boß. Der Tod ist völlige Demütigung für das Ego – deswegen spürst du es ja im Kopf. (Legt jetzt die beiden Karten nebeneinander.) Du könntest keine zwei Karten finden, die gegensätzlicher sind. Dein Kopf ist negativ, zerstört, gedemütigt, voller Angst, schockiert. Dein Herz singt, ist glücklich, voller Freude und Vertrauen. Der Kopf ist immer voller Sorgen, und er sagt jetzt: «Sei vorsichtig, ängstlich; erinnere dich, was damals geschah...» Das Herz ist nur interessiert am Leben – singe, tanze, spiele, gewinne das Leben zurück, genieße es. Das ist eine Wiedergeburt! Sei froh...

Peter: Es ist so klar im Moment. Ja, ich habe auch das Gefühl; das Leben ist jetzt wie ein Geschenk. Ich könnte ja bereits tot sein. Wie eine Art Bonus oder eben ein Extra-Geschenk.

M.M.: Genau – ein extra Geschenk. Was wirst du damit jetzt anfangen? Wirst du es annehmen? Oder möchtest du lieber warten, bis man dich zum Abendessen einlädt? (lachend)... Wenn du jemanden brauchst, der dich einlädt; ich kann dich einladen: *«Peter, ... das Essen ist fertig. Das Leben ist bereit. – Guten Appetit!»*

Liebe ist eine zweihundertprozentige Sache

Ina, eine Geschäftsfrau aus München, beginnt die Einzelsitzung sehr direkt...

Ina: Ich habe Probleme mit Männern.

M.M.: Was für Probleme?

Ina: Hm... ich fühle mich wohl in meinem Körper. Ich fühle nicht, daß ich Probleme mit meiner eigenen Sexualität habe. Ich kann meinen Körper lieben, aber wenn ich mit Männern zusammenkomme, ist es eben schwierig.

M.M.: Okay, laß uns das mal anschauen. Nimm zwei Karten: eine für deine Gefühle zu deinem Körper und eine für den Sex mit Männern.

Die Welt – wie schön! Das bedeutet Liebe zu deinem Körper, Liebe zu dir selbst. Das ist die Grundlage, die Wurzel aller Liebe, die entsteht. Sie ist wie die natürliche Selbstliebe von Kindern…

Sieben der Stäbe – nun, ja, es ist schwierig mit Männern! Was siehst du in dieser Karte?

Ina: Es ist ein Kampf. Da ist Angst, Verteidigung, Angst, durchdrungen zu werden, Angst, jemanden reinzulassen. Ich möchte mich auf Distanz halten, um mein eigenes Gebiet zu verteidigen. Aber ich mag diese Karte nicht. Ich wäre gern offen zu den Männern…

M.M.: Dann sag laut: «Ich bin offen zu den Männern», und nimm gleichzeitig eine Karte. Dann sag: «Ich bin nicht offen zu den Männern», und nimm eine weitere Karte.

(Bei «Ich bin offen zu den Männern» zieht Ina die *Vier der Kelche*.)

Offen? Das sieht nicht sehr offen aus. Irgendwie sitzt sie da. Passiv, ja, gelangweilt, unberührt, ja, aber nicht offen.

(Bei «Ich bin nicht offen zu den Männern» zieht sie den *Ritter der Schwerter*.)

RITTER der SCHWERTER

M.M.: Und was siehst du in diesem Ritter?

Ina: Ich bin nicht offen zu den Männern! Nein, ich kämpfe mit ihnen (lachend). Ich möchte mit den Bastarden kämpfen.

M.M.: Sag es nochmal.

Ina: Ich möchte mit den Bastarden kämpfen!

M.M.: (ordnet die Karten auf dem Tisch folgendermaßen: *Sieben der Stäbe – Vier der Kelche – Ritter der Schwerter*.)

M.M.: Schau dir die Karten über die Männer an, und laß sie reden, gib ihnen deine Stimme.

Ina: «Ich laß dich nicht rein!» sagt die *Sieben der Stäbe*.
«Ich bin nicht interessiert an dir», sagt die *Vier der Kelche*.
«Geh zur Hölle», sagt der *Ritter der Schwerter*.

M.M.: Im Moment scheint es also wahr zu sein. Du bist nicht offen für Männer. Aber es gibt keinen Grund, offen zu sein, wenn du nicht offen sein magst (Ina schaut jetzt sehr berührt). Wo ist das Problem?

Ina: Klar ist das ein Problem… Das Problem ist…

M.M.: Sag es mit einer Karte!

M.M.: Ja, Liebe ist das Problem. Liebe ist das einzige Problem, das es gibt. Der andere mag nein zu dir sagen, dich abweisen, von dir weglaufen… In der Liebe bist du absolut machtlos, total nackt. Deine Machtlosigkeit besteht darin, daß, egal wie sehr du es versuchst, egal, was du tust, du *nichts* tun kannst, damit Liebe passiert. Der andere muß auch einen Schritt auf dich zugehen, der andere muß auch nackt sein. Für dich genügt es nicht, hundertprozentig zu sein. Liebe ist eine zweihundertprozentige Sache. In tiefer Liebe verschwindet die Identität, in tiefer Liebe steht die Zeit still. Für das Ego ist dies zu riskant, und genau deshalb wird Liebe zum Problem. Liebe ist riskant, Liebe ist eine Herausforderung. Liebe ist die erste Erfahrung von etwas Größerem als deinem Ego. Nichts ist falsch an der Eigenliebe, du bist gesegnet.

Aber es sind noch größere Freuden möglich. Sei mutig.

Fragen und Antworten zum Intuitiven Tarot

Auf die folgenden Fragen antwortete Prembodhi während der Tarotgruppe Heart of Tarot (Herz des Tarots), die er im Juli 1987 zusammen mit Gerd Ziegler (Crowley Tarot) und Rupda I. Bürgel (Körperarbeit, Emotional Awareness und Psychische Massage) abhielt.

Warum taucht für die gleiche Frage nicht auch die gleiche Tarotkarte wieder auf?

Das geschieht oft… und dann mußt du wirklich hinhören! Sagen wir es einmal so: Würdest du erwarten, Mr. Smith jedesmal zu begegnen, wenn du die Center-Street überquerst? Nein – in dem Moment, in dem du die Center-Street überquerst, taucht aus den vielen verschiedenen Möglichkeiten einfach Mr. Smith auf dem Bürgersteig auf. Nutze die Gelegenheit, geh zu ihm hin und frage ihn alles, was du ihn fragen möchtest – denn es könnte sein, daß du ihn nie wieder siehst!

Es ist genug, für jede Frage ein Spiel zu spielen. Spiele einmal: Das Orakel hat gesprochen, nimm die Botschaft an und laß es gut sein! Ziehe nicht immer und immer wieder Karten für die gleiche Frage, sonst wirst du das Vertrauen verlieren.

Wir können natürlich immer neue Karten ziehen, bis wir die Antwort bekommen, die wir möchten, aber wir wissen doch die ganze Zeit über, daß wir das Spiel manipuliert haben, und unser Vertrauen ist dahin. Es ist besser, eine schwierige Antwort zu akzeptieren und zu versuchen, damit zu arbeiten.

Also aufgepaßt: Der Tarot schlägt manchmal auf sehr seltsame Weise zurück, wenn man ihn mißbraucht. Manchmal gibt es einfach keine Möglichkeit, dir deine erhoffte Karte zu stehlen! Die Botschaft ist die Botschaft, ob sie dir gefällt oder nicht…

Kann der Tarot Dinge im voraus wissen? Wenn ja, warum möchtest du dann nicht mit Hilfe der Karten für uns in die Zukunft schauen?

Ich ziehe selten eine Karte für die Zukunft – obwohl ich es manchmal zu einem bestimmten Zweck tue. Erstens: Ich glaube nicht, daß das, was die Leute «die Zukunft» nennen, etwas ist, das schon entschieden ist, und nur passiv darauf wartet, von mir entdeckt zu werden. Ich glaube, daß jeder Schritt in eine Richtung, den ich vielleicht in *diesem Moment* mache, diesen Moment selbst verändert und daß aus jeder Art und Weise, diesen Moment zu leben, ein anderer nächster Augenblick, eine andere Zukunft, geboren wird.

Wenn ich die Center-Street in diesem Moment überquere, werde ich Mr. Smith begegnen, andernfalls nicht. Und wenn Mr. Smith sich entschließt, ein Mittagsschläfchen zu halten, anstatt einen Spaziergang zu machen, dann werden wir uns auch nicht treffen… Das Überqueren der Center-Street wird meine gesamte Zukunft beeinflussen – und auch die von Mr. Smith, wenn er da ist. Ich sehe in jedem Moment viele mögliche Zukünfte, viele mögliche Schritte vor mir. Mit jedem Schritt wähle ich eine andere Zukunft. Es gibt viele Wege und unendlich viele Richtungen.

Wenn wir noch nicht einmal den Sprung des Elektrons vorhersagen können, wie können wir dann auch nur hoffen, ein so multidimensionales Wesen wie uns selbst oder einen anderen Menschen vorherbestimmen zu können? Unsere Schritte sind nicht voraussagbar: Jeder einzelne wird in Freiheit getan.

Zweitens: Der Tarot kann natürlich einen der möglichen zukünftigen Schritte aufnehmen, wenn du ihn fragst, aber von diesem Moment an wird diese Möglichkeit zu einer sich selbst erfüllenden Prophezeiung. Wenn ich deine Zukunft vorhersage, dann bin ich verantwortlich dafür, daß sie eintrifft. Unbewußt habe ich dich deiner größten Freiheit beraubt. Nun, ich möchte nicht verantwortlich dafür sein, das Leben von irgend jemandem festzulegen und in ein vorgefertigtes Muster zu zwängen!

Deine gesamte ewige Zukunft wird davon bestimmt, wie du diesen Moment lebst – jetzt. Deshalb ziehe ich es vor, Fragen über die Zukunft in eine Untersuchung der gegenwärtigen Möglichkeiten umzuwandeln. *Jetzt* ist der einzige machtvolle Augenblick, denn es ist der einzige Augenblick, der real ist, und die höchste Freiheit, die wir haben, besteht darin, herauszufinden, wie wir diesen Augenblick in Freiheit leben können.

Warum benutzt du das Rider-Spiel und nicht die Crowley Karten?

Warum die Lilie und nicht den Lotus? Sie kamen aus dem gleichen Schlamm!

Wenn wir uns die esoterischen Traditionen betrachten, dann gibt es dort überall eine Menge Schlamm, von dem wir uns reinigen müssen. Wir veranstalten hier mit dem Tarot einen großen Frühjahrsputz der westlichen magischen Tradition – Crowley oder Waite – das macht keinen großen Unterschied. Die gesamte westliche Tradition ist ein einziger Schlamassel: weiße Magie, schwarze Magie, Selbstbestrafung, Opfer, Willenskraft, Angriffe und Selbstverteidigung auf der psychischen Ebene... schwerverdauliches Zeug... alle Alpträume des Ego werden in Quatrophonie und Supercinemascope hinausprojiziert. Viele, so auch Crowley, wurden tatsächlich verrückt... unser Ansatz ist grundlegend anders. Wir spielen mit dem magischen Kind in unserem Inneren. Wir wollen nicht morgen vollkommen sein, wir sind damit zufrieden, uns heute so anzunehmen, wie wir sind... Und wir sind nicht nur schwarz oder weiß – warum so dürftig? Wir wollen auch grün wie die Wälder sein, blau wie der Himmel, rot wie Blut, leuchtend wie die Sonne und dunkel wie der Himmel hinter den Sternen! Schwarz und weiß sind natürlich im Spektrum der Farben des Lebens enthalten, wie das Alpha und das Omega.

Unser Motto lauter nicht «tu, was du willst», sondern «leben, lieben und lachen». Wir müssen überhaupt nichts *tun:* Wir müssen uns einfach nur öffnen, wenn das Leben, die Liebe und das Lachen bei uns vorbeikommen. Und sie kommen – seht, wieviel Spaß und Liebe und Klarheit wir aus diesem kleinen Kartenspiel herausquetschen können!

Keine festgelegten Bedeutungen – das ist die Art und Weise, wie wir mit dem Tarot umgehen, und es ist die radikalste Art, den Tarot zu *säubern*. Wenn es keine vorgegebenen Bedeutungen gibt, dann wird die gesamte Tradition bedeutungslos. Wir befreien uns mit einem Streich von dem ganzen westlichen Wahnsinn und öffnen so die Kanäle für unsere Intuition – hier und jetzt.

Die Intensität deiner Arbeit mir dem Tarot wird ausschließlich von dir kommen. Jede Karte und jedes Deck ist dafür geeignet. Die Botschaft steht überall geschrieben, sie ist in die gesamte Existenz hinausprojiziert. Und so können Menschen aus allem «lesen»: aus Karten und Münzen – aus dem Tarot und dem I-Ging – aber auch aus Teeblättern und Kaffeetassen, vorbeifliegenden Vögeln und Tierspuren, aus Händen, Füßen und Gesichtern, aus flackernden Kerzenflammen, vorüberziehenden Wolken, sternenbedeckten Himmeln, aus *allem und jedem*… Wir können auch in die Augen eines Freundes schauen, oder wir können unsere Augen schließen und die Botschaft in unserem Innern entdecken.

Du sagst, daß jede Karte geeignet ist. Aber wenn ich Tarot spiele, habe ich immer Angst, daß ich vielleicht nicht die «richtige» Karte ziehe, und ich bin immer sehr unsicher, welche Karte ich nehmen soll…

Diese Angst kommt unvermeidbar auf… Ich nehme die Karten sehr schnell, und ich vertraue. Du kannst einen solchen unbewußten Prozeß niemals wirklich mit dem Verstand kontrollieren. Es ist wie ein *Wunder*, daß die Hand weiß, wie sie die «richtige» Karte herauspicken muß. Du kannst es deiner Hand überlassen, wir können vertrauen.

Unsere Art, die Karten eine nach der anderen als Antworten auf unsere verschiedenen Fragen zu ziehen, bedeutet eine wesentlich größere Verantwortung auf Seiten des Fragenden. Er ist nicht nur für die Fragen verantwortlich, die er gewählt hat, sondern auch für die Karten, die er zieht. Er trägt die Verantwortung für das, was er – wenn auch unbewußt – gewählt hat, dafür, daß er gerade diese und nicht irgendeine andere Karte gezogen hat. Es bedeutet, die Verantwortung für unser Unbewußtes zu übernehmen, und das ist ein großer, ein bedeutender Schritt hin zu unserer Integration als Individuen.

Da du deine unbewußte Wahl der Karten ohnehin nicht kontrollieren kannst, solltest du es gar nicht erst versuchen. Es ist ein Geheimnis, ein Wunder, auf das wir uns verlassen können, so wie wir uns auf unsere Verdauung, unsere Atmung und unseren Kreislauf verlassen können… Alles Dinge, die, Gott sei Dank, nicht unserer bewußten Kontrolle unterstehen. Was würde mit deiner Verdauung geschehen, wenn du plötzlich anfangen würdest, sie anzuzweifeln? Sie würde wahrscheinlich noch eine Weile funktionieren, aber ich glaube nicht, daß du dich besonders gut fühlen würdest…

Was hältst du von «Persönlichkeitskarten» und von «Seelenkarten»?

Meinst du die Gepflogenheit, jemandem auf der Basis von Tarot und Numerologie eine festgelegte Persönlichkeits- oder Seelenkarte zuzuordnen?

Davon halte ich nicht viel. Ich bin der Meinung, daß *alle* Karten zu uns gehören und daß eine einzige Karte uns niemals definieren kann. Ich habe ohnehin nicht die Vorstellung, daß es so etwas wie eine einzige «Persönlichkeit» gibt: Ich sehe eine komplexe Gestalt von Charakteren und Subcharakteren, einen ständigen Fluß sich stets wandelnder psychischer Prozesse, und zwar sowohl bewußter als auch unbewußter Art… Das kannst du nicht auf eine einzige Karte reduzieren – und schon gar nicht auf eine festgelegte!

Was die «Seele» betrifft, wobei ich annehme, daß damit eine Art ewiges Bewußtsein gemeint ist, das die Körper/Geist-Einheit bewohnt… Warum sollten wir der armen Seele eine Karte geben? Mein Gott, muß selbst die Seele ein Etikett bekommen und vom Tarot abgesegnet werden?! Und mit einer Seele, für die man eine Karte ziehen kann, kann es ohnehin nicht weit her sein…

Warum legst du so großen Wert auf Gefühle bei deiner Arbeit mit dem Tarot?

Warum sollten wir nur an einer Hälfte arbeiten? Wir sind multidimensionale, ganzheitliche Wesen, wir sind Körper/Geist-Einheiten. Das Leben begegnet uns und spielt mit den vielen verschiedenen Dimensionen von uns.

Aber man hat uns gelehrt, die Dinge zu trennen, zu zerteilen, und uns gezwungen, uns mit dem Getrennten und Geteilten zu identifizieren. Wir haben die Körper/Geist-Einheit gespalten: Der Körper ist zu einer *Maschine* geworden und der Geist zu einem *Gespenst. Cogito ergo sum* - ich denke, also bin ich. Das ist das Fundament, auf dem unsere Zivilisation den Turm des Ego errichtet hat.

Seit Jahrhunderten bestand das einzige Ziel unserer patriarchalischen, autoritären und wissenschaftlichen Kultur darin, das denkende Ego zu entwickeln und zu legitimieren, den Kopf, der sich im offenen Konflikt mit dem Instinkthaften, dem Femininen, dem Intuitiven, dem Mystischen und dem Kosmischen befand. Es ist höchste Zeit, daß wir diese Teilung in unserem Innern heilen, damit wir unsere Integrität spüren und unsere Ganzheit leben können.

Gefühle helfen uns, uns vom Kopf zum Herzen hin zu bewegen, und das ist der Ort, an dem die Reise unserer Selbsterfahrung beginnt. Gefühle zeigen uns, wer wir sind, sie verwurzeln uns in der Existenz. Und wenn das durch den Tarot geschieht, dann entdecken wir unsere Antworten nicht innerhalb unserer Gedanken – sondern in unseren Gefühlen, unseren Visionen und dem Verlangen unserer Seele. Und unsere Gefühle sind nicht weit weg. Sie sind hier. Ja, sie sind in der Tat mehr *hier*, als irgendein Gedanke es sein könnte... Du kannst es in dir selbst beobachten. Jeder Gedanke bringt ein Gefühl mit sich, und jedes Gefühl wird durch den Körper und die Träume ausgedrückt. Es ist eine Einheit, die sich in vielen Dimensionen manifestiert: im Geist, in den Gefühlen, im Körper, in Träumen. Deshalb arbeiten wir in unseren Gruppen gleichzeitig auf allen diesen Ebenen: mit dem Tarot, mit *Emotional Awareness,* mir geistigem Heilen, mir Traumarbeit. Und deshalb sind wir hier auch zu zweit – ein Mann und eine Frau tun diese Arbeit gemeinsam. Wir funktionieren zusammen wie zwei Seiten eines Gehirns.

Manchmal sprichst du vom Tarot als dem «inneren Meister» oder dem «Meister». Kann der Tarot so hoch und so tief reichen?

Der Tarot ist kein Lehrer – er ist ein Meister. Lehrer und Meister erfüllen grundsätzlich verschiedene Funktionen, ja, sie sind tatsächlich polare Gegensätze. Ein Lehrer hat sich ein bestimmtes Wissen angeeignet, das er dir weitergeben kann – bestimmte Konzepte, Fakten, Techniken, die er wiederum von seinem Lehrer gelernt hat und von denen er annimmt, daß sie *wahr* sind. Normalerweise ist diese Art der Wissensvermittlung so etwas wie eine Pawlowsche Konditionierung, eine ständig wiederholte Hypnose: Der Schüler, der die Informationen in seinem Gedächtnis *speichern* kann, bekommt eine gute Note und, was noch wichtiger ist, die Anerkennung der Autoritäten.

Der Lehrer ist ein Verfechter der Tradition. Er kann nicht zulassen, daß seine Fakten und Zahlen in Frage gestellt werden. Er glaubt, die Wahrheit sei unangreifbar. Zwei und zwei wird für den Lehrer immer vier sein. In dem Moment, in dem zwei und zwei fünf ergibt, ist er als Lehrer am Ende, denn er wurde nur eingestellt, um zu lehren, daß zwei und zwei vier ist. Als Lehrer ist er nur eine *Funktion*.

Der Meister vermittelt kein Wissen, keine Konzepte oder Fakten, an die du glauben kannst. Er ist überhaupt nicht am Glauben, sondern nur an der *Erfahrung* interessiert – und um die Erfahrung zu ermöglichen, muß er alle Glaubenssysteme zerstören, die uns daran hindern, die Wirklichkeit zu sehen. Der Meister arbeitet nicht an deinem Gedächtnis, sondern an deiner *Bewußtheit*, und das ist ein gewaltiger Unterschied... Der Meister wird uns nicht bestrafen oder belohnen; er wird uns *schockieren*, wachrütteln, um uns wieder zu unseren Sinnen zu bringen, um uns weg von unserer Konditionierung zu unserem natürlichen Zentrum zu führen. Ja, der Meister ist ein Experte darin, uns zu de-konditionieren! Es kann passieren, daß er uns mit einem Schuh auf den Kopf haut, wie Rinzei; oder uns heftig auf den Rücken schlägt, wie Don Juan, um unsere Wahrnehmung zu verändern; oder er nimmt uns vielleicht sogar all unsere Spielzeuge weg, wie Krishnamurti!

Der Meister nimmt es sich heraus, alle in Frage zu stellen. Das ist sogar seine eigentliche Funktion. Er ist der Bilderstürmer. Er wird all die kleinen Ikonen, die wir uns gemacht haben, diese tröstlichen kleinen Bildchen, die wir als das Wahre verehren, zerstören. – Das schließt natürlich unsere Tarotkarten ein. So einfach ist das.

Es ist ihm völlig egal, was zwei und zwei ergibt. Was ihn interessiert, bist du, sein Jünger: Wie er dich aufwecken kann, wie er deine Augen öffnen kann. Wenn zwei und zwei *irgendeine* Zahl ergeben muß, damit der Jünger seine Augen öffnet, ist genau diese Zahl recht. Der Meister kreiert immer wieder eine neue Mathematik!

Vielleicht kennt ihr die Geschichte von diesem Mann, der noch nie in seinem Leben das unterirdische Versteck verlassen hatte, in dem er schon mit seinen Eltern gelebt hatte. Er hatte noch nie die Welt und ihre Schönheit gesehen, er hatte noch nie die Sonne und den Mond, einen Vogel oder eine Rose erblickt, noch nie die Sterne und die Wolken oder ein Gewitter gesehen. Ja, seine Eltern hatten ihn sogar gelehrt, daß diese Dinge gar nicht existieren.

Alle, die zu ihm kamen und ihm erzählten, daß es da draußen eine Welt mit einem unendlichen Himmel gab, betrachtete der im Untergrund lebende Mann als Träumer, als Utopisten und Mystiker. Als sie ihn herausforderten, hinauszugehen und sich selbst zu überzeugen, lehnte er ab. Warum sollte er sich die Mühe machen, hinauszugehen, um etwas zu sehen, das gar nicht existieren konnte? Wie unsere heutigen Wissenschaftler, die die Astrologie und den Tarot nicht studieren, weil diese Dinge nicht wahr sein *können*, lachte der alte Mann, fühlte sich überlegen und hielt seine Ohren gut geschlossen.

Eines Tages jedoch kam ein sonderbarer Mann zu unserem Freund gerannt und *schrie*, das Haus stehe in Flammen. Der alte Einsiedler war entsetzt. Er rannte hinaus und fand sich unter einem wunderschönen Sternenhimmel wieder. Er weinte vor Überraschung und Dankbarkeit, als er dieses Wunder sah…

Jener seltsame Mann war ein Meister – und zwar ein recht sanfter, denn es gibt weitaus pragmatischere Meister, die das Haus tatsächlich anzünden, wenn es notwendig ist! Ein Meister kann – an unseren Maßstäben gemessen – lügen, ein Meister kann ein

Haus anzünden, und doch ist er weder ein Lügner noch ein Brandstifter… Denn er hat ein anderes Verständnis von Wahrheit. Für ihn ist, wie einst für Gautama Buddha, *die Wahrheit das, was funktioniert.* Welche Lüge uns auch dazu bringen mag, den Himmel zu sehen, sie hat funktioniert, sie ist zur Wahrheit geworden! Der Ruf, das Haus stünde in Flammen, war mit Sicherheit eine Lüge, eine Lüge für den Lehrer, und ein Lehrer, der falschen Alarm gibt, würde mit Sicherheit in Schwierigkeiten kommen… Aber diese Lüge rüttelte unseren alten Einsiedler wach und beförderte ihn in eine tatsächliche Erfahrung der Wahrheit. Und nur das zählt.

Es ist Wirklichkeit, das Firmament zu sehen. Was auch immer «funktioniert», um uns dazu zu bringen, das Firmament zu sehen, ist wahr. Eine Lüge kann sehr gut funktionieren – in der Tat besser, als eine angenommene Wahrheit. Aber am besten wirkt es, wenn man das Haus direkt anzündet!

Der Tarot ist solch ein Meister, wenn du es zuläßt. Und ich würde dir empfehlen, es zuzulassen.

Gestern sagtest du, der Tarot existiert nicht, heute sagst du, der Tarot ist ein Meister… Was wirst du morgen sagen?

Wer weiß? Vielleicht werde ich morgen sagen, der Tarot ist Gott… Da ich bereits gesagt habe, daß Gott nicht existiert, würde das den Kreis schließen, nehme ich an… Und alles klar machen! Denn der Tarot wird letztendlich das sein, was *du* daraus machst.

Ja, im Grunde existiert der Tarot als solcher nicht. Es gibt nicht so etwas wie «den Tarot», und das Kartenspiel wird vom Verlag auch nicht mit einer eingebauten Fee geliefert, die uns die Antworten gibt. Der Tarot ist das, *was wir* daraus machen, und wir können ihn nur als eine Reflexion unserer selbst benutzen. Er kann also unser Ego und unseren Geist reflektieren, er kann unser «magisches Kind» reflektieren, aber er kann auch unsere höchste Intelligenz, unseren inneren Führer, unsere eigene höchste Wahrheit, unseren inneren Meister reflektieren. Ja, der Tarot kann so hoch und so tief reichen… Dann *ist* der Tarot der Meister. Es liegt an dir.

Gib also acht, wenn du Tarot spielst. Der Tarot ist kein gewöhnlicher Lehrer, kein Psychotherapeut, den du leicht hinters Licht führen kannst. Er ist nicht gekommen, um unsere täglichen Persönlichkeitsprobleme zu lösen oder uns mit geborgtem Wissen zu trösten. Er kommt aus dem Jenseitigen, aus Ixtlan, aus dem Geheimnisvollen, aus dem Land des Narren.

Er ist ein Meister, der uns helfen kann, unsere Masken fallen zu lassen, die Wirklichkeit zu erfahren, aus unseren Höhlen herauszukommen, dem Unerwarteten zu begegnen und auf den höchsten Gipfeln des Lebens zu tanzen. Er ist ein Meister der Ekstase, der Spontaneität, des Humors.

Und wie ein Meister wird er uns gnadenlos mit uns selbst konfrontieren, wenn wir offen dafür sind, uns selbst wirklich zu sehen, wenn dieser aufrichtige Wunsch hinter unserer Suche steckt und wir uns völlig hineingeben. Nimm dich also in acht: Spiele dieses Spiel nur, wenn du bereit bist, dich wirklich anzuschauen – andernfalls *spiele es nicht!*

Eines der wichtigsten Dinge, die der Tarot mir zeigte, war meine Leichtgläubigkeit, meine Einfältigkeit, mein Hang, mir Illusionen zu machen und sie auf die Karten zu projizieren. Mein Verstand ist bereit, alles zu glauben, ganz besonders, wenn ich mir dadurch die Erfüllung meiner langgehegten Wünsche erhoffe: Liebe, Erfolg, Glück... Liebt sie mich wirklich? pflegte ich zu fragen. Ist sie wirklich bereit, sich ganz auf mich einzulassen? Absolut, antworteten die Karten – und dann sah ich sie niemals wieder! Wieder und wieder zeigte mir der Tarot in vielen verschiedenen Dingen, was für ein Narr ich bin... Indem er mich zum Narren hielt – bis ich es begriffen hatte.

Der Tarot mag dir immer wieder deinen Traumerfolg bestätigen, nur um dir klar zu machen, in welchem Traum du lebst. Er kann dich so lange verwirren und hinters Licht führen, bis du dich nur noch auf dein Herz verlassen kannst, um zu wissen, ob sie dich liebt... oder ob *du* liebst. Ich möchte dir einen schönen Witz erzählen. Eines Tages besuchte der Erzengel Gabriel John Smith in seinem Wohnzimmer. «John», sagte er, «ich komme als Botschafter Gottes, um dir mitzuteilen, daß Er dich als seinen neuen Propheten erwählt hat. Morgen sollst du dich der Welt offenbaren und damit beginnen, neue Schriften niederzuschreiben.»

John kniete nieder, während ihm Tränen über die Wangen liefen. «Aber warum, warum hat Gott *mich* als seinen Propheten erwählt?» rief er aus. «Einfach deshalb, weil du so gottverdammt leichtgläubig bist!» antwortete der Engel. Gib also acht, denn der Tarot könnte dir das gleiche antworten!

Kann ich nicht zum Tarot-Sklaven werden, wenn ich den Tarot als Meister akzeptiere?

M.M.: Was ist ein Tarot-Sklave?

Fragesteller: *Jemand, der den Tarot wegen allem und jedem konsultiert und dann immer das tut, was die Karten ihm raten.*

Es kann schon sein, daß es auf dem Wege zum Tarot-Meister ein notwendiger Schritt ist, eine Zeitlang Tarot-Sklave zu sein... Es gab eine Zeit in meinem Leben, in der ich tatsächlich alles getan habe, was der Tarot mir sagte. Es war ein echtes Experiment! Nun, die Hälfte der Zeit erlebte ich die großartige Magie des Tarots... Den Rest der Zeit wurde ich von meinen Illusionen überwältigt – die der Tarot genährt hatte! Weil der Meister so schlau und durchtrieben ist, lernt man, daß die Entscheidung, die Wahl, letztendlich aus dem eigenen Inneren kommen muß. Der Tarot kreiert Situationen und Wege, die uns zu *unserer eigenen Wahrheit* führen können. Er serviert uns die Antworten nicht fertig auf einem Silbertablett. Er fordert uns auf, unsere eigene Arbeit zu tun.

Vor vielen Jahren durchlebte ich eine Zeit, in der ich vom Tarot abhängig war. Ich nahm Drogen und spielte die ganze Zeit Tarot. Es war schrecklich. Ich fühlte mich schizophren, ich konnte nicht mehr in der Realität leben. Dann hörte ich damit auf, und der Tarot war für mich für immer gestorben. Ich kam eigentlich nur hierher, um für diese Gruppe zu kochen, aber die Energie war so schön, so liebevoll, daß ich einfach manchmal teilnehmen wollte... Und nun habe ich wieder mit dem Tarot zu tun! Aber es ist ganz anders als früher. Jetzt macht es mich froh und klar, und außerdem bringt es mir viel Spaß! Ich glaube, du hast einen sehr wichtigen Punkt berührt, als du sagtest, daß nicht der Tarot, sondern letztendlich wir die Verantwortung tragen...

So, wie du mit dem Tarot umgehst, gehst du mit deinem Verstand um. Du kannst dich damit identifizieren und ihn sehr ernst nehmen – dann wird er zu einem gefährlichen Instrument. Du kannst aber auch damit spielen, wie du mit einem Spielzeug oder auf einem Musikinstrument spielen würdest. Dann und nur dann kannst du ihn wirklich genießen und eine wunderbare Zeit haben. Schau dir Gurdijeff, Krishnamurti oder Osho an... Schau, was sie alles mit dem Verstand machen können! Der Verstand kann sehr spielerisch sein, wenn wir ihn als Spielzeug betrachten, das uns dient, mit dem wir spielen und das wir dann beiseite legen können. Ja, die Art und Weise, wie wir Tarot spielen, zeigt, was für eine Beziehung wir zu unserem Verstand haben, und das ist eines der wertvollsten Dinge an diesem Spiel.

Du sagtest, der Tarot sei nicht esoterisch, kein Buch mit vorgegebenen Lehren, und er sei nicht dazu da, uns zu trösten oder die Zukunft vorherzusagen... Kannst du auch irgend etwas Positives, Bejahendes über den Tarot sagen?

Ja! Tarot ist Leben, Tarot ist Liebe, Tarot ist Lachen.

Tarot ist Leben. Es folgt denselben Gesetzen, wie paradox und unlogisch sie auch sein mögen; er ist in tiefem Einklang mit der Existenz. Tarot ist das große Spiel des Lebens in seiner Essenz. Er ist genauso geheimnisvoll und magisch wie das Leben selbst: Man kann ihn nicht erklären oder rationalisieren, man muß ihn spielen, erfahren, leben.

Genau wie im wirklichen Leben kann man nicht einfach dasitzen und den anderen Kindern nur zuschauen. Du mußt anfangen, am Spiel teilzunehmen, das Leben zu leben, erst dann wirst du wissen, was es ist... Und dennoch wirst du nicht in der Lage sein, es zu erklären – denn je mehr du ein Geheimnis lebst, desto geheimnisvoller wird es.

Tarot ist Liebe. Ich glaube, das haben alle Teilnehmer dieser Gruppe sehr klar gespürt. Wir konnten es hier erleben. Tarot *ist* Liebe. Du kannst Tarotkarten nicht interpretieren, wenn du die Person, für die du die Karten legst, nicht liebst... Wenn du dich aber für den Tarot-Prozeß öffnest, entdeckst du auf wunderbare Weise, daß du jeden lieben kannst, jeden Menschen, der vor dir sitzt, denn durch den Tarot kommt ein tiefer, transpersonaler Prozeß in Gang.

Diese Liebesenergie öffnet einen Kanal für unsere Intuition. Liebe ist die Brücke zwischen dir und mir. Über diese Brücke können wir uns gegenseitig auf einer sehr tiefen Ebene erreichen... und das spiegeln, was wir in die Karten hineinprojizieren. Liebe öffnet die Tür zum Unbewußten und zum Jenseitigen, und aus diesen Räumen spricht auch der Tarot zu uns.

Tarot ist Lachen: Lachen ist wirklich der innerste Kern des Tarots, denn er ist vor allem ein Spiel, man spielt Karten... man spielt es, um Spaß zu haben. Lachen ist eine sehr therapeutische Erfahrung: es löst alle möglichen inneren Blockaden, Fixierungen des Verstandes und allerhand psychischen Müll auf... Lachen befreit. Ja, die Wahrheit kann unseren Geist befreien, aber das Lachen befreit. Ja, die Wahrheit kann unseren Geist befreien, aber das Lachen befreit unser Herz, denn Lachen ist nichts anderes, als ein spontanes Freisetzen der Energie, die zuvor durch eine Fixierung der Gedanken blockiert war. Beim Lachen explodiert im Körper eine ursprüngliche Freude und befreit unsere Intelligenz und unseren Humor…

Du drehst eine Karte um und bist überrascht, vielleicht schokkiert: Plötzlich hat das Ei einen Sprung, der Verstand bleibt stehen und in deinem Innern steigt ein Lachen auf.

Ja, der Tarot ist so paradox wie das Leben, so intensiv wie die Liebe, so befreiend wie das Lachen. Dann ist er voll und reif und rund.

Das Problem ist nur: Immer, wenn wir das Leben wählen, kommt auch der Tod zur Hintertür herein mit seinem geheimnisvollen wissenden Lächeln… und wenn wir die Liebe wählen, sitzt der Haß zähneknirschend im Keller… Und wenn wir das Lachen wählen, dann ist es sicher, daß auch die Tränen und die Traurigkeit kommen… Was dann? Vielleicht können wir anfangen, auch unseren Haß zu lieben, unseren Zorn zu lieben, zu akzeptieren, daß wir zornig sind. Vielleicht können wir lernen, unsere Wut nicht zu unterdrücken, sie aber auch nicht auf andere abzuwälzen, sondern sie einfach zuzulassen, zu spüren, zur Wut zu *werden*, so wie wir es bei der morgendlichen dynamischen Meditation tun. Dann wird unsere Wut sich in Mitgefühl und Liebe verwandeln, und wir werden wieder fähig zu lieben.

Vielleicht können wir auch anfangen, unsere Traurigkeit zu genießen, ihre Tiefe zu spüren und unsere Tränen so total zuzulassen, daß sie sich wieder in Lachen verwandeln… Vielleicht können wir sogar den Tod akzeptieren, können ihn kommen und gehen lassen und spüren, daß unser Leben wieder neu und kostbar wird.

Es sind stets zwei Pole des gleichen Phänomens: Leben-Tod, Liebe-Haß, Lachen-Tränen. Du kannst nicht wählen, oder – wenn du wirklich wählen willst, mußt du beide gleichzeitig wählen! Ja, *nimm beide* und sieh was geschieht. Dein Verstand wird still werden, denn er hatte nichts anderes zu tun, als alles aufzuspalten, als dich zu einer Wahl zu zwingen und dann über deine Wahl unzufrieden zu sein.

Leben, Liebe, Lachen... Ist das die Erklärung dafür, daß der Tarot funktioniert, oder gibt es noch andere?

Es gibt für alles so viele Erklärungen wie es Verstandestypen gibt... Bist du ein Physiker? Ein Anthroposoph? Ein Punk? Welche Erklärung würde dir gefallen? Eine wissenschaftliche? Eine psychologische? Eine esoterische? Eine mystische? Ich meine, wenn wir nicht wissen, warum dieser Planet existiert, warum alle diese Kreaturen darauf herumlaufen, die einander auffressen, warum diese Erde, diese Sonne, dieses Universum voller Sterne existiert – wie können wir wissen, warum der Tarot funktioniert? Wir wissen nicht, warum *irgend etwas* funktioniert, geschweige denn der Tarot – aber wir können unzählige Theorien darüber aufstellen, wenn wir das möchten.

Im Laufe der Geschichte haben die Menschen Tausende solcher Theorien aufgestellt, nur um die Tatsache zu verbergen, daß sie nichts wußten, und um ihren Verstand für eine Weile zu befriedigen. Aber es hält nie lange vor, denn eine andere oder bessere Erklärung ist immer möglich, und der Verstand wird niemals aufhören zu fragen «Warum?». Deshalb sage ich euch lieber gleich zu Beginn: Ich weiß nicht, warum der Tarot funktioniert, ich habe keine Ahnung.

Alles, was ich weiß, ist, daß wir mit Hilfe des Tarots an einen ganz besonderen Ort gelangen können, in eine «andere Wirklichkeit», denn da, wo die Intelligenz zu arbeiten beginnt, liegt Magie in der Luft. Alles, was geschieht, wird unmittelbar von allen verstanden, und jede Antwort des Tarot, ist auf wundervolle Weise richtig. Es ist paradox: An diesem Punkt brauchen wir die Tarotkarten eigentlich nicht mehr, denn jetzt funktioniert unsere Intelligenz spontan, und jeder versteht, was geschieht. In dieser unmittelbaren, intuitiven, gemeinsamen Bewußtheit liegt so viel Lachen, so viel Freude! Die Intelligenz, der Humor und die Liebe können wirklich aufblühen. Wir können wirklich diesen besonderen «sechsten Sinn», der uns alle zusammenhält, wie ein stilles Summen in der Luft spüren. Dann kommen wir in Einklang mit der gesamten uns umgebenden Welt, und plötzlich werden die von der Straße und dem Garten herüberwehenden Geräusche zu einem Kommentar über die Situation im Gruppenraum. Dann hält die ganze Welt Antworten bereit.

Der Tarot kann eine Brücke zu diesem Raum sein, ein Boot zu diesem Ufer. Aber wenn man den Fluß überquert hat, sollte man das Boot nicht weiter mit sich herumschleppen. Es gab Momente in dieser Gruppe, da haben wir die Tarotkarten beiseite gelegt und direkt gespielt, direkt kommuniziert, weil wir alle vorübergehend intelligent genug geworden waren, um *sehen* zu können.

Bist du ein Magier? Es sieht oft so aus, als wüßtest du, welche Karte als nächstes aufgedeckt wird...

Nun, jeder spielt eine Rolle. Manchmal spiele ich so total, daß es sich real anfühlt... Aber jeder weiß, daß es ein Spiel ist. Man ist kein Therapeut oder Zauberer oder was immer – das sind Rollen, Spiele, Archetypen, die gespielt werden wollen – keine Identitäten. Ich spiele Magier. Es ist ein Spiel. Aber durch dieses Spiel geschieht etwas, und wir können dadurch eine Menge neuer Einsichten gewinnen.

Im Gruppenraum verliere ich manchmal völlig das Gefühl dafür, wie groß oder klein ich bin. Ich spiele eine Rolle total. Ich verliere mich in diesem Prozeß, und es gibt keine Zeit, über mich selbst nachzudenken. Vor oder nach der Gruppe aber fühle ich mich sehr klein und fange an, zu rauchen, nachzudenken und mir Sorgen zu machen. Vor einer Gruppe – nur fünf Minuten davor – befinde ich mich im Chaos... Und manchmal auch danach! Ja, es ist wahr, daß ich manchmal in einer Gruppe spontan Dinge sage, die größer sind als ich. – Sie *sind* größer als ich! Was kann man machen.

Ich habe auch bemerkt, daß in einer Gruppensitzung manchmal eine bestimmte Art von Intelligenz zu mir kommt. Und dann frage ich mich: «Woher weiß ich das? Wie kam das in meinen Kopf?» Ich bin nicht derjenige, der es sagt, es ist etwas Jenseitiges...

Ein Schimmer der Wahrheit kann durch jeden hindurchscheinen, durch einen Freund, einen Geliebten, einen Therapeuten, irgendeinen Menschen auf der Straße. Es ist also nicht so, daß ich wirklich ein Magier bin. Wenn es manchmal so aussieht, als wüßte ich, welche Karte als nächstes aufgedeckt wird, dann sieht es nur so aus. Ich weiß es nicht, aber ich vertraue darauf, daß es ein Spaß sein wird. Das ist alles. Ich vertraue vollkommen darauf, daß, während wir Tarot spielen, der Tarot auch mit uns spielen wird!

Für mich ist es auch oft ein ehrfürchtiges und wunderbares Gefühl… zu erkennen, daß ich eine Sitzung nicht kontrollieren kann. Der Tarot ist so unberechenbar, man muß einfach darauf vertrauen, daß das Spiel von selbst geschieht. Und wenn man vertraut, geschieht es auch. Wenn man Angst hat, geschieht es nicht. Der Tarot durchkreuzt sowohl die Strategien des «Klienten» als auch die des «Therapeuten». Du kannst nicht im voraus planen, wie du die Sitzung gestalten wirst; du mußt stets darauf gefaßt sein, daß plötzlich eine überraschende Karte auftaucht. Es gibt in Wirklichkeit zwei *Narren* im Spiel, nicht einen, nicht nur dich, den Dummkopf, der in die Mitte gekommen ist, damit wir über ihn lachen können, sondern auch mich, den anderen Dummkopf, den «Magier», der nicht weiß, was überhaupt vor sich geht. Über mich wird auch gelacht werden! Zwei Dummköpfe im gleichen Boot…

Der Tarot ist also ein Spiel für Narren?

Genau. Es ist ein Spiel für Leute, die achtundsiebzig Stückchen farbigen Papiers brauchen, um sich selbst kennenzulernen! Ja, der Tarot ist das Spiel des Narren! Im Dhammapada steht: Der Narr, der weiß, daß er ein Narr ist, ist um so viel weiser. Der Narr, der denkt, er sei weise, ist in der Tat ein Narr!

Ich will euch einen Witz erzählen.

Mitten in der Nacht auf der Brooklyn-Bridge in New York. Ein deprimiert wirkender Mann schaut sinnend auf das Wasser hinunter. Seine Frau hat ihn verlassen, der Chef hat ihn gefeuert und die Bank gibt ihm keinen Kredit mehr. Er will gerade springen, als plötzlich eine sehr alte Frau auftaucht. «Spring nicht», sagt sie.

«Ich bin eine Hexe, und ich kann dein Lehen verändern. Wenn du mit mir nach Hause kommst und tust, was ich dir sage, werde ich dir morgen früh drei Wünsche erfüllen.» «Was habe ich zu verlieren?» denkt der Mann, als er der alten Hexe den ganzen Weg bis zur Bronx folgt.

Nachdem sie in der Wohnung des häßlichen alten Weibes angekommen sind, befiehlt sie unserem Helden, sie die ganze Nacht lang wild zu liehen, was er auch pflichtbewußt tut. Am nächsten Morgen ist er erschöpft, aber nicht vergeßlich, und er erinnert die Frau an ihr Versprechen. «Nun gut, alte Hexe», sagt er, «was ist nun mit den drei Wünschen, die du versprochen hast, jetzt, nachdem ich dein Begehren erfüllt habe?» «Wie alt bist du?» fragt die Hexe. «Einundvierzig», antwortet der Mann. «Und du willst mir wirklich weismachen, daß du mit einundvierzig noch an Hexen glaubst?»

Ich gebe den Witz an euch weiter.

Glaubt ihr mit einundvierzig immer noch an den Tarot?

Als ob ich nicht selber wüßte…

Der Mythos des Counseling

Connection-Interview mit Mario Montano (Prembodhi)

C: Prembodhi, du hast öfter von dem inneren Widerspruch des Counseling, der Lebensberatung, gesprochen und davon, daß die Voraussetzung dieser Begegnung eine gegenseitige Täuschung ist. Wie kann eine solche gegenseitige Täuschung der Weg zur Wahrheit sein?

M.M.: Manchmal beginne ich eine Sitzung oder eine Gruppe damit, zu sagen daß dieses Counseling-Spiel ein Mythos ist, eine mythisches Spiel, in dem beide Seiten so tun als ob. Der Mythos ist der, daß einer zu einem anderen geht, weil er die Antwort nicht weiß und weil da einer ist, der sie weiß. Der eine tut so, als wüßte er nicht und der andere tut so, als wüßte er. Der eine spielt den Hilflosen, der andere den Helfenden. In Wirklichkeit ist das Gegenteil der Fall: Derjenige, der in eine Beratungssitzung kommt, weiß, was los ist, und der Berater ist derjenige, der keine Ahnung hat. Paradoxerweise kommt aber gerade durch dieses Versteckspiel etwas rüber; es kann etwas passieren, das ohne dieses Spiel nicht passiert wäre. Es kann passieren, daß der Klient durch dieses Spiel mit sich selbst in Berührung kommt.

C: Wie kann das passieren? Der Klient, der dir eine Frage stellt, ist doch davon überzeugt, daß er selbst die Antwort nicht weiß, er ist doch normalerweise zutiefst überzeugt von seiner eigenen Hilflosigkeit.

M.M.: Nun, was sich da zwischen Klient und Therapeut abspielt, ist ja eine Beziehungsgeschichte. So ähnlich wie zwischen Mann und Frau gibt es auch zwischen Therapeut und Klient eine Beziehung. Der Klient projiziert sein eigenes inneres Wesen, den Weisen, auf den Therapeuten und der Therapeut seine eigene Hilflosigkeit und Bedürftigkeit auf den Klienten.

Natürlich kann einer schließlich nur durch sich selbst die Antwort finden. Aber wer kann das schon – ohne Umwege! Ich glaube, daß wir den anderen brauchen, um uns selbst erkennen zu können. Theoretisch weiß ich, daß ich die innere Frau, die mich als Mann erst ganz macht, in mir trage und schließlich nur in mir selbst erkennen kann. Und doch suche ich sie in der Frau da draußen. Und finde sie dort so schön, meine eigene innere Frau. Ob du in dir den Kosmos oder im Kosmos dich selbst findest, ist eigentlich dasselbe, und auch in dem Spiel zwischen Klient und Therapeut gilt, daß insgeheim beide wissen, worum es geht.

Das ist zwar paradox, nun gut, aber eigentlich sind alle großen Sachen paradox. Warum starb Jesus am Kreuz? Ist er Opfer seiner Feinde geworden, oder hat er selbst es so weit kommen lassen? Wir wissen ja, daß er auch hätte fliehen können. Vielleicht brauchte er das Kreuz für seine Erleuchtung. (…)

Ich glaube, daß wir Beziehungen brauchen, um uns selbst zu erkennen. (…)

Wahrheit ist das, was funktioniert. Wir können darunter auch alle Arten von empirischen Lügen verstehen. Z.B. daß der Counselor so tut, als wüßte er, oder der Klient so tut, als wüßte er nicht. Das sind Lügen, die zur Wahrheit führen können. Lügen, ohne die die Wahrheit vielleicht gar nicht gefunden werden könnte, und als solche finde ich sie legitim.

Es gibt jedoch eine Reihe von typischen Fallen für den Counselor in diesem Spiel.

Eine von ihnen ist das Bedürfnis, den Klienten zu beeindrucken und all das rauszusprühen, was er sehen kann. Der Klient wird verblüfft sein, glücklich oder in Tränen und wird nie wiederkommen, denn es war einfach zu viel für ihn. Er weiß damit nichts anzufangen. Ich will damit sagen, daß es nicht genügt, den Klienten mit der Wahrheit zu überrumpeln. Eine Lüge, die zur Wahrheit führt, kann mehr wert sein als eine ausgesprochene Wahrheit, die zur Fortsetzung des Selbstbetruges führt. Das Problem ist, daß gerade solche sich vom Beruf des Counselors angezogen fühlen, die gerne andere beeindrucken und deshalb vielleicht gerne mit Wahrheiten vorpreschen, die nichts nützen.

Weitere Fallen sind alle fixen Ideen, worüber auch immer.

Wenn ich eine feste Meinung in einer Sache habe, kann ich nicht mehr offen sein für deine eigene Antwort, die du im Counseling-Spiel mit mir finden wirst.

Der Klient will dem Therapeuten gefallen

Eine Falle ist auch die Tatsache, daß der Klient dem Counselor gefallen will. Er will es richtig machen und wird dabei Sachen finden, die ohne diesen Wunsch gar nicht da wären. In einer Freudianischen Analyse wird der Klient Freudianische Träume haben, in einer Jungianischen Analyse wird er bald die Archetypen in seinen Träumen vorfinden. Kein Wunder, der Therapeut hat ihm ja oft genug davon erzählt, und der Wunsch, in der Therapie voranzukommen, ist da – jedenfalls im Unbewußten. Im Grunde ist das wieder die fixe Idee des Counselors. Er will etwas Bestimmtes sehen, und über den Wunsch des Klienten, ihm zu gefallen, erzeugt er es auch.

(...)

Ich mag Methoden des Counseling, die es mir unmöglich machen, strategisch vorzugehen. Genau deshalb hat der Tarot für mich so eine unheimliche Kraft! Von Moment zu Moment, von einer Einsicht zur nächsten ist er immer wieder neu.

Ich kann mir nichts vornehmen! Auch der Klient nicht. In dem Spiel gegenseitiger Täuschung, das ich vorhin beschrieben habe, gibt es jetzt ein drittes Element: den Tarot. Die Karten wählt der Klient, aber nicht bewußt; sein Unbewußtes wählt die Karten, und das erdet die Beratung, es gründet sie auf ein drittes Element, auf die unbewußte Wahl des Klienten.

Wenn du einen Klienten aufforderst, eine der Karten zu deuten, die er gewählt hat, forderst du ihn auf, für sein Unbewußtes Verantwortung zu übernehmen. Hierin liegt die Magie: Wir beide sind Bälle im Spiel des Unbewußten. Er wählt durch sein Unbewußtes die Karten, und ich rede einfach spontan drauflos. Ich weiß dabei nicht, warum ich das sage, was ich sage. So bin ich genauso Medium des Unbewußten wie er, und an dieser Stelle können wir uns treffen. (…)

•

C: Du hast vorhin von der Verantwortung gesprochen, davon, daß der Fragende durch die Karten Gelegenheit hat, auch für sein Unbewußtes Verantwortung zu übernehmen. Nun werfen ja viele Psychologen den spirituellen Therapeuten vor, sie würden den Klienten von der Verantwortung für sich selbst freisprechen und diese den Planetenstellungen zuschieben, den Karten, dem Erdmagnetismus oder was auch immer sich gerade der Phantasie anbietet.

Leute, die nicht wirklich sich selbst kennen wollen

M.M.: Ich kenne diesen Vorwurf sehr gut. Er ist schon oft vorgebracht worden, und für viele Astrologen und andere Esoteriker ist er sicher zutreffend. Zum einen gibt es natürlich immer Leute, die nicht wirklich sich selbst kennenlernen, sondern getröstet werden wollen. Sie wollen hören, daß nicht sie es sind, sondern irgend jemand oder irgend etwas anderes an ihrer Lage Schuld ist. Das ist sehr schwierig für den Counselor.

Zum anderen kommt es auch darauf an, wer das Werkzeug handhabt. Jede Kunst und jede Wissenschaft kann durch Aufzählung von Beispielen ihres Mißbrauchs erledigt werden. In den Händen eines weisen Astrologen wird die Astrologie zur Entwicklung der Selbstverantwortung beitragen. Da kannst du nicht mehr sagen, es war dein Mann oder deine Frau oder dein Chef, die sind Schuld, daß es dir so schlecht geht, oder deine Eltern, weil sie dir als Kind eine reingewürgt haben – das ist auch ein sehr beliebter Ausweg aus der Selbstverantwortung –, sondern du bist es selbst, dein

Saturn oder dein Pluto-Mars-Quadrat. Du selbst mußt dich mit deiner Konstellation auseinandersetzen und kannst keinen anderen dafür verantwortlich machen.

Und auch beim Tarot: Da kannst du nicht sagen «Der Therapeut hat mir gesagt, ich hätte einen Vaterkomplex» oder sowas, sondern du selbst hast die Karte gezogen und hast sie vielleicht auch selbst interpretiert. Meistens frage ich die Klienten selbst, was ihnen zu der Karte einfällt. Ich habe sie ja nicht gezogen. Was weiß ich denn von ihrer Situation? Es muß doch jeder für sich selbst herausfinden, was diese Zeichen für ihn bedeuten.

Ignoranz ist immer stärker als Wissen

Ich weiß eigentlich nicht einmal, ob ich etwas weiß. Gut, ich kann sagen, ich weiß etwas, ich kann so tun als ob. Und das sogar ziemlich überzeugend... (Gelächter)... aber eigentlich weiß ich nichts. Und da ich nicht weiß, ob ich etwas weiß, behaupte ich lieber, ich weiß gar nichts. Ignoranz ist immer stärker als Wissen. Das Wissen, *jedes* Wissen kannst du widerlegen! Du kannst Argumente dagegen vorbringen und diskutieren und abwägen... aber wenn du behauptest, daß du nichts weißt, kann keiner dich widerlegen. Eigentlich weiß ich gar nichts über meine Klienten. Und wenn ich im Zweifel bin, ob sie das akzeptieren können, was ich sage, dann sage ich «vielleicht habe ich Unrecht». – «Ich glaube du bist paranoid, aber vielleicht habe ich Unrecht.»... (Gelächter)... und ich weiß es ja wirklich nicht.

Meine Verantwortung ist es nur, so ehrlich und so liebevoll zu sein, wie ich kann. Für die Folgen einer Sitzung bin ich nicht verantwortlich, das könnte ich gar nicht. All das Karma – ich wäre zerstört von all dem Karma, wenn ich dafür verantwortlich wäre, was einer für Karten zieht und wie er sie versteht.

C: Wenn man sich Tonbandaufnahmen von Tarot-Sitzungen mit dir anhört, hört man ungefähr so viel Gelächter wie verständliche

Worte. Ich höre da die Geräusche aus dem Sitzungsraum und an dem plötzlichen Gelächter scheint es, daß einer eine Karte gezogen hat.

M.M.: (lachend): Ja, es ist oft wie ein Witz. Aber dazu muß ich einen erzählen, glaube ich.

Da geht einer mit einem Affen im Park spazieren. Ein Polizist sieht ihn, zieht seine Stirne in strenge Falten und weist den Spaziergänger an, den Affen in den Zoo zu bringen.

Am nächsten Tag um die gleiche Zeit sieht derselbe Polizist ihn wieder mit dem Affen an der Hand im Park spazierengehen, zieht seine Stirne in noch strengere Falten und fragt: «Warum sind Sie mit dem Affen nicht in den Zoo gegangen, wie ich Ihnen gesagt habe?»

«Bin ich doch. Gestern war ich mit ihm im Zoo, heute gehen wir ins Kino.»

Ein Witz geht immer gegen die Logik des normalen Verstandes. Du denkst, du weißt, wie's weitergeht – aber plötzlich kommt eine ganz andere Wendung: Du bist überrascht, und der Schock dieser Überraschung macht die Pointe aus. Dein Lachen gilt eigentlich immer dem Verstand. Für einen Moment steht er still, weil es ganz anders gekommen ist, als er dachte. Es ist sozusagen eine kleine Erleuchtung.

Du bist erstmal schockiert

Genauso ist es im Tarot: Du denkst, du weißt, was Läuft. Vielmehr: dein Bewußtsein, dein bewußter Verstand denkt, er weiß. Dann deckt deine Hand eine Karte auf – und du bist erstmal schockiert. Das hättest du nicht gedacht. Auch wenn du vielleicht, um deinen Verstand zu retten, jetzt sagst, du hättest dir das schon gedacht. Die Karte ist erstmal ein Schock für deinen Verstand, und erst wenn du siehst, daß du auch das bist, diese Karte, die du aufgedeckt hast, entspannt sich deine Erwartung und du lachst.

C: Mir fällt dazu auch Osho ein, dem so viele übelnehmen, daß er in seinen Diskursen, wo er doch so schön über so tiefe Themen spricht, plötzlich anfängt, Witze zu erzählen. Noch dazu irgendwelche Witze, die schmutzigsten und dümmsten sind ihm grad recht, als kenne er keine Qualitätsunterschiede.

M.M.: Ich habe Osho mal eine ganz tiefe Frage gestellt: «Osho, wenn ich Gott bin, warum wache ich dann jeden Morgen in diesem Körper auf», und er antwortete: «Für Gott ist alles möglich.»

Und zum Risiko des Counselors möchte ich noch etwas sagen. Das Risiko dabei ist, zu denken, er wüßte Bescheid, und zu vergessen, daß es schließlich nur um ihn selbst geht. Darum, sich selbst kennenzulernen – nicht seine Klienten. Auf meinem Totenbett wird keiner mich fragen: Prembodhi, warum hast du nicht die Chance ergriffen, den Soundso kennenzulernen. Die Frage wird sein: Hast du die Chance ergriffen, den Prembodhi kennenzulernen?

Zu einem Analytiker kam einmal ein Klient, dessen Problem es war, daß in seinen Träumen immer ein kleines grünes Männchen auftrat, das sagte, «komm laß uns pissen», und er machte ins Bett. So war der Ärmste noch mit vierzig Jahren Bettnässer. Der Analytiker rollte nun seine ganze Geschichte auf, und nach Jahren der Analyse, in denen sein Klient immer noch jede Nacht ins Bett pißte, hatte er die Lösung. «Wenn jetzt das Männchen kommt und sagt, ‹komm, laß uns pissen›, sagst du einfach, ‹nein, ich habe schon gepißt›».

Der Bettnässer legte sich nun am folgenden Abend mit dem festen Entschluß ins Bett, diesmal werde er es dem grünen Männchen schon sagen und nicht mehr ins Bett pissen. Er pißte auch tatsächlich diese Nacht nicht mehr ins Bett. Das kleine grüne Männchen kam zwar und sagte «komm laß uns pissen», er blieb jedoch standhaft und erwiderte «ich habe schon gepißt.» – «Nun, dann laß uns scheißen», konterte das kleine grüne Männchen…

Anmerkungen

1. Hans-Dieter Leuenberger: *Schule des Tarot – Das Spiel des Lebens.* Verlag Hermann Bauer, Freiburg 1986 (2. Auflage), Seite 12
2. siehe Enid Hoffman: *Huna: A Beginners Guide.* Para Research, Glouchchester, Mass.
3. Plato: Apologie des Sokrates
4. Osho Rajneesh: *Meditation – The First and Last Freedom.* Rebel Publishing House, Köln, Seite 43
5. Ebenda, Seite 47
6. Ebenda, Seite 53
7. Ebenda, Seite 54
8. Ebenda, Seite 96
9. aus Richard Gardner: *The Tarot Speaks.* London
10. Ebenda, Seiten 121-123
11. zitiert in Mircea Eliade: *From Primitives to Zen.* Collins London, Seiten 37-40
12. Osho Rajneesh: *Meditation.* Seiten 79-80
13. Ebenda, Seiten 55-56
14. Ebenda, Seiten 199-200
15. Ebenda, Seiten 51-52
16. Ebenda, Seite 61
17. Ebenda, Seite 44
18. Ebenda, Seite 108
19. Ebenda, Seiten 168-170
20. Ebenda, Seiten 129-134
21. Osho Rajneesh: *Meditation.* Seiten 82-83
22. *Speaking of Shiva.* Penguin Books, New York, Seite 162
23. Osho Rajneesh: *Meditation.* Seite 35
24. Ebenda, Seiten 38-39
25. Ebenda, Seite 74
26. Ebenda, Seiten 103-104
27. Ebenda, Seiten 111-112
28. Ebenda, Seite 48
29. Friedrich Nietzsche: *Also sprach Zarathustra* I-IV, dtv/de Gruyter, München/Berlin/New York 1988, Seiten 11-12
30. Osho Rajneesh: *Meditation.* Seiten 155-156
31. Ebenda, Seiten 117-118

Über den Autor

Dr. Mario Montano (Prembodhi) wurde 1943 in Italien geboren und reiste 1967 in die USA, wo er als Universitätsprofessor für Soziologie arbeitete und sich der Hippiebewegung anschloß. Seit 1981 bereist er Europa, hält Vorträge und gibt Unterricht über Astrologie und Tarot. Montano ist der Erfinder des «Intuitiven Tarots» sowie Autor zahlreicher Bücher. Gegenwärtig verbringt er seine Zeit abwechselnd im Himalaya und in einem kleinen Haus in der Toscana.

Bücher von Mario Montano im Urania Verlag:
Tarot – Spiegel des Lebens
Tarot – Spiegel deiner Gesundheit (mit F. Alaimo)
Tarot – Spiegel deiner Liebe (mit M. De Matteis)
Meister-Tarot

Mario Montano bietet Seminare und Beratungen zum «Intuitiven Tarot» an. Bitte richten Sie Ihre Anfrage direkt an:

Urania Verlags AG
Bahnhofstrasse 21
CH-8212 Neuhausen am Rheinfall
Telefax: (0041) (0)52/672 36 52